本书为国家社科基金项目“中国媒介拟态消费环境场域研究”

（项目编号：13CXW020）结题成果

中国媒介拟态消费环境场域研究

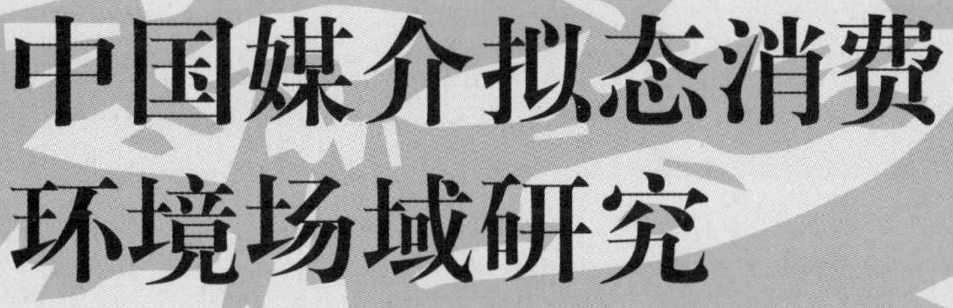

周娟 著

中国社会科学出版社

图书在版编目(CIP)数据

中国媒介拟态消费环境场域研究/周娟著. —北京：中国社会科学出版社，2021.9

ISBN 978-7-5203-8156-7

Ⅰ.①中… Ⅱ.①周… Ⅲ.①消费—环境—研究—中国 Ⅳ.①F126.1

中国版本图书馆 CIP 数据核字(2021)第 051516 号

出 版 人　赵剑英
责任编辑　陈肖静
责任校对　刘　娟
责任印制　戴　宽

出　　版　中国社会科学出版社
社　　址　北京鼓楼西大街甲 158 号
邮　　编　100720
网　　址　http://www.csspw.cn
发 行 部　010-84083685
门 市 部　010-84029450
经　　销　新华书店及其他书店

印　　刷　北京明恒达印务有限公司
装　　订　廊坊市广阳区广增装订厂
版　　次　2021 年 9 月第 1 版
印　　次　2021 年 9 月第 1 次印刷

开　　本　710×1000　1/16
印　　张　20.75
插　　页　2
字　　数　302 千字
定　　价　118.00 元

目　录

内容摘要

本研究提出“拟态消费环境”概念，指代与消费有关的信息或信息产品构成的环境，即消费的信息环境。“场域”是皮埃尔·布尔迪厄（Pierre Bourdieu）思想体系中起核心组织作用的空间隐喻，是作为权力的经济资本和文化资本的特定分布结构，关注意义是如何通过符号以及和生产符号的社会动因之间的联系而相关生产的，试图在“诠释”和“制度”之间架构联系。本研究将媒介消费信息传播纳入拟态环境的次级环境视域，从社会空间角度切入研究，以场域分析为进路，为媒介拟态消费环境研究提供一种联结宏观层面上的政治经济学分析、中观层面上的媒介组织信息生产分析以及微观层面上的文本和受众接收分析的架构，探求实现多重媒介环境中消费信息传播研究的空间转向，为多媒介社会中消费信息的传播研究提供整体性的思考空间。

研究在20世纪90年代以来、全球化进程中中国社会转型与媒介转型背景下，媒介镜像和社会现实相对照的视野下，以中国境内媒介，尤其包括书刊、杂志、广播、电影、电视及互联网在内的媒介消费信息传播为研究对象，回应新兴媒体在消费信息传播领域的迅速成长，在场域分析架构下，以空间、资本与权力为分析维度，对媒介拟态消费环境的基本型构、空间冲突、社会建构和传播机制四个关键问题展开了研究。

媒介是我们生存于其中的环境，与由江河湖海、日月星辰组成的自然环境、由现实的芸芸众生、纷繁世事连缀起来的社会环境并置，它是一种象征性环境，由技术和各种符号组成，构成我们生存于其间的生存环境。媒介的内容和形式是一体两面，研究既应给予媒介拟态环境当中信息的内容面向足够的关注，也应充分考虑长期被遮蔽的拟态环境的空间结构面向，特定的媒介形式影响着信息传播方式和架构方式，这些都应被纳入分析视野。消费信息传播的意义，既源于其内容，又源于信息形式，媒介形式不是传统认知上的中立渠道，它本身承载着意义。拟态消费环境是媒介内容和形式的复合体，是由消费信息构成的符号—感知和社会空间，建构于多种媒介共存的动态互动中。围绕着消费，拟态消费环境通过场景展示和意义的诠释，建构了一个另类的社会空间：它将物理空间与消费场景剥离开来，打破两者传统上看似天然的结合关系，让消费场景与媒介结合起来，成为一种流动的空间。这种流动的空间在与现实消费空间的交错互动中，衍生出全新的社会环境，而我们生存于其中。

研究按照消费信息的传播量和影响力确定考察目标，对广告、影视剧、生活时尚类传媒三组主要研究对象展开分析。大众传媒曾经引以为傲的消费信息传播方式的累积和遍在效果，正在被新兴的媒介形式所挑战或延伸。独立杂志、时尚博客、微信公众号营销、微电影广告等新兴的媒介形式，以其参与式、互动式和个性化的用户体验，结合大众传播形式和口碑传播，成为这个场域的新进者，在某种意义上挑战了、亦在某些层面上延伸了传统媒体的传播理念和形式。中国正在转型的媒介传播模式和流行文化的兴盛为“消费精英”空间的生产提供了关键而重要的机会。

以现代性、全球化的生活方式为诉求，以中国新兴社会阶层的审美情趣与生活愿景为标杆的媒介“消费精英”空间生产，呈现出明显的阶层化取向。消费精英空间的景观文化和视觉修辞，和消费主义文化脉络里对于感官享受的追逐是内在契合的，媒介的“消费精英”空间迥异于欧几里得式的静止状态，变动不居才是其本质所在。“消费精英”空间中，“世代”成为一种营销手段，既通过消费品的世代更替，也通过目标消费群体的世代划分，拓展消费客体。媒介拟态消费环境中，“泛消费化”是一种持续的状态，消费客体不断演变拓展，媒介在全球范围内娴熟操弄一切可作为消费品的元素，将其重组以合目的的系列行为完成了“消费精英”空间的拼贴。“消费精英”空间与真实世界的消费现实既存在交集，又有错位，呈现出明显的生态失衡症候。

“消费精英”空间建构于各种行动主体运用自身的经济资本和文化资本，在该场域中持续竞争和协商所产生的张力之中，它是全球化语境中汇集于拟态消费环境场域的各种结构性力量交汇而生的图景。中国媒介拟态消费环境场域，位于全球消费资本主义体系这样一个大的权力场域当中，消费是全球体系的一种关键性的经济需要，也潜移默化地实现了一种对社会文化的重建，而新自由主义更是为全球消费市场的开辟提供了合法化理由。全球消费资本主义体系的确立，给全球与国家的关系带来深刻变革，中国国家—市场—社会关系处于急剧的变革重构中，国家—市场—各社会阶层之间的链接互动，深刻影响着身处此场域架构内的中国媒介体系改革重组方向与进程。媒介组织有着经济资本和文化资本的双重追逐目标，在逐步市场化进程中，依然担负意识形态功能，呈现出新的传播与话语策略。“新型文化媒介人”在场域中追求差异，获取符号权力，积累文化资本，并通过文化资本获取经济资本。特定阶层的受众有一定经济资本的积累，通过媒介寻求身份认同和阶层归属。场域中各种行动者运动轨迹交错的张力网络，呈现出媒介拟态消费环境建构的内部动力机制。

布尔迪厄的场域理论，是一种组织原则，以经济资本与文化资本的交叉结构为基本框架，它组织着场域内部，也界定了场域之间的相对位置，不同场域在互动中逐渐确立边界。媒介在现代社会的中介角色，使得“消费精英”空间在不同场域间产生一种聚敛，聚敛产生的引力场将其他场域拉近位于更大的权力场域，向经济资本靠近，消费信息确立的原则、风格及其影响，浸润到其他领域，成为一种通行的经济和社会信念。新闻场域逐步向经济场域方向迁移，传统意义上的硬新闻领域被软化，政治领域亦通过此中介感受到经济场域的影响，文化生产场域内武侠电影的文化和结构转型，实质上是在全球化背景下，中国社会深刻变革下，混杂着现代性追求、市场话语和快感消费逻辑的过程和型态。媒介将远方的生活带到受众日常生活空间，促动了受众日常生活场域的现代化和全球化转型。媒介特定社会知识的生产，对于不同的受众群体和社会阶层而言，有着不同的文化内涵和现实意义，也促成中国社会转型期消费政治和生活政治的出现。

美国式的消费资本主义发展路径带来了环境污染、阶层差距扩张等问题，生活政治关注多样性全球化进程的可能性以及进程当中个人生活方式的选择和自我实现问题。生活政治理念倡导的个体生活方式多元化选择态度，也许可以帮助我们朝向一个由公民媒体领域、社会性媒体领域、市场性媒体领域、专业性媒体领域共同建构的媒介拟态消费环境空间的理想模型。这样一个更多元的、带有理想性色彩但又处于实验进程中的媒介信息来源体系构想，可以限制媒体过度卷入少数人的“壁龛”市场，让大多数人喜欢的内容进入大众视野。生活政治博弈中，国家、媒介、受众等行动主体在市场机制完善过程中的良性制衡，是媒介拟态消费环境生态优化的可能路径。

关键词：媒介拟态消费环境；社会空间；场域

绪论　研究背景、文献探讨及研究框架

一　研究背景

2016年3月17日，马云宣布阿里巴巴正式启动其“BUY+”计划，成立VR（虚拟现实）实验室，引领未来购物体验。实验室启动的第一个项目是“造物神”计划，联合商家建立世界最大的3D商品库，真正实现足不出户，身临其境购物。这些都是我们日常生活中很平常的片断：上班途中，穿行于城市，沿途的户外广告似乎是每个城市的第一印象，车载电视或广播传出主持人悦耳的声音，祝你早安，提醒您别忘了喝杯“雀巢”咖啡提神；等电梯时，楼宇电视向你热情推介最新的打折信息，电梯门口，跃入眼帘的是莫文蔚代言新款凯迪拉克SRX，“纵横，忠于自由”，鼓励你适时逃出城市的钢筋水泥，找回真正的自己；回到家，打开电视，漂亮的主持人在你梦寐以求的采光充足的厨房，使用着德国产的全套厨具，向你演示精美健康的菜肴制作；用完晚餐，新闻里播放着拉动内需、调节供给优化消费结构的最新政策，接下来的新闻你也许不感兴趣，拿起手机看看微信朋友圈，发现已被微商占领，大V们正在展示各种商品，顺手翻开下班路上顺路买回的杂志或报纸，寒冷的冬日里，媒介展示的是温暖的旅行度假地图片，搭配有腔调的解说词，让你忽然间幸福指数飙升，心旌神摇，跟随媒介的步伐舒畅地完成了一趟神游，往沙发后背靠靠，又被电视上热闹好看的综艺节目吸引住了，明星云集；忽然想起网上的《唐顿庄园》(*Downton Abbey*)更新的时间到了，英式优雅风尚吸引你急切地打开电脑，Flash 蹦出来，是《太阳的后裔》中宋慧乔的同款衬衫广告……

把目光转向传播实践中的真实案例：中国首次尝试跨媒体平台播出的时尚互动短剧《安与安寻》，2009 年 5 月首播，每周更新，由桦榭集团与宝洁公司联合出品，以顶级时尚杂志《安》的美女编辑安想为故事主角。安想是位时尚小公主，在优渥的环境中长大，工作光鲜体面，生活繁花似锦，25 岁生日的那个早晨，她的人生突然发生逆转，挫折接踵而至，让她重新审视这个世界，迅速成长，真正地体验并享受生活，在都市丛林里寻找到真爱，追寻到“安”。短片中的安想，生活在上海这座国际都市，是一位干练的时尚杂志编辑，工作疯狂，用度奢华有品位，在意大利餐厅约会，在时装秀场、体面的写字楼工作，在精致明亮的公寓里生活，接触的人群是名模和青年才俊。短剧跨媒体合作平台的伙伴名单，包括：

网络媒体 Elle 中文网，Youku（优酷）、Baidu（百度）、土豆网、新浪女性频道、网易女人频道等；

户外媒体 Tulip（郁金香传媒）；

平面媒体包括国内一线的时尚杂志《安 25*ans*》《*Elle* 世界时装之苑》《嘉人 *Marie Claire*》《名车志》等，杂志纷纷发行随刊单行夹页扩大宣传。

第二季《安与安寻之美丽千寻》，两岸人气偶像加盟，网友可以进行每一集 A、B 两个结局的自由选择，还可赢取宝洁、多普达、爱马仕、宝马等商家送出的超值大礼。

2016 年 6 月 8 号在湖南卫视首播的时尚剧集《是！尚先生》，由芒果影视文化有限公司、北京和力辰光国际文化传媒有限公司和上海最世文化发展有限公司联合出品，郭敬明担任总导演。该剧以时尚行业为背景，讲述风尚集团继承人尚铂燃，潜入自家的时尚杂志社，寻找母亲离世真相，在人生的历练中，遭遇了爱情与事业的双重挑战。该剧海报上的“Yes, it's love. Yes, it's fashion”，直截了当地点出了该剧的核心内容——时尚与爱情。主演陈学冬一向是时尚界的宠儿，私下里是位时尚爱好者，每次参加各大时装周都会引来大家强烈的关注。此次在电视剧《是！尚先生》中，他自带上百套私服，将自己独特的时尚感，融入尚铂燃这个角色里。另一位主演邬君梅，美籍华人，首位被《人物》杂志评为“亚洲最美50人”的亚洲女星，也自带了60多套私服参加演出。电视剧集以时尚行业为背景展开故事，时尚秀场、高档餐厅、各种品牌展示贯穿剧情，观感有如移动的时尚杂志。

以上情景描述和《安与安寻》案例从具象层面展示了本课题的研究问题缘起，消费信息遍布于我们日常生活的各种场景，传统大众媒介和新兴的网络媒体、社交平台是最主要的消费信息传播渠道。在我们熟知的自然环境、社会环境之外，媒介建构起了一个立体的符号环境，弥散于日常生活当中，构成了我们生存空间的一部分。

置入宏观的20世纪初期至第二次世界大战前后的社会政治经济脉络中来考察，这一时期，以美国为代表的西方发达国家逐步迈入消费社会。在这样一个进程中，媒介一直在引导和制造着大众的消费需求，促推着资本主义社会消费文化的形成。新自由主义为推手的20世纪80年代以来的全球化浪潮，消费文化作为现代性生活方式的代表，在全球范围内迅速传播。20世纪80年代以来，中国经济快速腾飞，从商品短缺时代进入大规模消费时代。进入21世纪，“白领”“小资”“中产”等社会阶层，以及各类“精英”群体，迅速成长为中国社会引人瞩目的力量，成为消费文化的重要符号意象和承载群体。罗德公关与精准市场研究中心联合发布的《2016中国奢华品报告》显示，在全球经济低迷，奢侈品销售大幅度下滑情况下，中国内地的消费需求依然稳定，42%的内地消费者仍计划增加对各类奢华品的消费支出，且奢侈品的线上购物呈现上升趋势。① 此外，中国媒介体系引入市场机制的改革，虽然没能在宏观制度上改变媒介格局，

① 《中国内地奢华品需求依然强劲》，《周末画报 Business》2016年3月26日第8期。

但媒介在很多经营性的项目和消费娱乐类的内容上具有了更多的自主权，市场自由和政治控制之间的博弈和动态的平衡态追求淡化了经济、文化的政治色彩，给媒介和社会提供了协商空间。中国媒介从意识形态和实际运作层面在依然坚守“喉舌”功能的同时，逐步在市场竞争格局中树立起受众本位意识，媒介在国家意志之外，将越来越多的注意力转向社会诉求，中国媒介消费信息传输总量的剧增，正是发生在这一时代背景下。

然而，这只是现实中光鲜的一面，离开更多被媒介所呈现的都市场景，一系列数据向我们展示的，是另外一番图景。2008 年，中国国民生产总值（GDP）跃升至世界第三位，人均 GDP 排名却是第 104 位。① 2005 年，世行大规模收集了国际可比性价格数据，将国际贫困线上调到每人日均 1.25 美元。当年的问卷调查结果表明，中国仍有 2.54 亿人口每天的花费低于国际贫困线标准 1.25 美元。2009 年 4 月 8 日，世界银行发布了一份关于中国贫困人口的报告，依照国际标准，中国消费贫困人口的规模，仅次于邻国印度，位列全球第二。② 依照世行的贫困线标准，中国的贫困人口存在着巨大的城乡差异，农村贫困人口占据了中国贫困人口的九成以上，而只有 1%—3% 的贫困人口分布于城市，贫困问题在农村地区更为明显，但“整个国家高度分权化的财政体制却持续地偏向城市”。报告显示，改革开放以来，中国的基尼系数持续上涨，从 1981 年的 0.31 上升到 2003 年的 0.45，收入不平等呈现持续扩大趋势，即使考虑到城乡差异，做了购买力平价调整之后，基尼系数也在迅速扩大，1990 年是 0.329，2005 年是 0.443。报告分析，两方面叠加的结果，即城—乡收入差距扩大，以及城市、农村内部收入的不平等，导致了收入不平等的加剧。报告指出，1994—

① 《人大经济论坛》2009 年 6 月 18 日，http://www.pinggu.org/bbs/viewthread.php?tid=447285&highlight=2008%C4%EA%C8%CB%BE%F9gdp。

② 世界银行东亚及太平洋地区扶贫与经济管理局：《从贫困地区到贫困人群：中国扶贫议程的演进》，《世界银行》2009 年 6 月 17 日，http://siteresources.worldbank.org/EXTEAPCHINAINCHINESE/Resources/3885741-1199439668180/China_PA_Report_March_2009_chn.pdf。

2006年的12年中，国有企业和城市集体企业的就业人数减少了7300万人，从1.45亿人下降到7200万人。[①] 中国社科院发布的《社会蓝皮书(2009年)》显示，2008年，中国城镇人口的失业率大概是9.4%，其中85%是18—49岁的青壮年人口。[②]

最近十几年来，中国的基尼系数一直在0.4以上，2010年前后，基尼系数略高于0.50，已经是处于一个比较严重的不平等的一个状态。2012年，以家庭纯收入计算的基尼系数为0.51，2014年为0.50。[③]

2016年，1%金字塔尖的家庭拥有中国30%的财产，而25%的居于社会底端的家庭财产拥有量，仅占社会财富的1%左右。中国社会的不平等现象，从教育机会到医疗保障，整体呈现扩大趋势。[④]

归结起来，当前中国现实消费环境的整体拼图由两部分构成：一方面，社会生产力整体飞跃，消费者处于主动地位，买方市场形成，内需存在着庞大的提升空间，商品短缺的卖方市场已成为历史，一个包括"小资""白领"的中间群体和各类"精英"群体正在迅速成长，并且在消费中寻求新的身份认同；另一方面，收入差距逐步转化为社会鸿沟和消费差异，新的社会分层机制显现，城市社会各阶层之间存在着巨大的收入和消费差距，农民、城市失业人口、农民工及其他低收入人群收入低微，在生活机会、社会区隔、社会再生产循环圈方面都处于劣势，购买力严重不足。

在这样的现实情境下，媒介消费信息的传播路径为何，其意义建构方

① 世界银行东亚及太平洋地区扶贫与经济管理局：《从贫困地区到贫困人群：中国扶贫议程的演进》，《世界银行》2009年6月17日，http：//siteresources. worldbank. org/EXTEAPCHINAINCHINESE/Resources/3885741 - 1199439668180/China_ PA_ Report_ March_ 2009_ chn. pdf。

② 《中国社科院发布2009年〈社会蓝皮书〉》(摘要)，《中国新闻网》(2008年12月15日)［2009年6月16日］，http：//www. chinanews. com. cn/gn/news/2008/12 - 15/1488153. shtml。

③ 谢宇、张晓波：《中国民生发展报告2016年》，北京大学出版社2017年版，第14、24页。

④ 《诺奖经济学家：为什么中国的贫富差距日益扩大》，《21世纪经济报道》(2016年4月11日)［2016年4月15日］，http：//m. 21jingji. com/article/20160411/herald/46324e62664af71955be40607d2f8134. html。

式是怎样的？中国媒介消费信息传播的轨迹是怎样的，呈现出怎样的独特图景和构型？全球化背景下，中国社会经历着深层次的转型变革，媒介的消费信息传播与怎样的力量存在着互动和链接？媒介消费传播对于社会场域，尤其受众的影响为何，其意涵如何得以呈现？本课题将竭力挣脱方法论民族主义[①]之囹圄，立意于在20世纪90年代以来、全球化进程中中国社会转型与媒介转型背景下，媒介镜像和社会现实相对照的视野下，以中国境内媒介，尤其是包括书报、杂志、广播、电影、电视及互联网在内的大众传媒的消费信息传播为研究对象，回应新兴媒体在消费信息传播领域的迅速成长，在场域分析架构下，以空间、资本与权力为分析维度，试图回答媒介拟态消费环境的基本型构、空间失衡、社会建构和传播机制四个关键问题。

二　文献探讨

消费文化理论，是当前国内外对于媒介消费信息传播研究的观察视角和思考进路，关注传媒在社会消费文化传播中扮演的角色。

国内来看，现有文献对于“消费文化”与“消费主义”概念在使用上界定模糊，有些地方存在争议。以尹世杰和刘江为代表的学者主张，消费文化与消费社会产生的消费主义或消费主义文化是不同的概念范畴，它是人类在消费实践中生产的物质财富和精神财富或观念财富，贯穿人类社会历史。[②③④] 黄平、董天策等人对此持不同意见，认为消费文化与特定的历史阶段相联系，即消费主义和消费主义文化。黄平在《人民日报》上撰文指出，“所谓消费文化，或者如一些人所称的消费主义文化，是一种以推

① 指脱离世界历史和世界体系来讨论民族国家内部的政治经济和社会关系的思维定式。详见赵月枝《国家、市场和社会：从全球视野和批判角度来审视中国传播与权力的关系》，《传播与社会学刊》2007年第2期。

② 尹世杰：《加强对消费文化的研究》，《光明日报》1995年4月30日第7期。

③ 尹世杰：《消费文化与消费主义》，《人民日报》1996年8月24日第6期。

④ 刘江：《消费者行为研究的新视野：消费文化》，《北京商学院学报》1999年第4期。

销商品为动力，无形中使现代社会普通大众都被相继裹挟进去的消费至上的生活方式与价值观念。”[①] 董天策援引迈克·费瑟斯通（Featherstone, M.）在《消费文化和后现代主义》一书中关于消费文化的界定：“消费文化，顾名思义，即指消费社会的文化”，指出将“消费文化”与“消费主义”概念互换使用，不仅是国内多数学者的观点，而且是西方消费文化研究的传统。[②] 研究者发现，在《消费文化》（*Consumer Culture*）一书中，西莉亚·卢瑞（Celia Lury）也是将消费文化与20世纪以来尤其第二次世界大战前后进入消费社会的特定历史阶段相提并论，视其作为物质文化的一个特殊形式。[③] 2008年9月，《文化研究》（*Cutural Studies*）杂志刊出一期消费主义研究专辑，2011年单独出版。萨姆·宾克利（Sam Binkley）和乔·里特（Jo Littler）在序言[④]中，对消费主义（Consumerism）概念进行了厘清，提醒我们注意到，在英美社会里，消费主义一词指代的是消费者权益保护运动，是一种社会名称的内涵，这种意涵面向上的消费主义呈现的是一种理性的、男性主义价值取向，与市场资本主义意识形态意义上裹挟大众的消费主义是针锋相对的。这期专辑里收录的文章，承袭费瑟斯通和卢瑞的概念理解，在研究表述中，将消费文化与消费主义在内涵等同意义上交替使用。本研究在概念使用上沿袭后一种路径，认为消费文化与消费主义或消费主义文化指代的对象是基本一致的，即特定的消费社会阶段的文化，但消费文化与消费主义或消费主义文化在意涵上，还是存在细微的差别：消费文化更具客观表述与价值中立意味，而消费主义或消费主义文化的使用有意识形态倾向，包含价值判断的意味。

---

① 黄平：《面对消费文化，要多一份清醒》，《人民日报》1995年4月3日第11期。

② 董天策：《消费文化的学理内涵与研究取向》，《西南民族大学学报》2008年第10期。

③ ［英］西莉亚·卢瑞：《消费文化》，张萍译，南京大学出版社2003年版，第9—43页。

④ Sam Binkley & Jo Litter, *Introduction*: *Cultural Studies and Anti-consumerism*: *A Critical Encounter*, Sam Binkley & Jo Litter, *Cultural Studies and Anti - consumerism*, New York: Routledge, 2011, pp. 1 - 12.

（一）消费文化研究

国外对于消费文化的研究，主要集中于四种路径。

第一种研究路径是政治经济学批判取向的，关注宏观社会层面的问题，主要代表是法兰克福学派的相关研究。马克思主义的“异化劳动”“商品拜物教”和卢卡奇（Georg Lukacs）的“物化”理论是主要的理论渊源。研究者从扩张的商品生产和“需求”概念出发，对资本主义消费文化进行了批判。法兰克福学派指出，社会制度和技术革新大幅度提升了资本主义社会的生产力，商品生产扩张引起的消费商品等物质文化的大量积累情况，催生了资本主义社会新的需求，即通过意识形态操纵，将人类对于劳动的真实需要，异化为对商品无止境的“虚假需求”，使现代人沦为缺乏独立思考能力，不自由，不自知的，被“异化”的“单向度”的人。媒体的跨国界传播背景下，这种研究思路，发展为西方发达国家的消费文化对第三世界国家的意识形态功能研究视角。在《如何在迪斯尼乐园中成为一名将军》一文中，多夫曼（Ariel Dorfman）与马特拉（Armand Mattelart）指出，出于商业目的，迪斯尼通过其媒介产品，在欢乐温暖的故事中不动声色地向第三世界的儿童输出了同质化的美国价值观，这些观念涉及对社会的基本看法，对事物的品味与模板化的理想生活方式的追求，服务于迪斯尼的全球扩张战略，使人们潜移默化地接受包含特定价值理念的信息，并且基于这些理念来建设他们的社会和家庭生活。[①] 莱斯理·斯克莱尔（LeslieSklair）指出，全球消费资本主义体系，不遗余力地向第三世界推销消费主义，诱导超越社会阶段的、虚假的消费冲动，以维持资本主义在全球范围内的再生产和持续的利润攫取，从而忽略对于他们自己社会发展阶段，以及相应的生产能力和支付能力的

① Ariel Dorfman, Armand Mattelart. Introduction: Instructions on How to Become a General in the Disneyland Club, Meenakshi Gigi Durham and Douglas M. Keller. eds. *Media and Cultural Studies: Key Works*, London: Blackwell Publishing Ltd. , 2006, pp. 122 - 129.

思考。[①]

第二种研究路径是文本取向的，关注意义的产生，分析消费个体层面上的情感快乐和体验、欲望的满足。这种路径将消费世界看成一个个特定的文本，符号学是这种取向的重要理论工具和分析方法，关注消费文化给身体层面带来的刺激与审美层面的快感植入。罗兰·巴特（Roland Barthes）将符号学引入消费文化研究领域，在其著作《神话修辞术》（*Mythologies*）、《流行体系》（*Système de la Mode*）中，巴特以"符号体系"的概念视角来看待包括时装、食品、玩具、摄影等在内的日常消费文化，运用符号学方法进行意义的"祛魅"分析，揭示文本、符号神话背后真正在运作的社会关系。[②③] 列菲弗尔（Henri Lefebvre）在《现代世界的日常生活》（*Critique of Everyday life*）一书中，从符号学的能指所指概念结构出发，考察了消费文化的符号学形态特征，并从应用维度对其进行了批判。[④] 法国著名思想家让·鲍德里亚（Jean Baudrillard），最负盛名的三部著作，《物的体系》（*The System of Objects*）、《消费社会》（*The consumer society*）和《符号的政治经济学批判》（*For a Critique of the Political Economy of the Sign*），是对消费文化符号价值最具影响力的思考成果，鲍德里亚认为，消费的必然结果，是通向对符号的积极操纵。[⑤]

第三种研究路径来自社会学视角，关注个体和群体的消费方式。文本意义取向看到的商品和消费是一个符号世界的话，社会学视角的消费文化

---

① Leslie Sklair, Culture-ideology of consumerism, Ritzer, George. eds. *The Wiley-Blackwell Encyclopedia of Globalization*, Wiley Online Library, 2018 - 06 - 08, https://on line library. wiley. com/doi/10. 1002/9780470670590. wbeog 099.

② Roland Barthes, *Operation Margarine and Myth Today*, Meenakshi Gigi Durham and Douglas M. Keller. eds. *Media and Cultural Studies*: *Key Works*, London: Blackwell Publishing Ltd. , 2006, pp. 99 - 116.

③ ［法］罗兰·巴特：《流行体系——符号学与服饰符码（序）》，敖军译，上海人民出版社 2000 年版，第 1—2 页。

④ 傅其林、赵修翠：《论列菲弗尔的消费文化符号学》，《文化研究》2009 年第 2 期。

⑤ 参见罗钢、王中忱《消费文化读本》，中国社会科学出版社 2003 年版，第 1—34 页。

中，商品是一个个个体和群体的社会联系和社会区别，是人们的教育背景，收入水平，职业类型等信息，人们通过商品向外界表征这些信息，建立和维护自己的社会地位，积极寻求与同类群体的认同。道格拉斯（Mary Douglas）和伊舍伍德（Baron Isherwood）研究了物的社会意义和仪式意义，指出一切物质商品都具有社会意义，物的秩序直接反映着社会的秩序，人们对商品享用过程在理性范畴内表达自己的过程，这种表达包括将其作为进入理想的社会阶层的标签。对于商品的使用，在于在任何场合泰然处之，并能恰如其分地消费，[①] 布尔迪厄（Pierre Bourdieu）在《区隔》（*La Distinction*：*Critique Sociale du Jugement*）（1984）一书中，将社会阶级以生活方式和文化消费的“趣味”为指标进行定义。他指出，消费及生活方式的审美趣味与家庭出身、教育经历、职业类型和社会阶层、群体密切相关，各个社会阶层或群体在经济资本与文化资本两个层面上，为“获取地位性商品”而展开竞争，“新型文化媒介人”群体——提供符号产品生产与服务的新型小资产者和知识分子，正是产生于这一争斗过程当中。[②] 社会学视角的重要研究，还有迈克·费瑟斯通（Mike Featherstone）的《消费文化与后现代主义》（*Consumer Culture and Postmodernism*）、西莉亚·卢瑞的《消费文化》。研究者在这两本著作中，探讨了消费的风格化、消费文化的全球传播、消费与生活政治等问题，这些都拓展了研究思路。

最后是消费文化与环境保护问题的视角，这种研究路径伴随着近年来环境保护运动在全球的兴起而出现。美国纽约世界观察研究所（World-watch Institute）资深观察员艾伦·杜宁（Alan Durning）的《多少算够——消费社会与地球的未来》（*How Much is Enough*：*The Consumer Society and the Future of the Earth*）[③] 一书，从地球资源和环境保护的角度，论证了由更多

① Mary Douglas，Baron Isherwood，*The World of Goods*，Hove：Psychology Press，1996.

② ［法］皮埃尔·布尔迪厄：《区分：判断力的社会批判》，刘晖译，商务印书馆 2015 年版。

③ ［美］艾伦·杜宁：《多少算够——消费社会与地球的未来》，毕聿译，吉林人民出版社 1997 年版。

的小汽车、空调、购物街所构成的消费主义生活方式，是不可持续的，努力说服人们转变生活方式，打破无止境消费的恶性循环，建立量入为出的社会。这种研究视角关注公平贸易、血汗工厂、企业的社会责任等问题。《文化研究》杂志在2008年9月消费主义研究专辑当中，刊出多篇文章探讨上述议题，反映出这种研究取向的受关注状态。

此外，维尔纳·桑巴特（Werner Sombart）的《奢侈与资本主义》（*Luxury and Capitalism*）、凡勃伦的（Thorstein Veblen）《有闲阶级论》（*The Theory of the Leisure Class*）、堤清二的《消费社会批判》以及尼古拉·埃尔潘的《消费社会学》（*Sociologie De La Consommation*）等著作从资本主义的起源、制度经济学、产业社会学等角度为消费文化研究做出了独特的贡献。

国内有关消费文化的研究主要来自文学批评与社会学领域。

文学或文艺学视角的研究，多探讨符号文化与视觉文化主题。王晓明在《在新意识形态的笼罩下：90年代的文化和文学分析》一书中，以广告、时尚杂志、建筑、电影、酒吧、小说等种种新的消费文化现象为视角，探讨20世纪90年代中国的社会形态及新神话的主角。此外，代表性的研究来自陶东风的《90年代审美文化研究》《当代中国的文化批评》《日常生活的审美化与文化研究的兴起——兼论文艺学的学科反思》，王一川《中国消费文化中的悖谬》，周宪的《视觉文化的转向》《中国当代审美文化研究》《从视觉文化观点看时尚》，戴锦华的《书写文化英雄》等。

在上述系列文章和刊物中，研究者主要的理论工具是西方文艺批评理论资源，从审美、视觉等角度，对新兴的消费文化及其对中国社会的影响进行批评。

社会学视角的研究，有王宁的《消费社会学》《消费与认同——对消费社会学的一个分析框架的探索》，陈昕的《救赎与消费——当代中国日常生活中的消费主义》，姚建平的《消费认同》等。

上述研究为本课题的开展提供了中国语境下媒介消费信息传播的重要理论思考和社会学实证调查的支撑。

（二）消费信息传播与媒介

西方新闻传播学领域关于消费信息传播与媒介的研究，主要从两个维度展开：

遵循经验主义研究传统，采用量化研究方法，针对媒介消费信息传播的效果研究。这方面烁如繁星的成果主要来自广告营销和媒介社会学领域，探讨广告传播对消费者态度、行为变化的影响，或媒介消费主义生活方式的展示对受众个体认同、社会评价的影响等。

遵循批判研究传统，以文化研究和传播政治经济学为理论支撑，沿袭上述消费文化研究当中的批判取向和文本意义分析路径，对传媒与资本、国家话语共谋，使本应具有独立批判意识的公民沦为沉迷于商品占有的消费者的实践进行批判。这方面衍生出许多重要的研究取向，如比较研究视野下的媒介帝国主义、性别研究视野下的女性主义和传媒消费文化研究、亚文化群体与消费文化研究，等等。

中国新闻传播学领域媒介消费信息传播的研究，在研究取向上大多遵循西方的批判研究传统，具体来说，呈现出两方面的特点：

一是研究对象上，针对单一媒体或媒体文本进行研究，尤其集中在针对广告、时尚杂志媒体的信息文化意涵上，即消费文化传播内容研究上，鲜少涉及与媒介形式密切相连的“信息方式”① 的研究。如郃小丽的《白领时尚消费文化——试论时尚杂志的价值经营哲学》、周春玲的《时尚杂志与大众文化》、汪潇的《广告与消费主义文化》、刘柯兰的《时尚杂志与消费主义文化研究》等。

① 马克·波斯特借用马克思的生产方式理论，提出了信息方式这一概念，旨在表明，“历史可以按符号交换情形中的结构变化”被区分为不同时期。波斯特信息方式关注信息的存取方式及其构型（Configuration）。详见［美］马克·波斯特《信息方式——后结构主义与社会语境》，范静哗译，商务印书馆2000年版，第13—20页。

二是研究思路和方法上，遵循文化研究或批判的政治经济学研究路径，关注微观层次上，个体从媒体消费文化中获得的情感快乐，梦想与欲望的满足，或是在宏观层面上，关注资本的逐利本性导致的对媒介消费主义文化的操纵问题，对其进行解释主义和建构主义的阐释与批判。理论视角上，多从西方消费文化的理论话语中撷取资源，用以剖析传媒现象。研究取向亦多集中于上述消费文化研究路径的批判的政治经济学和文本意义取向，如肖显静的《消费主义文化的符号学解读》、杨魁、董雅丽的《消费主义文化的符号化解读》、秦志希的《新闻传媒的消费主义倾向》、蔡骐、刘维红的《论媒介化社会中媒介与消费主义的共谋》等研究。

近年来，新生代的学者开始运用大数据、实证分析方法进入这个领域的研究，多集中在广告、品牌传播的效果分析上。

从国内外既有文献来看，许多研究者都关注到了现代媒介是当代社会消费信息传播的最重要载体和放大器，西方大众文化理论对消费快感的贬抑态度，在媒介与消费信息传播领域延续，研究凸显了消费主义文化的问题。具体到中国的研究现状来看，批判研究的相关理论在媒介消费信息传播研究中占据着主导的话语权，以单一媒介及其文本内容为研究对象，批评其消费主义倾向。该领域的研究缺乏对中国语境下媒介消费信息型构与传播的细致具体的考量，西方理论话语中的消费主义概念及其对消费主义严苛的批判取向，遮蔽了对于中国传媒消费信息传播与实在的中国经济、政治、技术、社会之间联系的更理性、更切近的思考。本书认为，这种研究路径揭示了当前中国媒介消费信息传播的某些文本内容层面的意涵面向，但媒介化生存是我们的现实生存状态，对于单一媒介及其文本内容的研究已无法真实、客观、立体地体现当前人们消费信息的接收状态，对于媒介消费信息传播的研究亟需回应现实的新视角。《媒介制造》（*Media Making*）一书的作者葛罗斯伯格（Grossberg）富有洞见地指出，不同媒体及内容的“区隔”，使我们看不到媒体之间及媒体与社会文化互动所构成的整体性。[1] 本书提出“拟态消费环境”概念，为多媒介社会中消费信息的传播研究提供整体性的思考空间。

三　研究思路

格雷厄姆·默多克（Murdock，G.）指出，许许多多文化研究成果在阐释的范畴内徘徊，进行意义建构论述过程分析，缺乏将阐释与制度面、经济面、物质面结合起来观察的视野，另外的一些研究，分析文化工业，却很少或根本没有关注这个产业真正的运作状况。他认为，我们应“将各种传播过程均涉及的两个部分——具体的物质部分与曲折的符号论述部分，经济的与文化的——打从构思阶段，就要让它们产生关联，而不是一面倒向任何一个部分”。[2] 李金铨为我们提供了一个传媒分析的架构：第一个最宏观的层次是政治经济学的分析，第二个层次是媒介社会学路径的分析，第三个层次是媒介的文本分析，第四个层次是脉络分析，看解释社群（interpretive communities）从媒介获得的意义。[3]

本书沿袭这种思路，提出“拟态消费环境”概念，以场域作为整体分析架构，拟体现出一种社会—传媒—个人日常生活实践的关系性研究路径，分析国家与市场、与各种社会力量之间、市场与不同社会阶层之间的复杂型构与动态链接在传媒消费信息传播领域的形貌。在认识论和方法论层面，本书取径诠释学，以演绎理解的方式，同时从文化研究与传播政治经济学中汲取学术资源，运用文本分析方法，探索媒介消费信息的建构、运作和意义生产方法，并以社会学式的切入点分析文本形构后的政治经济脉络，综合考量媒介的文本、机构与受众因素。

---

① 杨芳枝：《媒体与“真实”世界——评葛罗斯堡等人的“Media Making”》，《传播文化》2002年第9期。

② ［美］戴维·莫利：《电视、观众与文化研究》，冯建三译，远流出版事业股份有限公司1995年版，第10—11页。

③ 李金铨、黄煜：《中国传媒研究、学术风格及其他》，李金铨《超越西方霸权——传媒与文化中国的现代性》，牛津大学出版社中国有限公司2004年版，第335页。

研究内容的主体分为七个部分。

第一章 探讨拟态消费环境，社会空间，场域分析等关键性概念，确立概念框架和分析进路，从观念层面上勾勒研究对象。

第二章 分析媒介拟态环境内主要的机构化行动者及其运动轨迹，剖析场域的基本构型及其意义发生建构机制。

第三章 讨论媒介拟态消费环境场域内蕴的冲突、运动，探讨媒介镜像和社会现实交错中所呈现的场域特征。

第四章 以场域的外部分析为进路，探讨媒介拟态消费环境场域建构的外部动力机制。媒介拟态消费环境场域受到全球消费资本主义体系确立的规则影响，国家—市场—社会力量的链接对媒介拟态消费环境场域产生了深刻的影响。

第五章 以场域内部分析为进路，探讨媒介拟态消费环境内部建构的动力机制。探讨作为次场域的当代媒介拟态消费环境场域在将外部动力转译为内在逻辑，并争取场域自主性的过程中，机构和个体行动者的策略和斗争轨迹。

第六章 探讨媒介拟态消费环境场域的传播机制：中介和聚敛。以个案分析形式，探讨媒介拟态消费环境场域对新闻场域、电影生产场域、日常生活场域的影响。

第七章 从消费政治的角度，探讨媒介拟态消费环境中特定知识的生产和割裂的社会现实，从生活政治角度，探讨解放政治后的生活方式选择问题。

第一章 拟态消费环境，社会空间，场域分析

90年代，媒介，消费信息传播，简单的几个关键词，迅速勾勒了中国传媒场域近三十年来，最鲜亮、也是最引人瞩目的图景之一。批判取向研究路径下的单一媒体或媒体文本研究，缺乏对消费信息传播本身的细致考察，将现实中互动和勾连的媒体关系割裂开来考察，碎片化呈现受众对于消费信息的接收状态，遮蔽了这一过程与更广泛的社会政治、经济、文化之间的复杂联结，及对包括受众日常生活在内的社会多场域的介入分析。解析这一图景的关键，在于拟态消费环境概念框架的建构。拟态消费环境以空间的概念，立体化地呈现了媒介消费信息传播的情景，而场域分析路径，是一种社会学视野下，对空间进行分析的进路。

第一节 拟态环境：媒介“内容与形式”结构

现有研究对拟态环境（Pseudo - environment）的注意力集中在信息内容方面，与现实环境呈现割裂状态。以媒介环境学的理论视野为出发点，本书从媒介的传播实践出发，对既存的理论话语提出质疑，重构由媒介内容和形式共同建构的拟态环境，并从与现实环境联结的立场上，考察拟态环境与现实环境的关系。

一　“拟态环境”概念及研究现状

李普曼（Walter Lippmann）在他的经典著作《舆论学》（*Public Opinion*）中，第一次提出“拟态环境”概念，用以指代由媒介建构的符号环境。这个概念还被翻译为“假环境”“伪环境”或“模拟环境”等名称，但指向的对象是一致的。李普曼援引柏拉图的“洞穴神话”，指出无论公众还是大众传媒的从业者，都是固定成见的囚徒，只能向前看着洞穴后壁上真实世界的投影。真实的世界包罗万象，变动不居，各种主客观因素，如信息检查制度、接触机会、时间和注意力资源，以及事实本身的呈现程度等限制，使我们难以应付，依赖各种新闻机构提供信息，帮助我们掌握这个纷繁世界的概貌——“真正的空间、真正的时间、真正的数字、真正的联系、真正的分量都丧失了。观点、背景和行动的范围都在固定的成见中受到修剪和凝练”，[①] 在人和现实环境当中，插入了一个新的事物，即拟态环境。现实环境和新闻报道之间，存在着时差和偏差，但我们总是倾向于将自己的主观真实当成现实环境本身，如此，人的行为很多时候，其实是对拟态环境的反应，却在真实环境中发生作用，[②] 而人的认知和行为遵循着“客观环境—拟态环境—环境认知—人的实际行为”[③]的模式。

1985年，藤竹晓以美国社会学家R.K.默顿对“献身的三角形”事件[④]的研究为例，更详细地论述了拟态环境。藤竹晓指出现代人通过大众

---

① ［美］沃尔特·李普曼：《舆论学》，林珊译，华夏出版社1989年版，第123页。

② 同上书，第11—58页。

③ 郭庆光：《传播学教程》，中国人民大学出版社1999年版，第125页。

④ 美国哥伦比亚公司在1943年9月21日，邀请社会名流凯特·史密斯作战时公债认购宣传。默顿在分析这一事件时指出：“来自献身的三角形即士兵们的献身、其他听众的献身，积极通过马拉松式广播而显示出来的史密斯的献身这样三方面的压力，在许多听众的心中构成了强有力的自我厌恶和罪孽感……，只有通过付出与其他三者的献身相称的牺牲（通过把所谓三角形变为正方形），这种紧张感才会消除。”详见［日］藤竹晓《电视社会学》，蔡林海译，安徽文艺出版社1987年版，第33—34页。

传媒提供的拟态环境来确定并解释自己环境的生存现实，今天，对现实环境的亲身把握显然已超出个体五官所能感受的范围，人们不得不借力于他者的中介。这种情况下，人们通过现实环境的象征化的副本，即拟态环境来了解世界，而现实环境被称为原本，传播媒介机构是专业化为人类提供拟态环境的机构。由此，藤竹晓进一步论述了“拟态环境的环境化”问题。“拟态环境的环境化”的概念包含两个维度的意涵：一是由于人们倾向于根据媒介提示的拟态环境行动，现实环境因而变得具有拟态环境的特征；二是拟态环境（副本）从现实环境（原本）中派生，但是副本对于世界的建构，对于人们主观世界的影响，反而超过了原本，媒介通过将现实环境片段组结，或是蒙太奇的方式，向人们提供的是“原本的副本部分以及这些部分的构成化”，由此产生了一种“副本自立”现象，但现代人在日常的媒介使用中是很难有意识地去思考、辨别这一点，由此，拟态环境在事实上对现代人起到了现实环境的作用。①

郭庆光认为，相对于现实环境，拟态环境是一种“二次环境”。“所谓‘拟态环境’也就是我们所说的信息环境，它并不是现实环境的‘镜子’式的再现，而是传播媒介通过象征性事件或信息进行选择和加工、重新加以结构化以后向人们提示的环境。”② 郭庆光进一步指出，人们通常意识不到拟态环境对信息的加工、选择和结构化是在媒介内部进行的，一般受众无法接近其过程，往往会把“拟态环境”作为客观环境本身来看待，他具体论述了拟态环境的特点：构成信息环境的基本要素是语言、文字、声音、图画和影像等，它们具有特定的含义，按照一定的结构组合成具有完整意义的讯息，这些讯息不仅仅传达着消息或知识，还包含着特定的观念和价值，它们不仅仅是告知性的，而且是指示性的，对人的行为具有制约作用。一个时期和社会信息环境的特色和潮流达到一

① ［日］藤竹晓：《电视社会学》，蔡林海译，安徽文艺出版社 1987 年版，第 33—38 页。
② 郭庆光：《传播学教程》，中国人民大学出版社 1999 年版，第 127 页。

定规模的某类信息决定。信息环境具有社会控制的功能，制约着人的行为。①

总体来看，李普曼从新闻与舆论控制的视角提出拟态环境的概念，藤竹晓以电视媒体为例，主要探讨的是大众传媒的拟态环境，而拟态环境在郭庆光看来，是一种由传播媒介所建构的信息环境。本课题基于拟态环境概念产生的特定历史背景及其后续研究实际，将拟态环境定义为：传播媒介，尤其是大众传媒所建构的一种信息环境。

拟态环境概念自20世纪20年代提出以来，被研究者较频繁地使用，逐渐成为新闻传播学研究的热词之一，但从学理层面对其进行深入剖析的资料极其匮乏，多为蜻蜓点水似的概念性介绍和使用。张国良的《现代大众传播学》，郭庆光的《传播学教程》，李彬的《传播学引论》，由人民大学郭镇之主译，沃纳·J. 赛佛林（Werner J. Severin）与小詹姆士·W. 坦卡德（James W. Tankard，Jr.）合著的《传播理论：起源、方法与应用》等，这些国内外经典的新闻传播学教材，都对这个概念进行了介绍，并从作者的理解出发作了阐释。此外，许多论文也关涉这个概念，但止步于描述性层面：字面意义上使用拟态环境一词，或在阐释其他问题时旁及拟态环境问题，如郑雷的《浅析大数据媒介拟态环境建构及影响》、师雪梅《新京报网在地震类新闻报道中对“拟态环境”的建构》、叶盛世、张文杰《拟态环境视阈下微博评论对社会舆论的影响研究》等，姜鹏《新农村建设中的媒介式乡土文化及其创新传播》，对拟态环境的内涵、型构、成因、性质等问题缺乏系统分析。

黄顺铭是目前国内在该领域的代表性研究者，他较早地进入这个领域，并富有成效。在《作为解释框架的新闻传播四维结构》《拟态环境：主体建构与主体解读的多重意涵》这两篇文章中，他对传播过程中的两个主体：传播者主体和受众主体进行了分析，根据新闻传播过程的现实，探

① 郭庆光：《传播学教程》，中国人民大学出版社1999年版，第127页。

讨传媒拟态环境的建构及其在多大程度上反映了现实，及主体对它的解读。黄顺铭在《“镜子”与“探照灯”辨析》一文中，从认识论的角度，对管翼贤的“镜子/反映论”和李普曼“探照灯/建构论”这两种对媒体与社会基本关系的思维模式进行了学理追问。[①] 随后，一批对拟态环境的外延与内涵进行深入探讨的论文出现，这当中包括丁汉青、牛新权的硕士学位论文《传播中的拟态环境》《试论拟态环境之整体优化》，郭赫男的博士学位论文《中国大众传媒建构的拟态环境研究》，曹劲松的《论拟态环境的主体建构》等文章，这些文章研究角度各异，但都结合了在中国的具体语境。从现有研究看，国内对于拟态环境的研究关注点在于对其内容层面的探讨，且基本集中于新闻报道领域，尚未对媒介形式给予关注，媒介环境学派的相关研究为拟态环境的概念架构提供了一个非常新鲜的视角。

二　媒介环境学:媒介结构和互动视野中的拟态环境

尼尔·波斯曼在1968年的美国英语教师协会理事会演讲中，首度在公共场合使用“媒介环境学”概念，将其界定为“媒介作为环境的研究”(Media Ecology is the Study of Media as Environment)。[②][③] 媒介环境学派被视为继经验学派和批判学派之后，异军突起的第三学派，在中国，由于何道宽、林文刚等学者的积极推动，近年来的影响一直在扩大。经验学派关注传播内容“如何控制”，呈现的是功能主义社会影响观，批判学派热衷于探讨“谁在控制”，分析传播背后的政治经济结构，寻求人的解放途径，媒介环境学派旨趣大相径庭，研究媒介的技术形式及其相互关系，探讨技术与社会变革、文化形态之间的相互共生关系。该学派认为，媒介的形式非常重要，不同的媒介形式会产生不同的方式影响人们感知、认识、思

① 黄顺铭:《“镜子”与“探照灯”辨析》,《现代传播》2003年第1期。

② [美] 林文刚:《思想沿革与多维视野》,何道宽译,北京大学出版社2007年版,第10页。

③ 单波、王冰:《西方媒介生态理论的发展及其理论价值与问题》,《新闻与传播研究》2006年第3期。

考、理解和表征外在于人的世界，特定的形式偏好特殊的内容，从而塑造整个文化的特征。媒介环境学的方法论多半是定性研究，他们构建理论而不是检测理论，代表性学者有哈罗德·伊尼斯（Harold Innis）、马歇尔·麦克卢汉（Marshall McLuhan）、尼尔·波斯曼（Neil Postman）、保罗·莱文森（Paul Levinson）、约书亚·梅罗维茨（Joshua Meyrowitz）等。媒介环境学的环境包含三个层次：作为符号环境的媒介、作为感知环境的媒介、多重媒介环境。作为符号环境的媒介，将每一种媒介设想为一种符号环境，由一套独特的代码和句法组成。我们没有置身于媒介之外，作家的世界“读”起来是一本书，电影制片人的世界“看”上去是一连串现象和声音，我们身处符号结构当中，人的感知、意识受到这种环境的规制。作为感知环境的媒介，把每一种媒介设想为一种感知环境。对世界的感知需要调动我们的感觉器官，对世界的感知差异部分源于感官赋予我们的感觉资料不一样。媒介使我们的感官形貌发生变化，电视延伸了视觉，广播延伸了听觉，这样的变化影响了我们对感觉资料的获取，我们通过媒介的感知特征过滤世界，这种过滤重构的“现实”，是真实现实的“翻版”。运用媒介提供的资料来理解和建构周围世界的。多重媒介环境指的是，多媒介的社会是我们生活的实际情境，为了获取新闻、信息和娱乐，我们同时使用若干种媒介符号系统的组合，从多重媒介环境视角出发，我们的任务是考察多种共存媒介的动态与互动，研究他们生产了怎样的一个感知—符号环境，这个多重媒介环境不是各种构造成分的简单累加，因特网一部分是文字、图像，一部分是声音、电脑、电话等，是一个独特的符号环境。① 多种媒介构成了人类生存生活的一种环境。

媒介环境学派将媒介视为我们生存于其中的环境，与由江河湖海、日月星辰组成的自然环境，由现实的芸芸众生、纷繁世事连缀起来的社会环

① ［美］林文刚：《思想沿革与多维视野》，何道宽译，北京大学出版社 2007 年版，第 27—29 页。

境并置，它是一种象征性环境，由技术和各种符号组成，构成我们生存于其间的生存环境。媒介环境学派给予了“媒介化生存”这样一个描述性概念一种具象的空间想象和认知，开辟了在结构和互动中考察多种媒介的新视野。它的理论特点是，相较于传统的内容取向，给予媒介形式以优先性，这种研究倾向虽然屡获批评，但正是这种独特鲜明的学术风格，使其研究独树一帜，并终于使得对于媒介形式的考察逐渐步入新闻传播学的学术视野，给予本书研究全新的考察视野和理论架构启发：媒介的内容和形式是一体两面，研究既应给予媒介拟态环境当中信息的内容面向足够的关注，也应充分考虑长期被遮蔽的拟态环境的空间结构面向，特定的媒介形式影响着信息传播方式和架构方式，这些都应被纳入分析视野。消费信息传播的意义，既源于其内容，又源于信息形式，媒介形式不是传统认知上的中立渠道，它本身承载着意义。

三　真实世界和媒介世界

拟态环境的概念蕴含着两个含义丰富的世界：真实世界和媒介世界。拟态环境体现的是媒介与真实世界的动态关系，真实世界建构着媒介世界，而媒介世界也在反映和建构着真实世界。一方面，媒介拟态环境的符号—感知环境建构，通过改变受众的主观真实，而带来真实世界的改变，是我们日常的媒介体验；另一方面，媒介化生存的现代社会中，真实世界和媒介世界的分野并非泾渭分明。

以“江歌案”为例。真实世界中的新闻组织运作常规，如政治因素的考量，政治风险的规避，专业主义精神的恪守，收视率、发行量、流量等诸多因素，对媒介的节目制作产生影响。抢夺注意力的媒介市场生存生态下，鼓动性、具有接近性的事件更受媒体青睐。这种“真实世界”的操作规则下，“江歌案”在案发地和审理地日本反而相对沉寂，中国媒介的跟进热情都很高涨。新闻事件通过媒介呈现在受众面前，受众借由媒介真实建构着关于事件的主观真实，但是，多年以后，“江歌案”

关涉的人、事凭证消失后，媒体关于此案的报道，包括文字、声音和影像记录，以及受众脑海中的记忆，会成为彼时的真实物料，重构事实。从另一个角度看，“江歌案”因媒体的关注而迅速成为争议焦点，成为受众生活世界的一部分，在社会层面搅动了关注探讨，《局面》的视频呈现，咪蒙等大V的顺势炒作，使得中国媒介伦理问题和专业操守的问题再次进入公众视野。

“江案”呈现了真实世界、媒介世界，客观真实、主观真实辩证动态的关系，拟态环境表征和再现着真实世界，它所建构的媒介世界为受众铺设了通往真实世界的路，这条道路在今天的现实情境中，实际上通过决定我们感知真实的方式和程度，决定着我们如何建设自身生存世界。媒介无法将包罗万象的现实巨细靡遗地一一呈现，理想状态下按比例地浓缩现实，将现实环境变成微缩袖珍形式，再通过媒介展露出来的情形，只是一种美好的愿景。同时，拟态环境通过符号化方式、以各种类型语言为中介，对现实环境的抽象和再现，这种象征性实践，本身就暗含着选择的过程，限制与排除是一种必然的常态。正是有这种选择与排除的权衡过程的存在，各种权力话语的运作斗争才得以获得空间。

第二节　拟态消费环境与社会空间的生产

“环境”（Environment）一词，是指“主体生活于其间的、影响主体生活与工作的所有情境、事件或人”,[①] “是与生活主体发生联系的外部世界”,[②] 是“生活主体生活于其中并给生活主体以影响的境况和条件”,[③] 诸多定义都表征着空间的意象，然而，空间在很长一段时间内被看

① 英国培生教育出版有限公司：《朗文当代高级英语辞典（英英·英汉双解）》，外语教学与研究出版社2004年版，第626页。

② 邵培仁：《传播学》，高等教育出版社2001年版，第234页。

③ 沙莲香：《社会心理学》，中国人民大学出版社1987年版，第48页。

成一种实在，在社会学、政治学、文化研究等领域的研究传统当中，它仅仅被视为一种容器和平台，其间，社会关系的运行才是这些学科考量的对象，这种状况一直延续到列菲弗尔“社会空间”概念的提出。

一　拟态消费环境:拟态环境的次级环境

拟态环境即信息环境，而信息可以细分为多种类型，有政治信息，文化信息，科技或军事相关的信息，等等。因此，拟态环境概念框架之下，分出若干次级的环境。当然，这种次级环境之间的界限并非泾渭分明，比如,《住建部重申楼市调控不放松 六大措施含新意》这条经济新闻，因中国的住房问题关涉国计民生，且由国家部委下文推动，亦可被视为政治新闻，因而，在拟态环境框架内，次级环境之间其实是相对独立并交错重迭的关系。拟态消费环境即是拟态环境的次级环境之一，由与消费有关的信息或信息产品构成，即消费的信息环境，作为二级环境，它具有上述拟态环境的所有特征。比如，消费信息传播的不仅仅关涉商品本身，特定的观念和价值总是附着于上，消费信息中的“商品”既包括物质形态的商品，也包括文化形态的商品，拟态消费环境是具有显性的社会控制功能的，等，同时，拟态消费环境处于与其他次级环境交错缠绕、相互影响的结构形态当中。此外，作为一个相对独立的领域，它又具备如下的一些特质。

第一，拟态消费环境中的消费信息，内容更具有接近性，诉诸感官和直觉的说服力，理解门槛低，与人类追求幸福生活的本性交融。消费与人们的世俗生活息息相关，直达受众的情感和认知层面，较之传统上偏“硬”的军事、政治信息，更容易获得选择性的接触和理解，激发情感共振，促进态度改变，并最终引发改变现实环境的实际行动。同时，媒介新技术的开发和投入应用周期越来越短，提供了更多的消费信息的型构和传播的可能和方式。一个非常显著的变化是，消费信息遍布社会生活的方方面面，无处不在，消费信息传播中，诉诸感性的图片和影像无孔不入地迅速抓取受众的眼球，挤占着他们有限的时间资源，受众日日浸润于其中，习焉不察，基于大数据的个性化精准传播方式是大势所趋。

第二，相较于其他次级环境而言，消费信息以及由之构成的拟态消费环境，当中所包含的一些价值观念，会更容易发生变化。人们进行消费行为时，总是带有着某种审美愉悦的期待，消费活动无可避免地伴随着强烈的审美倾向，而审美观念又是一个随时空变迁的过程，与消费相关的理念轨迹也随之发生改变。以时尚为例，于 14 世纪的欧洲宫廷萌生，“太阳王”路易十四时代的凡尔赛宫是当时的标杆，此后，伴随着资本主义在全球范围内的扩张，蔓延勃兴至今，现代社会，时尚变迁的晴雨表由媒介拟态消费环境呈现给受众。在欧洲贵族体系瓦解，新兴资产阶级力量成长的过程当中，时尚，作为一种社会身份的竞争手段，或新的身份认同体系发展起来，是新兴社会阶层用来挑战传统的贵族权威的重要工具，不断变迁是时尚从诞生那一刻起就携带的基因。独特和创意是时尚恒久的追求目标，现代媒介传播体系下的立体化传播使时尚能在短时间内形成，却也推动着时尚走向衰亡，新的时尚得以迅速取代前者，这种此消彼长的新旧更替正是时尚的生命力得以保持的内生动力，时尚的生命周期在现代媒介体系的推波助澜下，更迭周期越来越短。

第三，拟态消费环境中的消费客体随着时代的变迁，是处于动态的变化之中的，它是一个历史范畴内的概念。伴随着社会生产力的发展，社会交往的频繁，社会文化总体心态日益走向开放与多元，消费客体的范围总体呈现扩张趋势。现代社会，技术上不断的创新和迅速投放市场，生产成本不断降低，消费空间扩展，加之中产阶层队伍在全球范围内的扩张，很多早前被定位为奢侈的商品逐步从社会阶层上向下扩散；伴随着社会文化和审美心态的开放变化，中性的男性形象被接受，男性保养化妆品广告投放量显著增长。此外，偶像剧集、古典音乐、旅行度假的风潮，也显示出在物质消费得到满足后，人们对于高度精神化的文化消费的追求。还有一种扩展媒介拟态消费环境当中消费客体范畴的情形，那就是工业文明的发展给人类社会带来巨大福祉的同时，也产生了一些意外的结果，曾经任意享用的自然资源变成了今天的稀缺资源和消费对象，比如说清新的空气，有机的食品，灿烂的阳光，成为新的广告噱头。

二　空间成为分析维度

欧几里得的几何学影响了社会学、政治学、文化研究等学科和领域的研究传统对于空间的认知。欧几里得的空间是一种稳定的三维存在，在这个自然空间中，各种参数和坐标体系精确定位着物体的位置。这种空间观下，空间是静止的，这种静止被视为永恒的客观真理，否认空间变化的可能性和不同人空间感知的差异性。“欧几里得的空间是理想的感知空间，空间感是人对物体进行定位、测量尺寸和距离的过程，而这些过程从来都是不确定的，他们依赖于感知者的状况。”① 而时间在历史的长河中却被青睐有加，这个维度被视为丰富多产、富有生命力的，它有长度厚度，对时间的感知是辩证的，时间一直超越并消解着空间意涵。

20 世纪二三十年代，罗伯特·帕克（Robert Ezra Park）领导下芝加哥学派的研究重点在于城市的社会问题，他们从生态学的视角出发，研究城市空间的扩张及其带来的社会问题，空间研究开始进入理论视野。1974 年，法国社会学家亨利·列菲弗尔《空间与政治》（*La Production de L'espace*）一书出版，提出了“社会空间”的概念，这部著作是空间理论的奠基之作，空间开始逐步具备文化、政治、经济、心理等多方面的意涵。近年来，复旦大学的一批新闻传播学者致力于“城市传播”研究，从芝加哥学派中汲取了大量的理论滋养。社会空间是社会的产品，都市是与大生产相联系的消费单位，空间被历史化并具体化，空间的生产是社会关系交织运作的结果，总是与历史的某些特定时刻相关联，是一个动态过程，隐藏着复杂的政治、文化和经济冲动，同时，空间本身亦是一种社会关系因素，持续再

① ［英］丹尼·卡瓦拉罗：《文化理论关键词》，张卫东等译，江苏人民出版社 2006 年版，第 177 页。

生产着各种社会关系。空间结构的分析可以从三个维度展开，空间的实践（Spatial Practice）、空间的再现（Representation of Space）和再现的空间（Representational Space），分别对应着空间的实在、建构与认知三个层面。

此后，空间研究主要沿着两条路径发展：社会理论路径，以吉登斯（Anthony Giddens）、布尔迪厄（Pierre Bourdieu）等社会理论家的研究为支撑；后现代理论家从福柯（Michel Foucault）和索加（Edward Soja）等后现代理论家的研究中汲取资源。社会理论的分析架构是现代性的，以此为框架检视空间和社会的交互关系，探讨他们对于社会的影响，后现代理论家们的分析框架是后现代性的，运用地理学的概念和隐喻，探讨日益复杂的社会。[①]“区域化”“场所”“共同在场”“时空分延”等表述，是吉登斯在《社会的构成》（*The Constitution of Society*）、《现代性与自我认同》（*Modernity and Self-identity*）两部著作中发展的一系列概念，用以表述具有意义的空间，及空间维度作为一种社会结构对个体生命轨迹的影响。吉登斯指出，伴随着时间的商品化启动的工业生产机制，空间的商品化也被开启，呈现出现代社会新的制度关联方式，变更了社会整合的条件。布尔迪厄从他的“区分”理论出发展开对于社会空间的研究。他将社会空间视为习性与生活风格空间，空间风格提供了区分特征，这些区分特征的功能是彻底表达最基本社会差别的差距系统。[②]在其理论阐述中，布尔迪厄经常不加区分地使用“场域”与社会空间概念，互换着使用。[③]福柯的研究在后现代理论对于社会空间的研究中最具影响力。福柯空间分析的关键词在于非均衡的、液态流动的“权力”，管制和规训的实现，依赖于特定的空间关系的形成，空间将人们容纳进特定的情境当中，为权力运作提供

① 何雪松：《社会理论的空间转向》，《社会》2006 年第 2 期。

② ［法］皮埃尔·布尔迪厄：《区分：判断力的社会批判》（上），刘晖译，商务印书馆 2015 年版。

③ ［美］戴维·斯沃茨：《文化与权力：布尔迪厄的社会学》，陶东风译，上海译文出版社 2006 年版，第 152 页。

了场所和机制，而权力又是通过知识进行运作，他提出了知识—空间—权力这样一个分析架构，探求三者的互动和结合，阐述知识改变空间并实施权力的过程。[①]

三　空间生产视域下的拟态消费环境

拟态消费环境由消费信息构成，是一种符号—感知空间，我们生存于其中。围绕着消费，通过场景展示和意义的诠释，拟态消费环境建构了一个另类的社会空间：它将物理空间与传统消费场景剥离开来，打破消费场景与物理空间看似天然的结合关系，让消费场景与媒介结合起来，成为一种流动的空间，这种流动的空间在与现实消费空间的交错互动中，衍生出全新的社会环境，而我们，生存于其中。

拟态消费环境的社会空间生产，呈现出两个特点：一是不同消费场景的融合，和消费的新隔离并置出现，二是由第一个特点促发的新社会图景的出现。

拟态消费环境瓦解了我们对旧有消费场景的感知和想象，它将来自不同地域、不同时期、具有差异性文化意涵的消费场景，同时呈现在受众面前，创造出今日社会全新的消费场景；曾经分类隔绝的消费空间被贯通，不同性别，不同年龄的消费空间，原本具有相对独立的物理空间，在媒介拟态消费环境中，以并置的拼图式方式被传播，颠覆了传统的消费信息的获取方式。时尚杂志上，大气北京、优雅伦敦、古朴京都，风格迥异的空间意象纷呈，打开电视，男士西装广告、女士美容护肤资讯，老年人健康医疗内容，婴儿用品广告，在同一块屏幕上迅速切换，物理意义上分属不同实体空间的人，以媒介为连接，获得一种“共同在场”，被整合进入了同样的消费空间，并与分散个体之间千差万别的日常生活空间勾连起来。

① ［法］米歇尔·福柯：《规训与惩罚》第4版，刘北成、杨远婴译，生活·读书·新知三联书店2012年版。

这种连接呈现出一种非持续性的不稳定状态：点击或关闭网页链接，翻开或合上杂志，随意摁下遥控器键盘回放或切换频道，各种消费场景即可轻而易举地出现、再现或消失。需要注意的是：作为一种社会空间的生产以及空间本身作为重要的社会关系要素，拟态消费环境的空间是存在偏向的。拟态消费环境在将各类风格空间的融合并置的过程中新的排斥和隔离被生产出来：西方现代性生活空间在世界范围内处于一种绝对优势地位，并被定义为“好”的同时，挤压并收编着多元的传统生活空间，并压缩了现代性生活空间其他“好”的可能方式；拟态消费环境对于消费场景的建构，在很多方面是符合达拉斯·斯麦兹的“受众商品论”的观察的，媒介在大步迈向“中产”美好生活的同时，却将贫困隔离于视野之外。

拟态消费环境融合并置的立体渗透式传播方式，使不同性别、不同年龄、不同社会阶层，都被暴露在同质化程度很高的消费信息场景当中，新的群体身份在新的媒介场景下得以形成，青少年和儿童的社会化路径被改变，消费由个体的直接经验转向媒介的中介体验。相似的品味爱好、相同的品牌偏好、彼此认可的生活理念，取代了传统上的身份认同方式，即根据民族、血缘关系、地缘关系、经济能力进行的群体分类方法。新的社会群体基于共享的消费经历而形成。比如，互联网上汇聚的“车友会”“驴友”组织，通过各种社交媒体平台集结而成，有着接近的消费偏好，阅读爱好相似的 OL（Office Lady，办公室女郎）人群。媒介具有社会化的功能，拟态消费环境对于各种生活方式的价值推崇，使得人们绕过很多传统上的空间隔离的限制，不同年龄、不同性别、不同社会阶层物理空间上的隔绝，以共享的消费场景被连缀起来。例如，为了使青少年和儿童拥有与其年龄相匹配的信息空间，他们曾经被置于与成人世界不同的场景，成年人的越轨消费行为、未成年人进入酒吧、低龄儿童使用化妆品的场景，传统上被隔绝于正规的教育体系之外，然而，在各种信息走马灯似的迅速流转的媒介拟态消费环境当中，实体空间的限制被打破，各类成人世界的消费品信息、影像，成为青少年和儿童的日常，他们甚至已经成为家庭消费的重要角色，帮助对新的媒体技术欠熟练的成年人了解消费信息，一种更加充满平等磋商意味的信息交流模式，取代了父母等长辈在消费决策中曾经的权威地位。工业化大生产带来了消费经济的超前繁荣，拟态消费环境信息量巨大，提供了众多的信息选择，个体不可能亲身试用所有的商品，曾经依靠代际传承和人际传播获取的消费经验，如今由媒介来中介。异域的、前代人未曾知晓或亲历的生活方式，在各类媒介上，由消费英雄、名流大 V 背书，生产和目的性的消费空间，让受众随时可身处体验消费的情境模式当中。

第三节 “场域”:关系性视域下的空间思考进路

“场域”，是布尔迪厄（Pierre Bourdieu）思想体系中的核心概念，围绕场域，他发展了一套概念框架，对整个社会世界进行阐释。在布尔迪厄眼中，社会是诸多场域的集合，通过对资本概念的重新阐发，惯习概念的建构，布尔迪厄的“场域”理论为媒介研究提供了一个明晰的分析架构。

一 “场域”结构:“资本”与“行动者”

皮埃尔·布尔迪厄，被誉为与哈贝马斯（Jürgen Habermas）、吉登斯齐名的当今世界最有影响力的思想家和社会理论家。场域是布尔迪厄社会学理论体系中的一个关键的空间隐喻，布尔迪厄视其为一个“开放的概念”,[①] 它使布尔迪厄最终摆脱了结构主义的解释框架。场域既制约着行动者的客观具体实践，也被各种社会因素构成积极而有所作为的行动者。布尔迪厄是这么来定义场域的：

> 位置之间的客观关系的网络或图式。这些位置的存在、它们加

① ［美］戴维·斯沃茨：《文化与权力》，陶东风译，上海译文出版社 2006 年版，第 138 页。

诸于其占据者、行动者以及机构之上的决定作用都是通过其在各种权力（或资本）的分布结构中的现在和潜在的情境客观地界定的，也是通过其与其他位置之间的客观关系（统治、从属、同一）而得到界定的。[①]

布尔迪厄的每个场域都要强征一笔类似“入场费”的东西，这些东西确定了谁更适合参与该场域，它是一个某种类型的资本的特定分布结构，场域中各种力量交织博弈，生成了场域中的关键性差异，确定了特定的资本分布形态。资本只有在与场域的关系中，才能得以存在并且发挥作用。布尔迪厄的“资本”，不局限于传统意义上的经济资本，还包括政治资本、社会资本和文化资本，社会资本往往是一种知识和解释，实质上是一种文化资本。布尔迪厄将这后几种资本，统称为象征资本。[②][③]《文化与权力——布尔迪厄的社会学》一书在布尔迪厄研究领域享有盛誉，戴维·斯沃茨（David Swartz）在该书中，将布尔迪厄的资本类型分为两大类：经济资本和文化资本。[④] 布尔迪厄认为，经济资本包括财富、收入、财产等，是“等级结构占主导地位的原则”，而文化资本包括文化、知识、教育文凭等，是经济资本之外的一切非物质象征资本类型，是“等级结构的从属原则”，经济资本的主导地位在于它可以转化为文化资本，而文化资本虽然也可能转换为经济资本，但是转换过程要困难些。[⑤]

场域以关系性理论模式为基础，具有静态和动态两个面向。场域的静态面由客观权力的位置关系构成，是一个网络形构，关系性的理论模式在此用以修正各种形式的主观主义与客观主义。“权力，在布尔迪厄那里，

---

① ［美］戴维·斯沃茨：《文化与权力》，陶东风译，上海译文出版社 2006 年版，第 136 页。

② 张锦华：《从 Pierre Bourdieu 的文化社会学看阅听人主体/结构辩证关系研究》，《传播文化》2001 年第 9 期。

③ 高宣扬：《当代社会理论》，中国人民大学出版社 2005 年版，第 821—823 页。

④ ［美］戴维·斯沃茨：《文化与权力》，陶东风译，上海译文出版社 2006 年版，第 156 页。

⑤ 高宣扬：《当代社会理论》，中国人民大学出版社 2005 年版，第 147、157 页。

是作为一般的社会关系和社会力量而表现出来的”，权力是遍在的，不局限通常理解的政治领域，它存在于一切有社会关系和社会力量的地方。[①] 场域的动态面是“行动者”（Agent）斗争的空间，他们根据空间的常规和规则，为了控制有价值的资源而进行斗争，场域当中既有统治，又有抵抗，既定场域中，占支配地位的人有能力让场域按照他们的方式运作，同时也必须始终应付被支配者的反抗和诉求。场域不是戈夫曼的“总体机构”、阿尔都塞的“意识形态国家机器”或福柯的“规训秩序”，布尔迪厄非常排斥“机器”一词，和所谓的“总体性制度”，视其为场域的病态，因为它们指涉着历史的终结，在这个场域当中，“行动者”争夺场域中的合法性，界定什么是最有价值的资源，夺取对于“符号暴力”的垄断性权力。行动者是资本的承载者，他所具备的资本数量和类型决定了他能否进入场域，及在这当中所能获得的位置。场域具有同构性，相同的等级与冲突模式从一个场域到另一个场域得到再生产。布尔迪厄的“行动者”，有时和“机构”的概念并列，有时既包括个体，也包含机构的内涵。[②] 在论述如何对一个场域进行研究的时候，布氏指出，“必须勾画出行动者或机构所占据的位置之间的客观关系结构”[③]，他在并列意义上使用“行动者”和“机构”，在论述场域是行动者的实践与周围的社会经济条件之间的一个关键性中介环节时，有这样的表述，“对置身于一定场域中的行动者（知识分子、艺术家、政治家，或建筑公司）”，[④] 这是在包含意义上使用行动者概念。而布尔迪厄、吉登斯等当代社会理论家日益用“Agent”取代“Actor”的初衷，也在于更强调结构与关系的路径，因而本课题在后者的内涵面向上使用“行动者”概念。

---

① 高宣扬：《当代社会理论》，中国人民大学出版社 2005 年版，第 846 页。

② ［法］布尔迪厄、［美］华康德：《反思社会学导引》，李猛、李康译，商务印书馆 2015 年版，第 131—132 页。

③ 同上书，第 131 页。

④ 同上书，第 132 页。

布尔迪厄的场域理论对权力进行了新的诠释，权力取决于资本的数量和结构，它将经济学的资本概念移入社会场域，对各种类型资本的生产、流通和消费的考察，摆脱了单一的经济资本分析框架，为研究者分析媒介场域提供了更具社会学意义的思考框架和分析方法。在《关于电视》（*Sur La Tèlèvision*）一书中，布尔迪厄对法国“新闻场域”的权力关系进行了分析，他运用场域、资本等概念揭示了新闻界内部复杂、多变的运作规则和逻辑。他指出，场域的力量是关系性的，新闻场不是被单个的行动者，如某位名记者、某位手握大权的台长或某家颇具影响力的媒体机构所控制的，这些行动者身在场中，也会被场的各个方向的力量牵制。新闻场受制于更大的经济场，同时又传导着经济场对于文化生产场的控制。[①] 这本书的出版在法国传媒界和知识界“引起轩然大波，持续论争数月之久”，被舆论评论为“电视解魅”。[②] 传播研究领域，港台学者较早注意到布尔迪厄的场域、资本等理论，用于解释媒体与社会经济文化之间的关系。孙秀蕙和冯建三《广告文化》一书中，将广告视为象征权力的场域，广告媒体从业者在这个空间中争夺对于符号的诠释与支配的权力，主导商品美学和消费文化。[③] 翁秀琪指出布尔迪厄对社会场域中相互关系的强调，有助于为研究行动者的日常生活经验提供方法。[④] 大陆较早的研究来自肖珺的博士学位论文《场域与控制：媒介资本新论》一文，在场域的结构分析视角下，她提出了一个媒介资本分析的新框架：经济资本（物质形态）和符号资本（非物质形态）两种类型，社会资本、文化资本被包含进了符号资本概念当中。[⑤]

---

① Pierre Bourdieu, *On Television*//Meenakshi Gigi Durham and Douglas M. Keller. eds. , *Media and Cultural Studies*: *Key Works*, London: Blackwell Publishing Ltd. , 2006, pp. 328 - 336.

② 孙玮、王丽好：《新闻场解密——读布尔迪厄〈关于电视〉》，《新闻记者》2006 年第 5 期。

③ 孙秀惠、冯建三：《广告文化》，杨智文化事业股份有限公司 1995 年版。

④ 翁秀琪：《多元典范冲击下传播研究方法的省思：从口述历史在传播研究中的应用谈起》，《新闻学研究》2000 年总第 63 期。

⑤ 肖珺：《场域与控制：媒介资本新论》，博士学位论文，武汉大学，2006 年。

二　场域的双重分析:“他律”极和“自主”极

布尔迪厄视野中的社会，由一系列差异性的、半自主场域组成，各有自身的特定运作规则。场域之间的边界是动态的，场域外部的影响总是被转译、内化吸收为场域的内在逻辑，也是以场域的内部结构、动力和行动者作为中介，外部的影响才得以传导进来，或者说，阶级出身并不是直接影响艺术家的作品表现，而是与艺术家所处的场域位置相互作用产生影响。[①] 布尔迪厄场域的相对自主性，展现了场域之间相互联系又彼此分别的特性，场域分析的基本逻辑起点在于经济资本与文化资本的交叉结构，它组织统领着场域之间和场域内部的各种力量关系（图 1－1）。

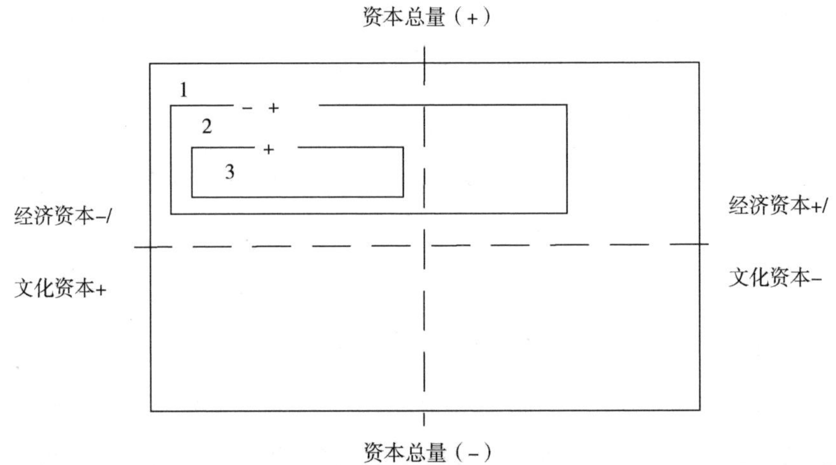

图 1－1　布尔迪厄的场域

说明：图中纵向虚线测量经济资本与文化资本的总量，横向虚线测量经济资本与文化资本的比例，“＋”表示资本量增加，“－”表示资本量减少。方框 1 为社会空间或社会阶级场域，2 为权力场域方框，3 为文化艺术场域。[③]

① ［美］戴维·斯沃茨：《文化与权力》，陶东风译，上海译文出版社 2006 年版，第 148 页。

② 同上书，第 158 页。

框2权力场域位于社会场域的虚线横轴上方，资本拥有量最大，框3艺术场域位于权力场域内，处于文化资本量较大的一极，在这些场域内部，又依据经济资本和文化资本两极而内在分化出更小的场域和空间。

针对媒介场域内外不同类型资本的竞争态势，罗德尼·本森勾勒出他的分析思路："他律"极（Heteronomy Pole）和"自主"极（Autonomy Pole）分析，在实际的社会观察中，这种思路为场域理论开辟了一个更具操作性的分析架构。经济和政治资本位于"他律"极，是场域的外力，次级场域的特定资本位于"自主"极，如艺术的、科学的，或其他的文化资本类型。①

罗德尼·本森对法国媒介场域进行了分析，指出经济场域和政治场域逐步扩大着对媒介场域的影响力。同时，以哲学和科学场域、司法场域的个案分析为视角，他分析了媒介场域如何在社会的各个场域间扮演着一个"中介"（Mediating）的角色，"它被授予独特的权力以进入并探察其他场域，然后与公众分享其发现——允许它能动地影响遍布当代社会的权力关系"。由中介效应而来的，是媒介场域向经济资本一极的移动，在社会各个场域之间产生一种"聚敛"效应，由此增强各场域内"他律"极的力量。场域运动的直接结果是，传统上偏向于文化资本一极的文化生产场域，越来越移向经济一极，即在方框1内从左上角位置逐步向右上角移动。下面两图展示了罗德尼·本森观察到的20世纪70—90年代，法国媒介场域向右上方移动，并带动其他场域一同移动的过程，在这当中看到的是法国权力场域的变迁轨迹（图1-2、图1-3）。

① ［美］罗德尼·本森：《比较语境中的场域理论：媒介研究的新范式》，《新闻与传播研究》2003年第1期。

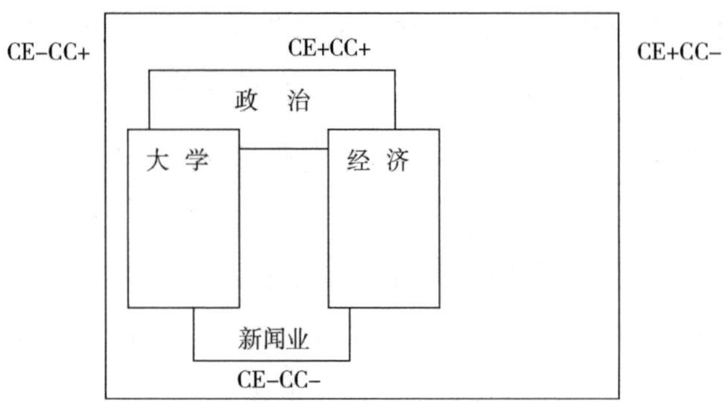

图 1-2　法国的权力场域：20 世纪 70 年代

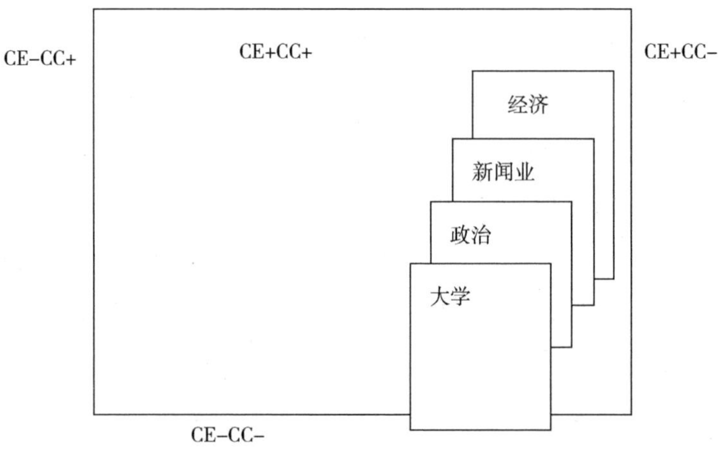

CC为文化资本，CE为经济资本，“+”表示资本量增加，“-”表示资本量减少。

图 1-3　法国的权力场域：20 世纪 90 年代

资料来源：［美］罗德尼·本森：《比较语境中的场域理论：媒介研究的新范式》，《新闻与传播研究》2003 年第 1 期。

在媒介场域的“自主”极分析层面，罗德尼·本森指出，场域理论和斯图亚特·霍尔（Stuart Hall）、托德·吉特林（Tod Gitlin）以及丹尼尔·哈林（Daniel C. Hallin）的霸权取向理论一样，都注重将对媒介权力宏观结构的考察与机构的日常运作、记者的工作常规相联系。外部社会层面的冲突在媒介场域中并不是被简单地复制，而是通过媒介场域内部特定的逻辑和媒介从业者个体特定的兴趣和经历被反射。[①] 可见，不能将媒介场域内部的矛盾动力化约为外部冲突简单处理，媒介场域的表现首先是媒介场域自身逻辑运动的结果，近距离检视媒介场域中的各类个体和机构行动者，考察媒介组织的多类型资本积累和流转，新闻工作者的成长轨迹，教育背景，社会、经济状况以及受众在这个场域中的位置和运动轨迹等等因素，是切近研究对象的一种必要。

三　场域变迁：惯习，世代

场域理论的特点在于将社会世界当作一个立体的社会空间来对待，处在场域中的行动者彼此牵引也限制行动的轨迹。除这层空间隐喻外，布尔迪厄还提出了一个具有时间意义的概念：惯习（Habitus），场域由此具有了时间和历史的状态。

> 可持续的、可转换的倾向系统，倾向于使被结构的结构（Structured Structures）发挥具有结构能力的结构（Structuring Structures）的功能，也就是说，发挥产生与组织实践与表述的原理的作用，这些实践与表述在客观上能够与其结果相适应，但同时又不以有意识的目标谋划为前提，也不以掌握达到这些目标所必需的操作手段为前提。[②]

布尔迪厄还使用“塑造习惯的力量”“文化无意识”“知觉、欣赏、行为的心理架构与操作架构”“心理习性”等术语来表达习性概念。所有界

---

① ［美］罗德尼·本森：《比较语境中的场域理论：媒介研究的新范式》，《新闻与传播研究》2003 年第 1 期。

② ［美］戴维·斯沃茨：《文化与权力：布尔迪厄的社会学》，陶东风译，上海译文出版社 2006 年版，第 116—117 页。

定的核心含义是一致的：一套深刻的内在化的、导致行为产生的主导倾向。但是布尔迪厄本人对这个概念并未充分展开，仅仅将法国社会中不同的文化品位对应不同的阶级构成，将惯习和阶级画上了等号，无法解释处于同一阶级不同行动者在场域内的差异表现。张锦华主张将布尔迪厄的场域、惯习概念运用于受众研究领域，超越行为主义的效果和文化研究受众接收传播信息社会脉络分析缺乏的，提出一个同时兼顾主体能动性和社会结构权力再生产的辩证观点，来观察受众在媒介场域如何运用经济和文化资本获取较优势的社会位置。①

曼宁汗（KarlMannheim）“世代”（Generation）概念的引入，对于这一问题的解释，颇有启发意义。Mannheim 关注世代在社会历史变迁过程中的角色，强调历史变迁与世代之间的关联，认为特定世代的成员，因经历特定历史事件，具有相同或类似的观点而形成容易辨识的世代。曼宁汗的世代分析从三个层面展开：

世代位置（Generational Location）：标志性事件将分散的个体统一为具有自我意识的年龄阶层。

实存世代（Generaiton as Actuality）：经历相同历史、社会问题，参与到共同历史中的人。

世代单位（Generation Units）：同一世代的人，可能在思想和精神气质上有极大差异。对此，曼宁汗以“世代单位”的概念来说明，在同一个“实存世代”中的群体，以不同的方式利用他们的经验而构成不同的“世代单位”。②

莫莱斯（Maurice Halbwachs）通过集体记忆研究路径补充了世代意识的概念，用以描述世代成员间形成的特殊的团结感受。③

---

① 张锦华：《从 Pierre Bourdieu 的文化社会学看阅听人主体/结构辩证关系研究》，《传播文化》2001 年第 9 期。

② Mannheim, K., The Problem of generations//Paul Kecskemeti Edited and Translated, *Essays on the Sociology Knowledge*, Routledge, 1952, pp. 276 – 322.

③ Maurice Halbwachs, *On Collective Memory*, Edited and translated by Coser, L. Chicago: The University of Chicago Press, 1992, p. 29.

曼宁汗认为，世代概念是场域中对立的根源，对既存社会规范与价值的挑战。历史转变的关键时刻中，特殊事件铭刻在个人身上所造成的影响，成为辨认不同世代的关键。[①] 布尔迪厄将世代视为一种社会建构现象，这种建构是在场域中，行动者在文化或经济资本上的冲突所构建的。

消费文化中，世代是一种行销手段，创造出不同的消费群体，并以这些不同的世代认同而销售产品。世代成员间共同的惯习，是显著的社会力量，世代是思考惯习转变的路径。本书即以布尔迪厄理论中新进者引起场域变迁的启发，以曼宁汗的世代概念作为观察指标，对媒介拟态消费环境场域的冲突、变迁和场域中行动者的场域惯习进行分析。布尔迪厄列出了场域分析涉及的三个环节，它们必不可少，并且内在关联：

必须分析场域与权力场域的相对位置；

必须勾画出行动者或机构所占据位置之间的客观关系结构；

必须分析行动者的惯习，亦即千差万别的性情倾向（Disposition）系统。[②]

因此，本课题在具体的分析过程中，将专注下列几个问题：

处于社会空间中的媒介场域、拟态消费环境场域，势必会受到其他场域的影响，因此，相对权力场域，作为次场域的媒介拟态消费环境是如何萌生的？在争取场域自主性的过程中，受到哪些“他律极”因素的影响？

其次，根据资本数量和类型，勾画出媒介拟态消费环境场域内行动者所处的相对位置和资本结构，行动者为了争夺这一场域符号暴力的合法性的运动轨迹，媒介拟态消费环境场域当中到底有何种利益或幻象，使行动者愿意投入资本？

媒介拟态消费环境受制于不同的他律性原则，其所能提供的文化资本

---

① 张锦华：《从 Pierre Bourdieu 的文化社会学看阅听人主体/结构辩证关系研究》，《传播文化》2001 年第 9 期。

② ［法］布尔迪厄、［美］华康德：《反思社会学导引》，李猛、李康译，商务印书馆 2015 年版，第 131 页。

与竞争策略也会发生变化，投入此场域的行动者势必也会呈现出差异，探究作为行动者的记者、新型文化媒介人、受众等在惯习上的差异，行动者是如何通过将一定类型的经济和文化资本内化而获得特定的性情倾向的，在场域变迁的轨迹中，探寻促使这些惯习成为事实的有利机会。

第二章　场域生成：媒介拟态消费环境的基本型构

过去30年，伴随着市场经济体制的逐步确立，中国社会经历着从传统社会到现代社会的转型过程，媒介体制市场化改革逐级推进，国际传媒集团纷沓而至，媒介拟态消费环境在此种社会—历史条件下孕育成型。媒介技术的发展为消费信息走向成型的拟态消费环境提供了可能，从有阅读门槛的文字报道时代，迈入图文、影像、声响包裹的立体化媒体时代。视频网站，各种APP、网络直播平台也在不断兴起，传播方式多样化，传播空间范围也越来越广。二维变为三维的消费信息再现和模拟消费场景，与日常生活环境相融。本章意图勾勒20世纪90年代至今拟态消费环境的基本型构，从横向和纵向两个剖面对场域内主要的机构行动者、成型历程和发展趋势进行分析，并探讨其意义建构机制。

第一节　大众传媒：拟态消费环境场域的主要行动者

拟态消费环境的主要建构者——大众传媒，本身自带其他媒介无法比肩的优点。

第一，大众传媒能在最短的时间内形成消费信息集中效应，向最广泛的人群进行传播，是传播覆盖面最大的权威媒体。以中国为例，大众传媒体系城乡覆盖率较新媒体而言，占据着绝对优势，目前，中国广播综合人口覆盖率 98.4%，电视综合人口覆盖率 98.9%。[①]

第二，大众传媒是一种高可信度的机构化传播模式。它可以全方位地运用各种媒介形式和表现手段传播消费信息，具备强大的生产复制和表现能力。大众传媒消费信息借助电子媒介以及光导纤维等数字技术浪潮的推动，逐步迈向智能时代。各种媒介形式和声光影表现手段互相配合、综合运用，消费信息的传播累积和遍在效果明显。大众传媒组织成熟的机构化运作模式和长期以来积累的各类经济、社会与文化资本，使其较之其他媒介体系更具公信力，更被受众所信赖，从而导致受众态度的改变并最终转化为实际行动作用于客观环境。[②]

第三，大众传媒准入门槛低，普及率高。传播和使用消费信息的各类门槛，特别是经济门槛、技术门槛和心理门槛，相对新媒体而言，不仅较低还易于被接受和认可。对于身处边缘地区的受众来说，伴随着识字率连年增加，人人阅读书报、杂志亦是司空见惯。此外，和新媒体高资金投入、高技术门槛相比，电视、广播这类电子媒体，易于操作和熟练使用，购入成本也较低。

本书按照消费信息的传播量和影响力确定考察目标，将广告、影视剧、生活时尚类传媒作为主要研究对象展开分析。

一　广告

广告是媒介消费信息传播、建构拟态消费图景最直接的表现方式。1979 年 1 月 28 日，上海电视台播出的参桂补酒广告，成为中国电视广告史上的首条商业广告，3 月 15 日，又播出了第一个外国商品广告：瑞士雷

① 《中华人民共和国 2016 年国民经济和社会发展统计公报》，《国家统计局》（2017 年 2 月 28 日）［2017 年 3 月 8 日］，http：//www. stats. gov. cn/tjsj/zxfb/201702/t20170228_ 1467424. html。

② 霍夫兰、韦斯、怀特海德等人的实验结果显示，高可信度来源（High-credibility Source）的确导致意见的更多改变。详见［美］沃纳·赛佛林、小詹姆斯·坦卡德《传播理论：起源、方法与应用》，郭镇之等译，华夏出版社 2000 年版，第 181—184 页。

达表。而事实上，直到1979年年底官方才正式批准了传媒广告，传媒从此具有了宣传和商业的双重目标。自此，传媒的广告费逐年攀升。广告额的增长幅度是惊人的：1981年，中国广告营业额仅占当年GDP的0.024%，数字为1.81个亿元，1993年，广告额呈几十倍的增长态势，突破了100个亿元，1994年突破200个亿元，10年之后的2004年，突破千亿元大关，达到1264.6亿元，占GDP的0.93%。[①] 2006年，全国广告经营额达到1573亿元，[②] 2008年，受北京奥运会影响，市场预期乐观，广告总投放额达到4413亿元人民币，超过日本，位居全球第二。[③] 电视媒体长期保持着在各媒体广告投放意向中的领跑地位，以76%的份额称雄广告市场。[④] 2008年，央视黄金时段的广告招标总额，高达80个亿元，[⑤] 2010年突破百亿元大关。[⑥] 2013年，新媒体广告额超越传统媒体，[⑦] 根据全球实时广告平台Smaato发布的数据，与2014年同期相比，2015年第四季度中国移动广告支出增幅高达1246%，在广告展示和广告支出增长方面领先世界。2018年，中国或将挑战美国成全球最大广告市场。[⑧]

中国广告30年的发展历程中，广告语的表达方式不断变迁，意涵的侧重点和表达方式的变迁可粗略划分为三个阶段：

① 袁安府、范钧、李吉昆：《现代广告学导论》，浙江大学出版社2007年版，第28—29页。

② 《中国2006年广告营业额达1573亿》，《人民网》（2007年5月22日）［2009年12月3日］，http：//media. people. com. cn/GB/40606/5760774. html。

③ 《4413亿元》，《中国广播电视学刊》2009年第3期。

④ 《2009—2012年中国广告业投资分析及前景预测报告》，《中国投资资讯网》（2009年12月3日），http：//www. ocn. com. cn/reports/2006370guanggao. htm。

⑤ 《2008年央视黄金资源广告招标总额达80.2861亿元》，《央视网》（2007年11月18日）［2009年12月1日］，http：//news. cctv. com/china/20071118/104405. shtml。

⑥ 《中央电视台2010年黄金资源广告招标预售活动总额109亿6645万元》，《央视网》（2009年11月18日）［2009年12月1日］，http：//ad. cctv. com/special/news/20091118/105040. shtml。

⑦ 《传媒蓝皮书：新媒体超越传统媒体互联网及移动媒体领跑》，《网易新闻》（2014年4月21日）［2015年3月9日］，http：//news. 163. com/14/0421/10/9QBMSQ6T00014JB6. html。

⑧ 《2018中国或将挑战美国成全球最大广告市场》，《界面》（2016年5月6日）［2016年6月6日］，http：//www. jiemian. com/article/639039. html。

第一阶段：从 1979 年到 20 世纪 80 年代中期。这一时期的广告高度重视产品的质量、功用和特点，也就是关注产品本身，着重强调产品的实用价值。例如，1979 年的精工表广告：为社会各领域，提供准确计时；1980 年的麦氏咖啡广告：滴滴香浓，意犹未尽；1983 年夏普广告：质量至上有夏普。

第二阶段：20 世纪 80 年代中后期到 90 年代中期。广告更加关注产品带给消费者的美好体验，在享受产品时所得到的价值和感受，已经不再把重心放在对产品的功效、特点上。如 1987 年的“当太阳升起的时候，我们的爱天长地久”（太阳神）；1989 年的“挡不住的感觉”（可口可乐）；1993 年的“中意冰箱，人人中意”（中意电器）；1995 年的“做女人真好”（太太口服液）。

第三阶段：20 世纪 90 年代中后期至今。广告意义建构朝向私人化和生活方式区分发展。这一时期的广告受到市场细分（Market Segmentation）理论影响，将消费者的形象塑造放在突出位置，突出铺陈个人消费动机的满足，为广告中的人布置特定场景，安排在特定的生活方式中，最终实现构建消费者独一无二的身份特征和极尽特定空间下个人体验的氛围渲染。广告片采用诉诸受众的想象、欲求和恐惧等认同手段，因此有时候广告根本没有告知与产品本身有关的诸多信息，甚至产品在广告中无迹可寻。尽管这些广告没有正面提及产品，异域风情、影视明星、奥运冠军、浪漫的晚餐、旅游胜地的快乐情侣却将消费者的梦想和焦虑囊括其中。广告主要采取诉诸价值认同和诉诸情感认同这两类诉诸认同方式。

（一）诉诸价值认同

诉诸价值认同的广告的中心意义在于广告中的产品使用者，而无关乎产品本身，旨在对受众身份和理念特征的塑造。生活中最常见的此类型就是名人广告。

名人广告就是以影视歌星，演员、体坛名将等社会名人为品牌代言人从而为产品或服务注入其专业领域的价值认同，受众对名人所赋予的价值认同，进而认可其代言的产品和服务。名人广告以抽象化符号意象化手段为产品承载个人承诺和梦想，往往不会正面宣传产品或服务本身，展现在受众面前的是名人所倡导的生活方式、生活态度或社会地位的显现。以迈克尔杰克逊作为可口可乐的代言人为例，在广告中出现的可口可乐与迈克尔杰克逊是实体物，而迈克尔·杰克逊本人家庭观念强，有着虔诚的宗教信仰，不嗜烟酒，是一种健康形象的象征。受众尤其对他充满青春动感和活力的歌舞魅力无法抵挡，从而与他代言的具有活力动感的可口可乐相联系，产生认同感，引导消费行为，在消费产品的过程中，获得身份和价值认同。名人广告主要包括影视明星、体坛名将和流行音乐认同类别。

影视明星认同广告的主要资源是靓丽的外形和高辨识度场景，将商品与明星骄人的外形、闲适的生活以及迷人的风采联结起来。这类认同广告经常用于美容化妆与服饰类产品上，如汤唯为 SK－II 拍摄的质感海报和 TVC 广告，高频度曝光于各大纸质媒体和电视频道，章子怡为年青品牌安普里奥·阿玛尼（Emporio Armani）代言，也常见于汽车广告，梁朝伟、莫文蔚、莱昂纳多都曾为汽车广告代言。另一类影视明星认同广告，将经典作品或热播畅销剧角色作为广告资源，让明星还原或扮演剧中角色、用桥段或经典台词来介绍产品。此类型最让人印象深刻的是近年来以孙悟空经典角色而出名的扮演者六小龄童为百事可乐拍的广告，广告片中，六小龄童围绕孙悟空讲述了四代猴王世家给观众带来快乐与百事可乐的精神如出一辙，影片一开头就是耳熟能详的“俺老孙去也……”,美年达广告借用了胡巴呆萌可爱的形象和笑声，张铁林为黑牛豆奶拍的广告，模仿甚至高度还原了剧中场景，广告片中倪睿思饰演小燕子唤张铁林龙袍加身的皇帝为“皇阿玛”，最后一起喊出“黑牛豆奶，好豆奶”，明星与其塑造的角色深受观众喜爱，具有双重感染力和影响力。随着体育产业的火爆度递增，体坛名将认同型广告感召力不可低估，刘翔代言的安利纽崔莱，奥运跳水冠军郭晶晶、田亮联手为澳得利饮料代言，乔丹与耐克公司合作 8 年，使其从籍籍无名的鞋商，跃升为世界品牌，等等。广告中体坛名将与所代言的产品在某个点上存在契合，明星强大的号召力和人格魅力带给广告高辨识度。产品只是消费者购买行为的一部分，更多的是获得广告所传达的自我价值实现和意义赋予的满足。流行音乐认同型广告，以明星表演、弹奏的音乐为表现手段和广告资源，为产品赋予音乐所表达的理念特质。周杰伦音乐的粉丝群体主要为年青一代，他为中国移动“我的地盘我做主”动感地带产品做的系列广告，与动感地带的年轻活力品牌形象高度契合。陈奕迅代言“美汁源”果粒橙，2012 年，在北京陈奕迅新歌发布会上，宣布“DUO 陈奕迅 2012 全国巡回演唱会”获得“美汁源”品牌的全力支持，巡演曲目当中“美汁源”品牌主题曲《人人爱》，由陈奕迅联手著名音乐人江志仁（C. Y. Kong）作曲，陈少琪作词。发布会现场，陈奕迅一人分饰多角，魔术师、播报员、肌肉型男，当他充当新闻主播，以“新闻”播报形式，向观众传播中国人“人人爱果粒”现象时，台下粉丝一片欢呼支持。

（二）诉诸情感认同

诉诸情感认同的广告，以别出心裁的创意，触碰受众情感深处渴求，从而激发受众的梦想和欲望，导入广告精心设计的情境空间，陷落于精心打造的“造梦”机制当中，家庭人情的温暖和怀旧成为商品的载体。

百事可乐《把乐带回家》系列“乐”主题广告，围绕春节家庭团结之乐、社区人情温暖之乐，通过一个个温情的小故事，将中国传统的春节、孝道、和和谐社会建构勾连起来，提升品牌公益形象。春节，是打情感牌的最佳时机百事可乐《可口可乐》的熊猫回家过年，运用春节和国宝熊猫的形象，拉近和消费者的距离。一汽奔腾，连续三年，“让爱回家”系列主题广告在每年春节推出，《别让父母的爱，成为永远的等待》《父母的笑容是世界上最美的风景》《回家，是送给父母最好的礼物》，儿女未归、父母失落的眼神、清冷的背影在片中的反复闪现，引起了广告网友的强烈共鸣。

近年来《财富》全球论坛、APEC 会议、世博会让上海走向世界，放到了聚光灯下，成了世人关注的焦点。曾被誉为“冒险家乐园”之称的上海，夹杂着老上海昏黄印记和充斥着中西混杂的复杂文化，以及充满生机的新上海，成了一种独特魅力的城市空间意象，令人记忆犹存，挥之不去。嗅觉灵敏的广告人将上海这一文化资源深入挖掘，上海自然被包装成复古情怀的生活方式和美好欲望的象征和寄托。罗蒙西服的广告，很容易让人误以为是电视剧《上海滩》要开播了：旧上海大街，神秘的黑色风衣男子从黑色轿车中走出来，背景音乐是《上海滩》主题曲，广告词“时间成就经典，罗蒙男装”。罗蒙要传达的是“红帮”精神。上海的“红帮”裁缝创造了中国服装历史上的骄傲，对于罗蒙来说，是不可错过的品牌文化资源。对旧上海、对上海滩的怀旧，是罗蒙品牌对文化源头的追寻。六神花露水 2012 年的一支视频广告，介绍了花露水的前世今生。上海，在空间和时间上连缀着欧阳修“花露重，草烟低，人家帘幕垂”的东方古典浪漫意象，20 世纪十里洋场的怀旧记忆和今天的国际化气质，并将这些气质与花露水紧密相联系。“在花露水刚刚诞生的年代，绝对是身份和品位的象征，出入十里洋场的旗袍妹子们人手一支。如果谁出门不喷点花露水在手帕上，都不好意思跟人家打招呼”，而事实上，中国的第一支花露水是香港的“双妹牌”。不少广告，如忻门红茶、力波啤酒和上海老酒的创意源泉亦源自人们挥之不去的上海空间记忆和幻想。

罗马、巴黎，是广告人取之不竭的文化资源。罗马，古罗马帝国的发祥地，因历史悠久而被称为“永恒之城”文艺复兴、巴洛克风格、古典艺术，这座古老的城市犹如一座鲜活的博物馆。巴黎，毕加索、海明威曾经衣着光鲜地与人探讨某种流派的转折或者某种理论的最初形态，中世纪的四轮马车、燕尾服，绅士和淑女，滔滔不绝的宗教和艺术，之后欧洲源源不断海一样汹涌的文艺精神，都和巴黎有着千丝万缕的联系；现代的巴黎，象征独立实验精神的电影人，经典摇滚乐，巴黎女性自我独立自我选择的意识，更是时尚之都，浪漫的表征。《周末画报》living

生活专刊，2016 年 6 月 4 日的一期封面专题文章《重温罗马记忆》，记录了香奈儿在罗马的时装秀。该特辑由“罗马银幕魅影”“用手工传承罗马文化”“梦幻电影城中的大秀”“真实才是最个性的风格”四部分组成，以罗马城的历史和城市记忆、香奈儿女士与意大利的渊源、梦幻电影城 Cineitta 为怀旧资源，[①] 建构香奈儿此次大秀的总体风格与品牌印象。卡尔·拉格斐（Karl Lagerfeld）邀请嘉宾们前往电影《古罗马》（*Roma Antica*）的拍摄地举行鸡尾酒派对为大家献上了他亲自掌镜的短片《*Once and Forever*》，发布会在电影大师费里尼最爱的 5 号摄影棚开幕，卡尔·拉格斐将昔日巴黎的街景重现，构建出活力无限的小巴黎，并以香奈儿的经典黑白色布景，向最受法国导演马塞尔卡尔青睐的艺术指导兼场景设计师 Alxander Trauner 致敬，所有熟悉的城市场景如时空穿越般重现，商店、餐厅、咖啡店，伴随着音乐家 Christiphe Chassol 的钢琴旋律，模特们化着烟熏妆，穿着双色穆勒鞋或珍珠凉鞋从巴黎地铁 5 号线的罗马站款款而来。

当然，诉诸情感认同的手法非常多元，诉诸阶层、年龄、民族认同等，都是广告惯常的手法，每种诉求手段各有优劣，为达到最大的号召力和冲击力效果，促成受众的消费实现，往往需要综合运用各种媒介形式和表现手段。

二　影视剧

影视剧在建构拟态消费环境采取的是隐蔽和渗透的传播手段，在一帧帧曼妙华丽的生活场景无形中向受众播撒消费信息和消费文化，使受众在“润物细无声”的情感熏陶下不可抗拒地接受其传递的消费理念。

90 年代中后期，伴随着中国的城市化进程提速，都市景象成了屏幕

① Cineitta 影城，导演费德里科·费里尼（Federico Fellini）的《甜蜜的生活》《8½》，维托里奥·德·西卡（Vittorio De Scia）《偷自行车的人》，威廉·惠勒（William Wyler）的《罗马假日》等经典电影都出自这座影棚。

上一抹亮丽的色彩，被包装成剧集里美好理想空间意象。影视剧为都市带上各种奋斗的机遇、追求的梦想的光环，正如“美国梦”复制的一般。都市被“美丽新世界”标签化时自然掩盖和忽视了由于城市化进程加快，人们加速的生活节奏、都市移民和人口流动招致的焦虑、郁闷、陌生人社会的疏离以及精神归属问题。而经常出现在屏幕前的是有着丰富诱人的物质的都市、有着极致物欲和理想追求的都市，和有着品位高端的多金 CEO 和让人神往的体面身份的都市形象。《女孩别哭》《将爱情进行到底》《花眼》《开往春天的地铁》《北京夏天》这些影视剧情节简陋、情感单薄，却都是发生在当时的都市世界里，仔细观察，剧情空间选择无一例外带着都市的标志性特点，如高端餐厅、度假空间、精致咖啡店、热闹的酒吧，等等。

进入 21 世纪，时装剧、偶像剧与古装玄幻剧表现突出，华美的布景，高颜值流量的鲜肉，是收视率的保证；大银幕的烦琐叙事功能衰退，视觉享受、场景铺陈后来者居上。国内的《步步惊心》《我的前半生》《欢乐颂》《三生三世十里桃花》等曾高居收视率榜首。从《英雄》《夜宴》到《满城尽带黄金甲》《妖猫传》等国内商业片视觉奇迹，到《一个购物狂的自白》《时尚先生》《窈窕绅士》等流行风向标，到《我是女王》《杜拉拉追婚记》，争先上演着消费的饕餮大餐。这些影视剧有以下一些共同特征。

（一）偶像阵容

启用偶像派演员团队（表 2－1）是影视剧获得投资、关注度和品牌赞助的关键因素。

表 2－1　　影视剧的偶像阵容

剧名	明星阵容
《金粉世家》	陈坤、董洁
《步步惊心》	吴奇隆、刘诗诗

续表

剧名	明星阵容
《欢乐颂》	刘涛
《离婚律师》	吴秀波、姚晨
《何以笙箫默》	钟汉良、唐嫣
《北京遇上西雅图》	吴秀波、汤唯
《英雄》	李连杰、梁朝伟、张曼玉、陈道明、章子怡、甄子丹，王菲演唱主题曲、林夕作曲
《夜宴》	章子怡、葛优、吴彦祖、周迅
《满城尽带黄金甲》	周润发、巩俐、周杰伦
《是！尚先生》	邬君梅、陈学冬、欧阳娜娜
《我是女王》	伊能静、宋慧乔、陈乔恩、邬君梅、窦骁、郑元畅
《杜拉拉追婚记》	周渝民、林依晨

资料来源：本研究整理。

传统的主旋律革命文化传播影视剧，亦在悄悄启用偶像派演员（表2－2）。

表2－2　主旋律影视剧的偶像阵容

剧名	演员阵容
《伪装者》	胡歌
《勇士之域》	钟汉良
《麻雀》	李易峰
《毕业歌》	李小冉、祖峰
《触不可及》	方中信、桂纶镁

资料来源：本研究整理。

严歌苓编剧的《毕业歌》，侧重商战，从上海精英阶层的抗日群体入手，华服、美人、美景，令该剧产生了独特的美感，被称作最“洋气”的抗战剧。演员的妆饰和角色匹配似乎被忽略，艰苦战争环境中的女战士，也妆容干净，秀发亮泽。家中负债累累的穷苦女孩，穿5个大洋一件的衣服，相当于富少一年的学费（图2－1）。

图 2－1　《传奇大亨》剧照

资料来源：百度图片。

此外，扮相年轻化。《传奇大亨》主角邵逸夫的年龄跨度从 16 岁到 60 岁，扮相的变化是这样的，商场纵横几十年的 60 岁的脸上，找不到一丝皱纹（图 2－2）。

图 2－2《传奇大亨》剧照

资料来源：百度图片。

《三生三世十里桃花》里的夜华长发披肩，精致的梳发撩发动作突破了男性阳刚和女性阴柔气质界限。《花千骨》中的杀阡陌装扮一出场就惊艳了大批观众，自带美颜特效的马可用自己妖艳的外貌再搭配上女性化的装扮，被誉为剧中“最美的男人”。一些剧评家非常形象地将这种形象称为“pink 男人”（粉红男人）。

（二）美好场景

近年来的影片《妖猫传》成了生活场景展示的华丽舞台，为构造一个大唐盛世布景，导演陈凯歌费尽心机耗时 5 年在湖北襄阳造了一座唐城，影片中关键的明德门、青龙寺、花萼相辉楼等均为实景搭建。城里近两万棵树，也是提前种好。不仅亭台楼阁是精心设计，小到每一个窗口外的景色都做了精心的布置，影片极力铺陈的华美视效，几乎可以说是达到了近年来国产电影在奇幻视觉效果的顶峰。《一起来看流星雨》中的慕容云海住的是如豪华宾馆一样的大别墅，端木家也是贵族子弟风格设置。初期的都市地铁、酒吧等场景在屏幕上已转换成各类成功资本家或“中产”人士出入高尔夫球场、豪车别墅的展示以及令人艳羡的海岛度假闲暇时光画面，恍然间，无意识制造了中国貌似已经迈进成熟中产社会的错觉。《杜拉拉追婚记》苏梅岛的海滩风光，俊男靓女华服美食，《何以笙箫默》中女主角感觉眨眼即至的毛里求斯纯净的海滩，让生活在钢筋水泥丛林中的人群无限神往。

在大家向往的场景中，男女主角们生活闲适，衣食丰裕，时间从容，即使有情节需要的“生活困难”，编剧为她们选择的工作，也是令人向往的优雅格调。《亲爱的翻译官》中的乔菲，法语精通，因工作关系出入各种正式高端场合，《欢乐颂》里的樊胜美尽管家里有填不满的窟窿也能凭借大公司人力资源的职位佩戴宝格丽的项链，《一起来看流星雨》里的楚雨荨或者在五星级高级西餐厅上班，或者在跆拳馆做陪练，和慕容云海、端木磊、上官瑞谦、叶朔等在高尔夫球场散步谈心，出入高级酒会 Party。楚雨荨和四位贵族公子哥们就读的艾利斯顿学院，实在就是有钱人玩乐的天堂。慕容云海组成的 F4（Flower 4，花样美男）每天绞尽脑汁甚至对校长恶作剧只是希望被退学，与穷人家的孩子楚雨荨为了挤进学校还要借钱欠债交学费形成鲜明对比。在剧中，尽管 F4 制造各种麻烦，校长却不敢开除，同时还受到全校学生的追捧和跟随。不学无术的 F4 们，一言不合就赛车、去澳洲散心，送钻石项链，慕容云海的母亲沈含枫一口气包下奶茶店一条街，花花公子上官瑞谦则在高级餐厅品着红酒玩弄女人。2007年，佟大为、马伊琍主演的《奋斗》一剧，讲述北京八〇后的青春情感和奋斗历程，打着“奋斗”旗号，六位刚毕业大学生实则以开着豪车的富二代的生活方式呈现，在各种消费场景中插科打诨，耍贫嘴，奋斗的事业伴随着金钱不停地涌向他们，成功水到渠成。新浪网影音娱乐的剧评一针见血：都市言情而非励志。[①]《窈窕绅士》中，孙红雷饰演的资产无数的农民企业家不断积累如背记名画知识、接受音乐熏陶、学打高尔夫、品鉴红酒、亲自研磨咖啡等文化资本，目的就是为了走进上流社会。《小时代》展示的是极力铺陈的物质主义，纽约时报发表题为 *Sisters in Arms*（*and in Pricy Couture*）的文章（图 2-3），称“影片同时也是一种幻想，一种结合了崛起的财富与西方生活方式的 21 世纪青年文化的产物”。[②] 国内影评人周黎明评价：“我写影评已经十多年了，但是用这样激烈的方式来评价一部电影，没有超过 3 次。我看过 7000 多部影片，这是第一次看到一部影片可以这样赤裸裸地拜金。”[③]

影视剧在忙于浮华布景的同时，情节成为被遗忘的角落。剧中矛盾冲突淡化，解决方式异常简单。浮华背后，没有驳杂繁复社会状态的呈现、缺乏生活经历的磨砺与碰撞，人物内心冲突、个人与外部力量的矛盾被忽略和淡化，情节叙事功能退居其后。个人命运的困难冲突，往往依赖于强势人物的出现，这种矛盾在古装戏剧中体现的是对皇权崇拜，在现代都市剧中则是对与金钱的迷恋。皇帝作为钱和权势的至高无上的

---

① 《电视剧〈奋斗〉剧评：都市言情而非励志》，《新浪娱乐》（2007 年 11 月 1 日）［2009 年 12 月 3 日］，http：//ent. sina. com. cn/r/i/2007-11-01/20021773383. shtml。

② Daniel M. Gold，Sisters in Arms（and in Pricey Couture），*The New York Times*，（2013-08-29）［2017-3-15］，https：//www. nytimes. com/2013/08/30/movies/in-tiny-times-2-gal-pals-take-on-the-career-world. html.

③ 《影评人评〈小时代〉：我第一次看到如此拜金的电影》，《新华网》（2013 年 7 月 2 日）［2017 年 3 月 15 日］，http：//news. xinhuanet. com/local/2013-07/02/c_ 116377923. html。

Sisters in Arms (and in Pricey Couture)

In 'Tiny Times 2,' Gal Pals Take on the Career World

Tiny Times 2

By DANIEL M. GOLD AUG. 29, 2013

图 2－3 纽约时报报道《小时代》

资料来源：纽约时报。

代表，他的言语行动可以化解一切苦难，成为主人公命运的主宰，在现代剧类似呈现的就是金钱万能。《一起来看流星雨》中楚雨荨舅舅由于花圃的亏损，无钱改善局面，慕容云海得知后，一时间，整个学校都定了雨荨舅舅的盆景。或是像《欢乐颂》那样，以消费能力划分阶层、匹配爱情。

（三）产业链配合

品牌乘着影视剧的东风深入人心，偶像派演员和令人神往的场景成为品牌展示的最佳载体。影视剧对于品牌的传播，相比广告而言，更加“润物细无声”，配合情节设置的植入式广告，以“台词表述”“角色扮演”“节目道具”等方式出现，修正硬性广告带来的逆反效果。

《男人帮》里的汇源果汁、玉兰油化妆品、七匹狼服装、交通银行信用卡、蒙牛特仑苏、乐购、360 杀毒软件等，正如观众所说：“看看一群型男靓女整天穿着潮流服装走来走去，朗诵着360杀毒软件的广告词，不时提醒观众自己穿的阿玛尼要2万元一件，那醒目的ZTE手机，更别提那装修豪华又宽敞的房子。难以想象像孙红雷老师这样有房无贷、有钱有闲，整日在陆家嘴逛街，在外滩喝咖啡，出入上海最高档餐厅的型男，会在电视剧里被王珞丹的闺密说成不靠谱的男人。这得叫地球上的其他男人情何以堪。"[①] 电视剧《一起来看流星雨》里名爵汽车的广告植入，不仅次数多，最长的一次镜头给了8分钟，打破了软性广告在影视作品中植入时间的记录。《欢乐颂》中关关和邱莹莹爱喝的香飘飘奶茶，每次查东西必须用的搜狗，网上买衣服必提的唯品会……

另外，国外的美剧和韩剧在逐渐宽松的剧目配额政策和发展日新月异到普及全国的互联网的支撑下，被各类媒介形式竞相报道，剧中生活方式成了受众痴迷模仿的最佳指南。时尚教科书似的《八卦天后》《爱上女主播》《浪漫满屋》《穿Prada的女魔头》《一个购物狂的自白》《绝望主妇》《欲望都市》带来了异域的精致生活品味，为国内受众打开了充满了流行魅力的潘多拉之盒。异域时尚从这些影视剧中漂洋过海，展示独特新异的生活空间。

美剧的经典之作《欲望都市》中女主角凯莉的经典台词——Year after year, twenty-something women come to New York City in search of the two "L" s: labels and love（一年又一年，20岁出头的女孩来纽约市只为了得到两件事，恰巧都是以"L"打头的——品牌和爱情），受到追捧。法国艺术家皮埃尔·巴顿（Pierre Buttin）制作了一个视频，剪接集合镜头包含《欲望都市》里所有主角提到某个品牌时的次数，其中，被提及16次"Manolo Blahnik"，缘由是女主角凯莉很爱他家的鞋子，第二名是"Dolce & Gabbana"（15次），接下来受偏爱的品牌有"Prada"被提及14次，Channel

---

① 《盘点电视剧里十大亮瞎眼植入广告》，（2012年8月8日）［2016年5月15日］，http://blog.sina.com.cn/s/blog_42c90bd70102e1sr.html。

被提及 13 次和 Gucci 被提及 12 次。此外，Fendi、Dior 和 Barney 也频繁出现。[①]

从女性主义角度看，美剧在国内火爆的主要原因在于女性主义与女性电视类型的完美结合，有影评人认为女性主义与商业捆绑也是美剧成功的核心机密。这一配方的使用对于国内地位日渐提高的中国职场女性或家庭妇女潜在市场具有强大的兴趣。尽管美剧中不断宣扬独立的新女性，然后剧中女性逃不脱性感尤物的形象设置，在一次次的购物、消费循环中建构女性自我。麦克罗比（Angela McRobbie）指出，在新自由主义经济政策下，女性主义被消费主义以友好的形式收编，实质上是女性主义被工具化和商业化的过程，是一种比之前更危险的趋势，它在女性群体当中制造同意，复活了对女性的家长制式主导权力（Patriarchal Relations of Power and Domination），在女性“自由”的繁荣中，新的束缚和规则隐蔽生长，服务公司文化（Corporate Culture）的利益。[②] 贯穿韩剧的是被商业过度包装的爱情，在精美绝伦的消费场景中展开。青蛙变王子、灰姑娘变公主，王子爱上灰姑娘的老套剧情永远离不开“高富帅”的男主角和要么邻家小妹、要么娇贵公主的女主角人设，不出意料的是男主或女主其中一个必然来自富贵家庭。从琳琅满目的慈善拍卖会到高尔夫球场、到令人艳羡的钢琴表演或海岛度假，女主角着礼服盛装出席和男主角在浪漫的天台共享烛光晚餐，爱情摆脱不了消费品的 360 度全方位环绕。

三　时尚生活类传媒

娱乐媒介、时尚与生活服务类媒介都被囊括在时尚生活类传媒范围内。

① 《〈欲望都市〉里引用频率最高的品牌》，《凤凰网时尚》［2014 年 7 月 26 日］，http：//fashion. ifeng. com/a/20140728/40028580_ 0. shtml。

② Angela McRobbie, Young Women and Consumer Culture, *Cutural Studies*, 2008, 22（5）：545.

娱乐类媒介在传播消费信息时具有天然优势，娱乐至死、娱乐排斥严肃理性精神折射出浓烈的消费主义意味。模拟或重构拟态消费环境借助的无非是各类选秀节目、电视台的综艺节目和吸人眼球的娱乐新闻。除了网络媒体、传统电视上外形颇具潮流风味的主持人自身就已散发出深刻的消费主义精神，但是娱乐八卦本质最热衷于抓住明星们的机场秀、红毯秀、庆典上发布场合秀、婚礼秀。电影《非常完美》从拍摄、杀青到上映期间，娱记们的报道焦点一直在范冰冰与章子怡的“双姝过招”[①] 上。2015年的黄晓明杨颖（Angelababy）的世纪婚礼秀，半个娱乐圈出动，劳斯莱斯＋奔驰开道，近两百位安保随时候命，100 位大厨主理菜品，数百名服务员穿梭婚宴，婚礼现场布置堪比皇宫，嘉宾阵容秒杀任何颁奖礼，整场婚礼国际品牌云集，简直就是 Dior（定制婚纱）、Chaumet（白金珍珠古董钻冠）、Jimmy Choo（灰姑娘水晶鞋）、UDZ 优定制钻戒、Tom Ford（新郎礼服）等生动立体广告展示秀，成为引领时尚的风向标。南都娱乐的《传奇女神撕起来》[②] 一文，对金马奖明星礼服着装一一点评，渲染陈冲与巩俐的新鲜热辣女王情仇。娱乐记者鲜少关注报道明星的演技和剧情，而热衷于对包括杨幂、赵丽颖等明星的机场、家居出行、录制节目时的行头装扮，品头论足，在抓拍的图片旁一一标注对应的品牌、价格，进行对比打分。当然，最常出现的娱乐新闻莫过于明星的日常消费的追踪报道。《小贝爱子大布通过考试首驾豪车》《土豪砸 1800 万求见 baby！娱乐圈被土豪垂涎求包养的女星》《曝光巩俐全球上亿奢华豪宅》此类明星生活新经常见诸于各娱乐媒介的醒目位置。布鲁克林获得驾照首次开车的新闻，被各大媒体报道，一幅幅连拍的图片细致展示大布走向车辆，拉开车门准备驾驶的过程，最后一张特写图片定格在车头角度，向受众展示大布开的是一

① 《章子怡范冰冰首映礼双姝过招》，《ELLE 中国》（2009 年 8 月 12 日）［2009 年 12 月 6 日］，http：//www. ellechina. com/fashion/tips/star46/ （offset） /3。

② 《传奇女神撕起来》，《南都娱乐》（2014 年 12 月 4 日）［2016 年 9 月 12 日］，http：// smweekly. com/fashionpolice/201412/37929. aspx。

辆奔驰（图 2－4）。

图 2－4　布鲁克林获驾照首次开车

资料来源：《小贝爱子大布通过考试首驾豪车》，《新浪网》［2016 年 7 月 5 日］，http：//slide. ent. sina. com. cn/star/h/slide_ 4_ 704_ 144265. html/d/33#p＝3。

媒体抓住每一个机会向受众传达着审美化的日常生活理念。《韩国欧尼最新撩男神技能耳环戴起来简直美 Cry！》对韩星林允儿、郑秀晶、宋慧乔、宋智孝的穿着、饰品，从整体到细节一一品评，最后总结出编辑推荐的单品，并标注价格。[①]《曝光巩俐全球上亿奢华豪宅》这则报道中，向受众展示了巩俐各地豪宅的装修内设精美图片，并以无比艳羡的口吻对房产市值和巩俐身价进行推断。[②]

各类网络综艺节目如由吴彦祖、冯德伦等明星参加《漂亮的房子》，在安徽、浙江、福建、河北 4 省的古镇完成 4 套房屋改造，房屋在改造前

① 《韩国欧尼最新撩男神技能耳环戴起来简直美 cry！》，《YOKA 时尚网》［2016 年 4 月 11 日］，http：//www. yoka. com/dna/d/351/697. html。

② 《曝光巩俐全球上亿奢华豪宅》，（2011 年 3 月 8 日）［2016 年 7 月 6 日］，http：//www. yoka. com/luxury/house/2011/0308442100. shtml。

破烂不堪，选址地点却依山傍水，或在辽阔的草原上，或在风景如画的海岛上，在大笔资金的投入下，知名设计师的参与下，加上各种高级配套的软装配合，以及每套房子必不可少的是一模一样的各种知名品牌商赞助的智能家居，4 套房子在短短几个月后华丽转身。所谓的房子“漂亮完美”无不在有限的物质空间里建构和复制相同的消费环境，向观众传递着设计好消费价值观。网络直播的兴起，以西瓜视频 APP 为支撑的《百万英雄》直播节目，在规定时间内答对 12 道题目与幸存的在线网友瓜分百万元，节目火爆的根源性在于人们渴望暴富的侥幸心理的利用，类似于《贫民窟的百万富翁》的现实演绎。芒果台的热门综艺节目《爸爸去哪儿》，由明星和明星二代上演真人秀，每期的主题，或是去江西吉安古镇览胜，或是清宫穿越角色扮演，或是澳大利亚珀斯生存考验，让受众消费明星之余，还能用眼睛旅行，用想象置身繁华胜境。浙江卫视的《爸爸回来了》，第一季在思南公馆、东方明珠旋转餐厅等地取景，第二季在莫干山内青翠环绕的裸心谷取景。四川卫视的《明星家族的 2 天 1 夜》是一档大型明星户外真人秀节目，李菲儿、卜学亮、杜海涛、安宰贤、马松等组成明星家族，黄宗泽、韩庚、王心凌担任 X 嘉宾，爆笑畅游全国美景。东方卫视的《女神的新衣》，由“24 小时制衣 + T 台秀 + 竞拍”等环节组成。经过两年的打造和磨炼等待，首款电视屏幕上以全画幅裸眼 3D 和全息投影技术呈现，独立创新的创造性想法和模式，按照世界一流团队负责的舞美、服装造型、灯光高精尖级别水准打造的首档国内明星跨界时尚真人秀节目。参与录制的女神有：张馨予、贾静雯、叶璇、莫小棋、熊黛林、阿 SA（蔡卓妍）等。China’s next top model，由旅游卫视主办，引进《全美超模大赛》原版版权，美版制作人全程担当顾问。节目明星云集，包括尚雯婕、巩俐、李东田、韩火火、Tyra banks、郑元畅、琦琦，尚雯婕担纲主持，还有十四位专业模特。

时尚杂志或书报在构建拟态消费环境往往以消费的格局位置为特色，注重意境的营造、标榜“格调”。无论哪一家报刊亭，最早映入眼帘的便是时尚杂志，与众不同，位置抢眼。这类杂志中，《*Elle* 世界时装之苑》1988 年进入大陆市场、《时尚 *Cosmopolitan*》1993 年进入，后起之秀有《瑞丽》系、《*Vogue* 服饰与美容》《嘉人 *Marie Clair*》《安 25*ans*》等。这些杂志与西方传媒集团都有深度的版权合作。1987 年，《*Elle*》杂志首开先河，由上海译文出版社与法国桦榭菲力柏契媒体集团（Hachette Filipacchi Mèdias）合作创办，之后，该集团又与中国合作创办了《嘉人 *Marie Clair*》《安 25*ans*》等杂志。《瑞丽》系杂志的版权合作方是日本的《主妇之友》，《时尚 *Cosmopolitan*》则是中国的《时尚伊人》与美国赫斯特集团（Hearst corporation）旗下的《*Cosmopolitan Vogue*》合作结晶，《*Vogue*》由人民画报社与康泰纳仕集团（condè Nast Publications Inc）于 2005 年 8 月合作创刊。此外，这些杂志定位于有一定文化资本和经济资本的读者，以区别于传统女性杂志如《女友》《家庭》《知音》等。《嘉人 *Marie Clair*》杂志每一期的书脊都分别以英文和中文阐明杂志立场："Think smart, look amazing 自由女人，自在风格。"官方网首页，明确表明其宗旨："一本点亮全球女性心灵的国际高端女性时装杂志……与所有兼具美丽、时尚、智慧、品位和幽默感的女性一起，分享时尚潮流，美容信息及一个个关于梦想与幸福的话题。"① 有些新面孔一出现便展现后发优势，迅速吸引市场关注。2009 年创刊的《红秀 *Grazia*》，凭借价格优势和日益法式时尚各领风骚的意式时尚风格，获得目标受众群体的认可，市场表现乐观。*CoCo*《昕薇》《米娜》等，面向年轻女性时尚生活的杂志，都有不俗的业绩，它们主打亚洲风格，将资讯站建在日本、韩国、东南亚地区，随时传递最新的时尚信息。传统的时尚杂志外，各类潮流刊物近年来成为传媒新的投资关注点。潮流刊的目标受众是都市年轻时尚一族，内容上更强调前卫、酷炫、消费的差异性，涵盖面广，不局限于时装潮流内容，还包括音乐、电子产品等等，《*Milk*》《*YAHO*！潮流志》、曾经的《伊周》，是个中翘楚。时尚书籍的出

① 《嘉人网》[2009 年 12 月 8 日]，http：//www. marieclairechina. com/magazine/brief/10。

版蔚然兴盛，日常生活审美、各种格调，是这个产业的关键词，从早些年黄海波的《小资女人》（2002），“小资时代代言人”的美女作家赵赵的《女白领金老公》（2003）到《我是快乐小富婆》（2009）、《优雅》（2012）、《跟巴黎名媛学到的事》（2013）、《*Hello*，中产》（2014）、《佐伯千津的美肌课堂》（2015）、《不如任性过生活》（2015）、《柴犬绅士：都市型男好品位穿搭指南》（2015）等生活方式类书籍纷纷出版。《*Living Beauty* 活出亮丽》《彩妆天王：*KEVIN* 美妆宝典》《彩妆维纳斯：丝棋美学》，这些美妆前沿书籍，出自国际国内富有影响力的彩妆大师芭比·波朗、Kevin、游丝棋之手，欧美日韩时尚潮流的书籍，越来越快地在中国大陆境内上市。提供前沿时尚生活资讯的消费类报纸《精品购物指南》《优家画报》《上海壹周》等，和新锐的新闻、资讯类刊物，如《新周刊》《周末画报》《外滩画报》等，对消费文化的阶层区隔和新的生活理念信息的传播功不可没。《周末画报》在 2005 年获得“欧莱雅风尚媒体大奖”颁发的“风尚生活时尚报纸专家奖”。此外，大众消费定位的都市报，如《楚天都市报》《潇湘晨报》等，也加入了格调、品位、文化的讨论，但引人入胜的讨论最后的落脚点是：某种品牌的商品和服务，或某种体验，一切的精致和情调来源于此，而多数时候，它们都很昂贵。

家居装饰、烹饪、理财、旅行和 DIY（Do it Yourself）类尽属生活服务类媒介文本，现代社会一面是越来越焦虑不安的浮躁情绪蔓延，另一面是享受物质充盈的狂躁征候，消费的商品在大多数时候满足我们物欲的同时，还制造着我们无法预判和解决的潜在危险。因此，生活服务类节目旨在为受众减压抗压、释放紧张情绪倡导舒适的生活方式。这类资讯的传播途径，包括电视台的生活服务类、综艺节目，各大网站的生活方式类分类频道，各类的杂志、书报等。中央电视台财经频道从《前沿》、到《为您服务》到《快乐主妇》、湖南卫视《向往的生活》《中餐厅》等一系列定位于生活服务或综艺娱乐的节目，具象生动地呈现了丰富的消费意涵。各种旅行类的杂志，《旅行者》《时尚旅游》，《世界 *Top Travel*》，这些杂志坚持时尚与旅游相结合，以生活即旅游为办杂志的理念，在身心疲惫之际，暗示你抛弃一切束缚，给自己一个放松的假期，抚慰劳累的神经。康泰纳仕集团下的《悦游 *Traveler*》杂志官网在暑期开端，适时推出精美配图文章（图 2 - 5）：

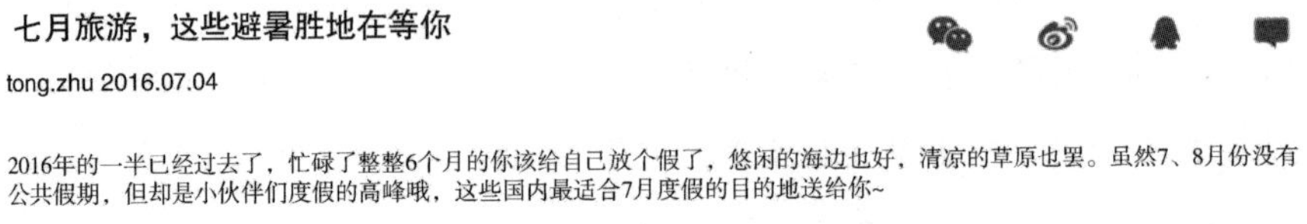

七月旅游，这些避暑胜地在等你

tong.zhu 2016.07.04

2016年的一半已经过去了，忙碌了整整6个月的你该给自己放个假了，悠闲的海边也好，清凉的草原也罢。虽然7、8月份没有公共假期，但却是小伙伴们度假的高峰哦，这些国内最适合7月度假的目的地送给你~

图 2 - 5　悦游杂志假期特辑

资料来源：《七月旅游，这些避暑胜地在等你》，《悦游 *Traveler*》（2016 年 7 月 9 日）［2016 年 7 月 18 日］，http：//www. cntraveler. com. cn/。

接下来是 Flash 呈现的精美图片：长白山、丽江、天池……

装修类的电视栏目，CCTV - 2 的《交换空间》、杭州电视台的《快乐装修》、大连电视台的《爱家行动》等，以装修攻略和效果展示为内容，教导受众如何使家居生活更温馨。生活服务类栏目多以健康生活或是减压叙事的面目出现，然而，这种叙事背后隐藏着强烈的消费意味和快乐主义原则，对于生活困扰的解决也颇具乌托邦意味。《生活很忙，欲望很多》，“行走在路上，当然需要很酷的装备”，标题上面的配文是典型的空中飞人，以一种居高临下的精英态度，似乎漫不经心地谈论他在繁忙的商旅途中对于酒店的体验和看法，标题下面是商品的陈列，包、墨镜和颈饰（图 2 - 6）。

受众在明星或超模的带领下视线遍及远方国度的森林、村庄，想象自己置身于空气清新自然、无压力、绿色净化的原野中，然而幻想本质由媒介组成的挪威森林镜像构成。[①] 理财类节目以竞猜价格的比赛的方式，塑

① 《超模杜鹃的芬兰环保行——像孩子般开心》，《搜狐旅游频道》（2009 年 12 月 1 日）［2009 年 12 月 7 日］，http：//travel. sohu. com/20091201/n268609765_ 1. shtml。

GRAZIA
EDITOR'S LETTER 卷首语

生活很忙，欲望很多

行走在路上，当然需要很酷的装扮。

图 2－6　生活很忙，欲望很多

资料来源：《生活很忙，欲望很多——行走在路上，当然需要很酷的装扮》，《红秀》2016 年总第 258 期。

造参与者沉浸在消费品的氛围，坚持到最后的即拥有丰富的奖品和消费冠军荣誉，却缺乏务实专业的建议。为逃避城市的钢筋水泥，追求一方适意和自由支配的时间，媒体的建议是，在风景如画的地方，给自己投资一间度假小屋，[①] 事实上，这是一类双倍置房的消费景观。休闲时光的多元生活方式，大多数生活方式类节目扣人心弦的精彩点在于压力释放后的魅力

① 《28 平米简单明亮度假小屋装修》，《人民网海南视窗》（2009 年 9 月 29 日）［2009 年 12 月 7 日］，http://house.0898.net/2009/09/29/23160.html。

镜像：刚装饰完的房间令人耳目一新，菜式出锅那一瞬间精美诱人，造型师打造下普通人散发的光辉，等等。

第二节　新兴媒体:拟态消费环境场域的新进者

大众传媒曾经引以为傲的消费信息传播方式累积和遍在效果正在被新兴的媒介形式所挑战或延伸。独立杂志，时尚博客、微信公众号和微信号营销、微电影广告等新兴的媒介形式，以其参与式、互动式和个性化的用户体验，结合大众传播形式和口碑传播，成为这个场域的新进者，在某种意义上挑战了，亦在某些层面上延伸了传统媒体的传播理念和形式。

一　拟态消费环境与传播技术的演进

消费信息的传播，由最初的枯燥抽象化的文字，蜕变为具体可感的图片时代，这得益于摄影技术的发明。1853 年，《纽约每日论坛报》（*New York Daily News*）首次使用照片刊登帽子广告，这是摄影术发明几年后的首次尝试。[①] 此后，广告中必不可少摄影图片的运用。图片作为消费信息的表现手法，具有较强的视觉冲击效果，商品被还原的具象再现，印证了“百闻不如一见”。同时，图片在日新月异的电子数码和印刷技术发展的助力下，色彩鲜艳，质感精良，传播速度和广度迅速提升。

1926 年，全国性的广播网在美国出现，此后，广播广告盛极一时。1941 年，18 家电视台获得美国联邦通讯委员会批准，投入商业运营，第二次世界大战后，电视业发展迅速。[②] 50 年代以后，彩色电视在美国成为首创，打破了印刷媒介垄断地位，电视广告一跃成为最具影响力的宣传方

---

① 余明阳、陈先红：《广告学》第 3 版，安徽人民出版社 2006 年版，第 35 页。

② 崔银河：《中外广告发展简史》，中国传媒大学出版社 2008 年版，第 101 页。

式。广播和电视从呱呱坠地到落地生花，不仅为消费信息传播开辟了新渠道，还为广播剧和上映的肥皂剧集传播消费信息提供了一个新的平台。以《达拉斯》（*Dallas*）为代表的电视剧，世界各地在一定程度上受到其美国生活方式的影响。电视图像接收门槛低，媒介特性生活化，成为消费信息最大众化的平台。各类节目，尤其是生活服务类节目在广播和电视上蓬勃发展。这类节目主持人如同贴心密友，在浓厚的亲情、友情氛围中，向受众娓娓传递着现代化生活方式理念。收音机和电视机被卷进这波潮流，自身成为消费品。研究表明，20 世纪六七十年代，电视机在日本已是极为重要的生活必需品和代表着现代化的生活方式，且普及速度大大超过洗衣机、电冰箱和扫除机三种耐用消费品。20 世纪 60 年代的中国，收音机是家庭“四大件”之一，到了 80 年代，电视机全面取代收音机，成新“四件”之一。互联网、手机、移动电视、互动电视等新媒体借助于数字化传播技术发展迅速，个性化、交互式的媒介消费信息精准传播图景借此成真，受众可随时随地更方便地存取和获得信息。消费信息在全球范围内传播，数字技术给信息带来新的编码模式，使拟态消费环境对消费场景的塑造和再现简化为 0 和 1 的灵活编织，易于存取。

从另一方面论，新的媒介技术的诞生和普及的重要动力之一来自媒介消费信息传播的需要。在雷蒙·威廉斯看来，新技术的发展和应用大多跟富裕阶层和权势集团有密切联系，并非无缘故的天然生成。他考察了美国广播电视体系的历史，指出“在特定时空下，有些需求所以不能得到满足，只有一部分原因是现有或可以想见的科学与技术知识不够发达的缘故，科技是特定社会下的效果，科技条件能满足社会需要到什么样的程度，更重要的因素，并不取决于需求本身，而是这样一个需求，在当时的社会型构中，占据什么样的位置”，[①] 提醒我们关注机构在技术发展过程中

① ［英］雷蒙·威廉斯：《电视：科技与文化形式》，冯建三译，远流出版公司 1992 年版，第 32 页。

的利益取向所带来的影响。媒介技术的发展及至普及应用受到消费需求刺激经济发展政策和大集团公司的利益驱动，消费信息传播的需求催生了其研发和应用。

二 独立杂志方兴未艾

独立杂志是指不依靠出版社等官方组织，由个人或小团体独立经营、制作、发行、宣传、流通的刊物。由少量资金支持（或没有资金支持），大部分仅靠创办者们的热情、梦想支撑，独立杂志所涉及的主题广泛，内容不追随主流杂志，以突出个人或团队思想为重，多以青春文学、美术设计、时尚风潮、独立摄影为主要表现形式。独立出版既非工作，也已跳脱兴趣的桎梏，更接近于一种生活方式，虽小众却自有其价值，在国外渐成气候，在国内方兴未艾。独立杂志的创办者重视刊物的创意与设计感，大多以电子杂志的形式存在，依附于网络作为宣传和沟通的渠道。

独立杂志出现于这样的时代背景：随着城市经济、政治、文化的发展，出现了这样一部分人——他们年轻，有活力，对先锋和流行时尚把握精准、快速，那些内容普通、形式雷同的出版物无法再满足他们的精神需求，他们渴望更多地享受来自各个方面、更有个性的阅听新体验。这群具有较强的独立意识，有自己的主见，喜欢对社会事物和传播文化有自己的想法的人，开始私人投钱创办独属本人的杂志；与此同时网络的发展促进独立杂志的成熟，伴随着豆瓣、知乎、微博等网络平台的出现，独立杂志发挥自身的优势，已经拥有了数量可观的用户群。豆瓣、微信等平台已经成为独立杂志线上团体的联合俱乐部，倾心于独立杂志的粉丝抑或是独立杂志的制作人都在豆瓣上成立了各种各样的独立杂志小组。比起纸质传播，线下发行，便捷的网络阅读为独立杂志提供了固定受众，也促进着独立杂志的发展与成熟。

（一）个性化，小众化

独立杂志的编辑一般来自艺术领域。他们的成员往往包含设计、摄影、音乐等方面的众多行家。他们聚集在一起，凭借自己的喜好来对杂志进行创作。不再拘泥于传统的流行文化，要的就是标新立异，独树一帜。

（二）门槛低，制作简单

由于现代电子技术的飞速发展，独立杂志的出版也可以是零消费的。杂志编辑可以利用图像软件进行杂志制作，任何人有需要都可以在网上获得，真正实现零成本。

独立杂志中的文章大多来自相同兴趣取向的读者或朋友，对这群爱好者们来说，非专业、平民化正是他们做杂志的兴趣和传达的精神。由于杂志上所刊登的内容在大部分人看来都是非主流，因此读者的态度往往没有那么苛刻，他们不会像审视正规媒体一样，用可信度来要求，所以，可信度低也是它的一大特点。

（三）不规范，非商业

由于缺乏商业操作，运行依靠的仅仅是杂志编辑的个人想法，因此各类独立杂志常常因为缺少资金被迫停刊。它们和市面上比较火爆的主流杂志相较，首先缺乏稳定的销售途径，其次没有固定的出版日期，更得不到广告商的赞助。这些原因导致独立杂志往往只出版一两期之后，就从此消失匿迹。

独立杂志的内容主要集中在这么几个方面：

个人对社会、生活的态度表达。独立杂志之所以独立是因为他们不在乎他人的想法，仅留意本身内心意见，这样一种媒体既是他们向外界表达自我的桥梁，也是一个对现实或世界进行演绎自己人生、挥洒个人看法的舞台，无论自我倾诉是以积极还是消极的方式呈现，他们只追求最纯净的自我表达，在成都创刊的生活独立杂志《可以》，以日常生活中对美的感受的图片、文章为主要内容，向人们传播了一种知足常乐，随遇而安的生活态度，不汲汲名利，悠闲的生活是简单又平常的快乐。

时尚潮流和艺术设计。在厌烦了主流时尚设计杂志《*Vogue*》《*Bazaar*》《男人装》等杂志统治时尚的论调，越来越多的有艺术设计专业和时尚细胞的人开始制作自己的独立杂志，用独立杂志表达自身对艺术潮流的理解。《*TOO*》是编号 223 主编的一本关于时尚、文化的独立杂志，杂志理念是定位国际化视野的时尚、创作、流行文化和生活方式，是不固定的、风格多变的、崇尚新思想和鲜活派的、宣扬高级商业趣味的出版物。目标在于将艺术与时尚融合，关注全球年轻人的设计、摄影、潮流和街头艺术等多方面话题。

还有部分内容特立独行的独立杂志，发行数量较为罕见，可谓是独立杂志中的珍稀杂志，主要有插画类、园林植物类、音乐类、人物访谈类、旅行文学类等。

代表性个案：《饮茶志》《假杂志》

《饮茶志》

“李茶德”是创立于 2015 年的原创茶生活品牌，致力于用设计美学与对日常的理解，重新呈现中国传统茶品。对设计美学的追求与传统茶文化结合，整体偏向于清新自然儒雅的编辑风格，以海派留学归国年轻人、创意、艺术及文字从业者、高学历知识分子的年轻群体为主，特别是关心茶文化、注重生活品质提升的年轻人为目标受众群体。

《假杂志》

实体书创刊于 2011 年，至今“出版”15 本，“发行”72 本，以摄影题材为主体，展现了现代独特的摄影观点，不仅在国内依靠口耳相传有很高的销量，2014 年销售至国外的数量几乎与国内持平。国外摄影书店通过网络订购售卖，在东京、纽约、伦敦、香港等摄影书市得到了广大艺术爱好者、独立出版行业大拿的瞩目。注重视觉传达，追求高品质。《假杂志》系列非常注重杂志装帧上的创新，注重画面即内容的传达力，不同期内容选择截然不同的装帧方式，如《双喜》一期采用与烟盒一样的大小，而《空日》一期因为摄影作品的特性选择大开本，这也反映了独立杂志在出版过程中高度的自主性。在杂志装帧过程中同样也同样体现了高品质，均适用精装、重克数纸张，且运用设计上的留白理念，大量采用单面印刷，保障了杂志的质量。该杂志体现了当今中国大陆地区年轻人的创作精神，是新时期独立杂志的典型代表，有效地打破了商业机制在摄影书籍及杂志的垄断，在当今独立杂志中有巨大的影响力，在中国及国际独立杂志市场上有很高的知名度。

二　“微”时尚传播发展迅猛

截至2017年12月，中国网民规模达到7.72亿，互联网普及率达到55.8%，中国网民人数已达过半之多。其中，2017年新增网民4074万人，网络普及率为55.8%，较2016年提升2.6个百分点，网民规模增速有所提升。网民绝大部分依靠手机端设备上网，数据表明网民规模不断攀升，手机是核心影响因素。截至2017年12月，我国手机网民规模达7.53亿，有93.3%的网民通过手机上网。微信、QQ、微博用户等社交应用使用率分别为87.3%、64.4%、40.9%。[①] 微博、微信、微电影自兴起之初就更受相对年轻、受教育程度较高的群体追捧，这些群体对消费信息的需求和关注度高，“微”媒体已成为时尚传播的重要平台和阵地，近年来发展迅猛。

这是2014年7月28日，微信公众号公布的一份实时浏览数据（图2-7）：

时尚博客、微信公众号可以大致的分成三类，一是品牌、杂志、报纸、门户网站的官方微博和微信公众号，如上图中的“男人装”“凤凰时尚”

① 《中国网民规模已达7.72亿，大数据折射哪些互联网新趋势》，《央视新闻》2018年2月1日，http://news.sina.com.cn/gov/2018-02-01/doc-ifyreyvz8171603.shtml。

排名	订阅号名称	25日头图阅读数
1	男人装	93638
2	石榴婆报告	84326
3	腾讯时尚	74799
4	Fashionweek	62147
5	凤凰时尚	30294
6	MFashion	26721
7	Gogoboi	18449
8	她生活	17634
9	VOGUE中国	15709
10	YOKA时尚网	12434
11	海报网	12420
12	徐峰立	10883
13	米娜mina	10832
14	时尚cosmo	6410
15	瑞丽服饰美容	6216
16	华丽志	5814
17	onlylady	5405
18	昕薇	5043
19	STYLETV	5008
20	红秀GRAZIA	4465
21	嘉人	4028
22	ELLE世界时装之苑	3561
23	伊周Femina	3230
24	iweekly周末画报	2083
25	新浪时尚	1081

LADYMAX.CN

图 2－7　时尚类微信公众号实时浏览排名

资料来源：《谁才是真的时尚大号？时尚媒体类微信公众号排行榜》，《*Ladymax* 时尚网》（2014 年 7 月 28 日）［2015 年 5 月 8 日］，http：//www. ladymax. cn/media/201407/28－24488. html。

“iweekly 周末画报”，另有一些比如迪奥、纪梵希的品牌官方微博和微信公众号；一是网络大 V 的时尚博客和微信公众号推送，如图 2－7 的“石榴婆报告”“徐峰立”；三是新兴的生活方式平台，比如 Enjoy，“每天派”，致力于为中产阶级的生活方式及消费升级产业方向。

微电影传播方面，凯迪拉克 SLS 为中国市场制作的微电影广告《一触即发》，好莱坞式的火爆场面，悬念迭出的情节，日点击率超过百万次，开启国内时尚微电影先河，莫文蔚凯迪拉克 SRX 系列微电影，诠释“自由”的理念，范冰冰为诺基亚拍摄的《不跟随》，益达口香糖的《酸甜苦辣》，佳能的《Leave me》微电影，这些微电影诉诸爱情、亲情、友情、个体认同元素，将情节、情感融入产品，短小精悍，适合碎片阅读模式。

微媒体投放重要的新兴技术基础是大数据。对于广告业而言，大数据不仅是一种全新的技术手段，在开展精确一对一的广告投放还具备“专业化”“大生产”优势，至此，广告业的新型重要元素当属数据和技术。图2-7实时显示的数据并不高，但依托大数据分析技术，覆盖的人群更加精准。传统媒体在覆盖力上更有优势，而“微”时尚传播的特点在影响力。大数据精准广告通过交易平台实现流量交换，作为广告业市场的新型巨头，以强大技术背景支撑的互联网需求方平台和先进数据管理公司来势汹汹，发展劲头不容小觑。广告的跨媒体组合策略在发生变化，新媒体与传统媒体广告的协同效应日渐明显。

新微媒体的优势还在于更强的场景建构能力。场景技术使得连接越来越方便。在大数据和LBS地理技术的支撑下，通过社交媒体，人们很快能找到自己感兴趣的内容和群体，主动参与不同的话题中，寻求信息和归属感。途胜的“行尸走肉”[①] 版汽车，即是为漫威粉社群量身打造的。ME&CITY 2014年的秋冬新款发布会，携手腾讯街景地图，打造全球首次“虚拟+现实”互动街景时尚秀，用户只要搜索地图，就可以在地图中发现模特、游客和路人，在真实场景和光线中看到服装的搭配效果，同时点击图标就能查看服装细节并进行购买。

信赖的社交网络在推动中国消费者行为上有着重要影响。科尔尼管理咨询公司（AT Kearney）在一份在一项消费者研究中发现，社交网络对中国消费者购买决策的影响是美国的10倍，千禧一代尤甚；26—35岁，近7%的美国消费者称社交网络影响其购买意愿，在中国这一比例是68%。[②] 利用社交网络将粉丝转化成销售机会，“年糕妈妈”专门为二三十岁的妈妈提供育

① 《行尸走肉》是一部漫画，后改变成美剧，拥有大批漫威粉、僵尸粉。

② 《零售个性化时代的魅力》，《周末画报 Business》2016年6月4日第25期。

儿信息，粉丝量超过40万人，成为受风投追捧的微信公众号。一位妈妈感叹买不到合适的伞车带孩子出门散步，“年糕妈妈”在公众号推出伞车文章，并开始销售，结果两天就卖出2800辆，是这个品牌此型号的伞车在10个商城一年的销售量。博主们的力量不容小觑。张大奕和露得清联手，在4小时内就卖出了20000张面膜。“推网红”被天猫美妆平台上升到了战略高度。2017年双11，天猫美妆和20多位网红实现了合作，邀请他们入驻媒体频道，或是给予店铺流量支持，甚至为网红对接生产资源，互联网时代，消费者对偶像的崇拜更加平民化，网红成为消费信息传播的新媒介。而日本经济新闻（NIKKEI）“亚洲10国年轻人”调查的结果显示，中国青年最热衷网购（图2－8）。

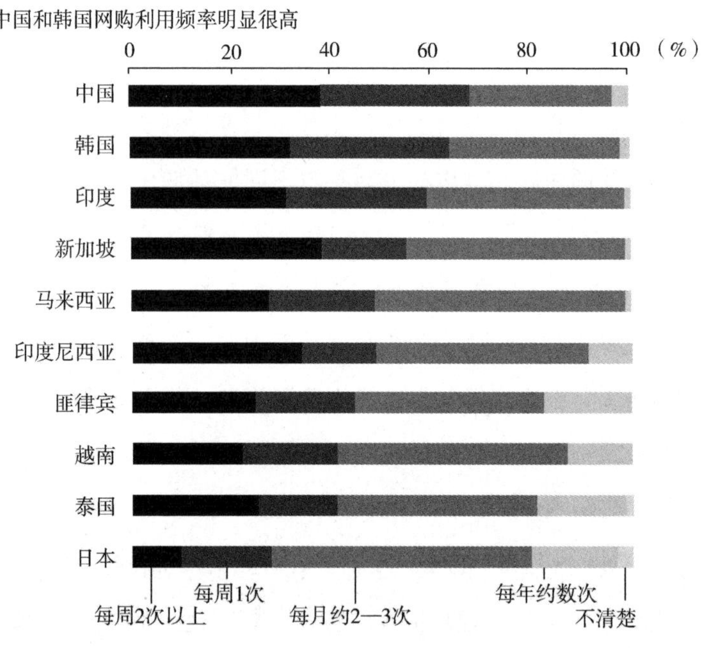

图2－8　亚洲十国年轻人网购调查

资料来源：《亚洲十国年轻人调查出炉》，《中国青年最热衷网购》，《周末画报》2016年6月4日第B4期。

此外，借力“微”媒体的传播力量，硬性的消费信息传播越来越多地倾向于软性的生活方式、理念分享。各类鸡汤软文，大V公号，以风格化的写作，潜移默化地传播着不断更迭的消费理念和消费信息。于小戈[①]的微信公众号（图2-9）：

25m²的人生|房子再小，也挡不住你的梦可以很大。
(原创) 2016-06-11 于小戈 于小戈

过得美，需要本钱吗
如果答案是Of Course那么至少需要多少本钱，才能过得轻松体面？

忍不住自嘲说一路向上的人生，怎么可能轻松，那么在实现理想之前，总要对自己好一点吧。
漂在每一个世界角落的奋斗狗们，都会懂的爱与哀愁，每一间出租层、每一张单人床、都写满了在孤独中苦苦坚持的希望。

过上好日子，
到底钱说了算，
还是你说了算？

一样是没钱买房子，蜗居在20平、30平的房子里，怎样才能不被局促逼仄的环境，磨灭梦想，冲淡希望？

坚持总是难的，但是，仍有人做得到。

房子再小，都挡不住你的梦可以很大。

今天想和大家分享几个年轻人梦开始的地方，从24平米到49平米，从睡在橱顶上的小窗，到阁楼里小边桌，她们一手打造出了自己的小家，虽然很小，但是一样非常美，并且生动地记录了每个人的生活和人性。

他们是学生、是芭蕾舞演员、是职员、是电子工程师，生活在巴西、瑞典、台北、巴黎……一样的年轻无畏，一样的生机勃勃

20多平米的日子，能美成什么样？
没有钱的日子里，也能拥有诗和远方

图2-9　于小戈公众号文

资料来源：于小戈公众号。

文章随后是六十几幅小户型的精美图片，指出品位的重要性。同一个公众号中，在直接推介消费信息之外，会定期推出这类生活理念的文章（图2-10）。

① 毕业于复旦大学，前 *Harper's Bazaar China* 执行主编。

图 2-10　于小戈公众号文

资料来源：于小戈，微信公众号（ID：yuxiaoge1014）。

第三节　媒介拟态消费环境的发展历程与趋势

前文从横向截面分析了拟态环境的主要构成元素，自 20 世纪 90 年代以来，消费信息借助各类媒介文本和渠道获得了广泛传播，全方位覆盖日常生活的各个面向。回顾三十年来拟态消费环境的形成，媒介传播模式的转型和流行文化的勃兴，为其提供了关键而重要的契机和环境，伴随社会形态和经济政策的变迁，拟态消费环境场域内，受众商品一直保持拓殖态势。

一　传播模式转型

传播模式的转型，以观念为先导。思想意识来源于实践，因此，正在转型中的中国媒介传播观念不仅仅呈现出理论问题，更来源于实践问题。它伴随着中国改革开放、市场经济体系的实践，也伴随着传播学从国外引进、在国内初步成长直至全面壮大的兴盛过程，以及媒介技术的进一步升级和应用，是中国经济、政治、文化、技术力量交织下的产物。

1979 年 3 月，新闻改革启动，在全国新闻工作座谈会上，提出了围绕社会主义经济建设，转移新闻宣传工作重心的目标。1984 年 10 月，中共十二届三中全会，提出了“中国社会主义经济是公有制基础上的有计划的商品经济”，这一理论上的重大突破，解放了传播观念，中国开始承认并关注媒介产品的双重属性。1992 年 10 月中国共产党“十四大”确立了建立社会主义市场经济体制方向。“十四大”前后，各新闻单位根据新闻出版署的部署，开始尝试事业单位企业化管理模式。1998 年，电视台等事业单位被明确要求，在 3 年内实行自负盈亏，广电事业发展中，优厚的财税减免成为历史，被推向市场带来的全新的机遇与挑战。2000 年出台的“十五”计划，“文化产业”概念第一次出现在中央正式文件中，标志着中国承认和认可文化产业及其地位，具有不可撼动的巨大意义，尤其是对于新闻体制改革具有决定性的作用。2001 年，中共中央批转的中宣部、广电总局、新闻出版总署《关于深化新闻出版广播影视业改革的若干意见》（简称《意见》），将传媒改革推向快车道。《意见》指出，文化体制改革要以集团化建设为重点和突破口，壮大实力，增强活力，提高竞争力。由此，国内媒介改革进入产业化、集团化阶段。在这样一波又一波的浪潮中，传播观念开始呈现出各种各样的形态，转型在实践中艰难地前进。2005 年，《关于非公有资本进入文化产业的若干决定》公布，非公有制资本进入文化及传媒产业获得合法性。随后，几大部委联合发布的《关于文化领域引进外资的若干意见的通知》，就外资进入做出了更明确具体的规定。

在此背景下，传播学的信息、受众、效果等概念、理论的引入，对传统的宣传观念产生了巨大的冲击。“新闻机构”变为“新闻媒介”“大众传播媒介”，从“阶级斗争的工具”转变为“传播信息的工具”，媒介的本位功能开始彰显，其他功能以此为出发点和立足点。受众作为信息的传播指向，在传播链条中，其地位的重要性终于得到真正的重视。另外，蓬勃发展的媒介技术，使信息的自由流动成为可能，一夜之间，信息社会成为人们无法选择的生存环境。

中国传媒从宣传向信息传播、从传者本位向受者本位的逐步转型，是在经济体制、媒介体制改革带来的市场压力和传播学科迅速发展、新技术带来的技术革命的双重压力下进行的，传媒由此较为充分释放着本身功能。传播观念的转型，带来受众定位、传播内容和渠道一系列的重大变化。

受众定位上，长期以来的规模受众操作转向细分的目标受众，专业化和阶层化是受众市场细分的前进方向。20 世纪 80 年代以前，媒介将受众看作一个未分化的“大众”市场，以提供能够满足大众需求的信息产品或服务为有效的经营方式。伴随媒体数量的快速增多，渐趋饱和的大众受众市场以及强化的受众本位观念，准确定位目标市场的需求凸显出来。报业最早进入细分市场。80 年代初期的都市报通过本土化运作、市民化趣味，寻找到自身的市场空间，市场化、集团化变革，进一步促动了受众分类进程。南方报业集团嗅得市场先机，将旗下各子报精细分类，按照财经系、文化新闻系、生活消费系指定经营策略，广电业在激烈竞争态势之下，将频道（频率）专业化、节目专题化策略发展为其成主要的市场策略，从模拟电视到数字电视的成功转型，带来了频道资源的极大丰富，为加快频道专业化的步伐提供了技术支持。期刊业的市场细分策略最为精细，精准定位、小众气质，以品牌价值提升为目标，深度开发不同特质类型和市场价值的受众资源。专业网站、“小众”网站、官方运营社交媒体等，迅速萌生，新媒介成长为最佳盈利平台。

传媒内容的重心发生转移，逐渐淡化政治色彩，出现了以社会消费行为为核心的大量资讯。计划经济时代，以党和国家的喉舌的角色形象出现的中国传媒，涉及消费范围，只有纯粹的以生产服务为目的灌输的消费理念，商品服务的信息是被遗忘的角落。20 世纪 80 以来，国民生产总值高速增长，中国社会快速迈入大规模消费时代，社会主义市场经济体制建设中和以消费拉动内需政策导向下，消费信息传播的总量呈几何级数爆发。媒介的英雄形象和话语导向发生重大逆转，“消费英雄”形象鲜亮，各类明星、成功人士曝光率高，先前的劳模等生产英雄逐渐淡出。[①] 同时，新技术深入媒介产业和社会生活的方方面面，媒介传统的“把关人”角色功能削弱，其内容价值逐步往深往后拓展，由传达信息抢夺“独家新闻”转向解读信息追求“独家视野”，以鲜明的理念倡导决胜市场。此外，内容为王曾经是传媒业的不二法则，这个观念逐步转向产品为王，对内容的包装、营销及产品理念受到推崇，如何利用各类媒介形式和渠道，拓展内容的到达度，实现环境化传播，创造更多价值，成为研讨焦点。

二　流行文化触发

流行文化与消费信息传播之间是一种孪生关系。流行文化引领新的生活风向标，促发、带动传媒消费信息的传播，而流行文化本身又是消费的客体和消费信息资源的来源。改革开放以来，流行文化在中国的传播路径路线。

20 世纪 80 年代以来的既有路径，欧美—日韩—港台—广东—内地路线，港台和广东是重要的中转站。

进入 21 世纪，新的传播路径逐渐发展起来，并赶超前者。欧美、日韩的流行文化经由的路径发生变化，从大陆最重要的两个城市北京和上海向内地渗透，取代了港台和广东的中转地位。

本土流行文化则主要由三个一线城市北京、上海、广州引爆而辐射全国。从 20 世纪 80 年代以港台剧明星和角色为内容的招贴画，流行音乐兴起开启风靡的“四大天王”时代，到新世纪英美日剧、“韩流”乃至体育文化的流行，流行文化从勃兴到形成高度产业运作，是消费信息传播最大众的文化载体和催化剂，正是乘着一波接一波的流行文化之东风，消费信

① 秦志希：《新闻传媒的消费主义倾向》，《现代传播》2002 年第 1 期。

息与消费文化得以迅速蔓延。

1994 年，为改变“低成本之王”的形象，周星驰参与投资并主演电影《大话西游》系列。该片投资高达 6000 万元，1995 年刚上映的时候，票房惨淡，在香港的票房 5400 万元仅收回成本，在北京，两集票房才 40 万元，一些场次观众不到 10 人，[①] 在台湾赔到让制片商质疑周星驰的票房号召力。然而，现实在 1997 年前后忽然变得充满戏剧性，以中国两所顶级名校清华、北大的学生为发轫，在青年网民、特别是大学生网民的网上热捧下，《大话西游》起死回生，成为流行风尚标。“I 服了 you”，“你妈贵姓啊?”等《大话西游》式语言风靡全国，成为“大话一族”的辨识标识。与此同时，周边产业的发展被影片带动起来，该片的盗版碟片销量激增，《大话西游宝典》备受追捧，《梦话西游》等网游软件、西游主题的玩具，如雨后春笋般出现，大话西游式的广告，成为蹭热点传播消费信息的优质载体，又反过来进一步扩大了影片的号召力。由票房荣登“95 年十大引进劣片”榜，到经典之作的传奇变身，呈现了流行文化与消费信息传播之间的双生关系：流行文化促推消费信息传播，消费信息传播是流行文化的温床。

20 世纪八九十年代，从 TVB 剧到四大天王，流行文化给灰蓝色的中国印象带来了久违的斑斓色彩和日常生活的消遣，如果说那个时期，流行文化仍然珍惜怀揣着情怀，对市场仍然姿态暧昧，那么到 90 年代中后期，流行文化与市场已经成为携手同行的好伙伴，在此过程中，媒介开始有意识地进行议程设置，传播时间，为服务于消费信息的传播制造各种流行。日本和韩国将品牌的市场推广甚至上升到国家形象构建的高度，而这一策略地实施又是通过文化产业建构文化认同的路径进行。曾经在娱乐匮乏时代，为国人带来新鲜精神食粮的流行文化，越来越多地被纳入市场经济意

① 《1995 流行记录：大话西游惨败》，《凤凰文化》（2009 年 11 月 19 日）［2009 年 12 月 13 日］，http：//culture. ifeng. com/popular/leisure/200811/1119_ 4092_ 885269_ 1. shtml。

识形态，消费成为其最主流的标识。日剧“韩流”给中国受众带来纯美爱情故事的同时，还带来了日韩粉对精致的日韩服饰、异域的美食的追捧，等等。场景（Setting）演员阵容（Cast），音乐（Music），悲惨的故事，永恒的爱，是日韩偶像剧的标准模式，通过消费，提供给受众一种“具体的而又可触及的现代性模式”。[①] 日剧从20世纪90年代起即开始风靡东亚，21世纪，酷日本（Cool Japan）概念被日本“数字好莱坞大学”校长杉山知之整合提出，用以描绘在外国备受推崇的漫画、动漫和偶像等日本独有文化。政府和媒体、私企联手推进“Cool Japan”项目（图2－11），旨在全球范围内培育动漫迷、游戏迷，通过流行文化推动产业发展。沿着“Cool Japan”战略，新的指标被提出来：国民酷总值（Gross National Cool），用以衡量经济发展程度，量化国家在文化及内容产业方面的影响力，通过一系列产业数值，包括饮食、动漫、流行音乐、时装等相关产业，来综合看它的整体表现。GNC指标体系下列出了文化产业发展的六大关键领域：时装、美食、内容、地域产品、住宅、观光。此项战略计划的一个主要标识叫“JAPAN NEXT”，下一个日本。韩剧在90年代中后期崛起，模仿了日剧的市场模式，通过媒介产品、流行文化的销售推动衍生产品的销售，并且利用“韩国性”拓展消费品市场。韩国政府在通过流行文化促进本国产品的消费方面走得更远，自2001年起，政府开始主办年度广电行业全球展并且对韩国电视生产商实行补贴政策以培育其海外市场，这些措施收效明显。“韩流”极大地促动了韩国产品在东亚范围内的消费。

新世纪以来的《欲望都市》（*Sex and the City*）、《绝望主妇》（*Desperate Housewives*）、《八卦天后》（*Gossip Girl*）等热播美剧，在精彩的剧情中，植入了丰富的西方前沿时尚资讯。媒介旗帜鲜明地亮出了“像美剧那样生

① Iwabuchi K., *Recentering Globalization: Popular Culture and Japanese Transnationalism*, Durham, NC: Duke University Press, Iwabuchi, 2002, p. 155.

图 2－11　NHK"酷日本"宣传

资料来源：《NHK 官网》（2016 年 7 月 18 日）［2016 年 7 月 23 日］，http：//www6. nhk. or. jp/cooljapan/en/index. html。

活"的旗号，总结出美剧生活方式军规，如："要有一份很繁忙的职业，和一间不大、但是打理得很漂亮的公寓，最好还有几个聪明可爱的同居人。平日里只穿衬衫牛仔裤，但是绝对有几套 Dior 或香奈儿，而且拥有在半个小时之内由牛仔女郎变为 Party 淑媛的功力。没错，你必须得是一位时尚高手，如果觉得自己水平欠佳，快去恶补《欲望都市》……要是挣钱和花钱的高手，你何时见过美剧的主人公们生活得很窘迫？要有他们那种无时无刻都乐观的心态，没有足够的 Money 绝不可以。”① 美剧之后，英剧开始流传，媒体将英剧的观赏与社会阶层勾连起来，而社会阶层的区分指标则是消费“品位”。

2012 年 4 月 7 日，《南方都市报》的城市周刊推出“鄙视链”专刊，从电视剧列出了电视剧、电影、电视台、足球联赛等几个方面列出鄙视链，其中电视剧的鄙视链是：英剧 > 美剧 > 日剧 > 韩剧 > 港剧 > 台剧 > 内地剧 > 泰剧，观看英剧的群体比观看美剧的群体处于较优势的心理位置，而美剧迷又用俯视的视角看待韩剧迷和日剧迷，港台、大陆制作的电视剧和泰剧，居于鄙视链后段。英剧以其纯正的英式口音、优良的制作、令人叹服的演技居于鄙视链顶端，看英剧被建构为一种少数派精英追求的生活方式。腾讯娱乐之后推出数据新闻《高逼格英剧指南：高学历高消费的年轻人最爱看》，② 借用样本采集、分析并不规范的数据直方图，直观地向受众展示将英剧和高学历、高消费的关系：

> 英剧作为高逼格利器，其拥趸必然属于高学历高消费阶层。根据调查数字显示，在看英剧的网络剧迷中，大专以上学历者达 97%；其职业大多是白领或学生，所占比例分别为 32.3% 和 24.7%。这些高学历人群，自然是受过英语教育，对英国文化有所了解，更容易被英剧独特的气质所吸引，也不至于完全看不懂故事而以莫名其妙收场。

接下来，该条新闻以“剧迷进化论，鄙视链顶端的英剧粉儿装 X 指

① 《像美剧那样的生活》，《腾讯网》（2007 年 9 月 18 日）［2009 年 12 月 13 日］，http：//lady. qq. com/a/20070918/000094. htm。

② 《高逼格英剧指南：高学历高学费的年轻人最爱看》，《腾讯娱乐》（2014 年 3 月 17 日）［2016 年 7 月 25 日］，http：//ent. qq. com/a/20140317/000093. htm。

南”为小标题，介绍了入门级、进阶级、装逼级英剧迷必看剧集，并推荐了腾讯即将上线的英剧剧集。“《唐顿庄园》用6年时间告诉你英国人有多会穿”“《唐顿庄园》中的地道英式下午茶”，此类报道充斥媒体。

体育健身成为最潮的时尚。运动健将们因其兼具健美的体型和辉煌的赛季成为新的最炙手可热的明星和偶像，从古希腊罗马流传下来的对于人体的西方审美标准在全球范围内获得广泛认同。运动装备，日常琐细，体育明星的广告资源被充分开发，做运动演变为消费运动。2016 年里约奥运会期间，*Vogue China* 的中文网站和《外滩画报》的关注点（图 2 – 12）：

图 2 – 12 媒介对运动的消费

资料来源：Vogue China 中文网站 & 外滩画报。外滩 The Bund，微信公众号（ID：the-Bund）。

同时，媒介不断推出新的流行概念，“小资”“中产”“布波族”① 和 IF (International Freeman，国际自由族)② 等，名称眼花缭乱，消费内核始终不变。

① 布波族（Bobos in Paradise）是美国资深编辑戴维 · 布鲁克斯（David Brooks）在 2000 年于《天堂里的布波族》一书中提出的新词，是 Bourgeois Bohemian（中产阶级式的波希米亚人）的缩写，形容信息时代既讲究物质层面的精致化享乐，又标榜生活方式的自由不羁和浪漫主义风度的一群人。

② 指那些在世界范围内根据自己的个性自由地选择工作、居住和旅游度假地的一群人。

流行文化产业之间关联增强，产业链条逐步完整，各大流行产业在竞合共生的态势中，分享利益，共担风险，这进一步推进了媒介消费信息的环境化传播。流行产品周边的衍生产品商机无限，《大话西游》《喜洋洋与灰太狼》《捉妖记》，是一系列的成功案例。2009 年淘宝网发布的数据显示，“喜洋洋与灰太狼”主题玩具，是当年度上半年销售数量最多的卡通形象。[①] 2001 年，台湾版《流星花园》热播，席卷亚洲，带动翻拍热潮。2005 年日版《花样美男子》上线，2009 年，韩版《花样男子》和内地版的《一起去看流星雨》播出，2013 年，美版《流星花园》上线，2017 年 11 月，大陆新版正式宣布卡司阵容，该片的剧本来源漫画版本也很受欢迎，带动各类甜宠校园偶像剧成为主流类型，片中植入了各类广告。《暮光之城》（*Twilight*）在国内风靡一时，系列小说版本迅即上市。年度贺岁大片档期到来之时，各大传媒纷纷热炒，以各种噱头推动影片及带来周边产品的消费。

三　多维发展趋势

随着市场化进一步推进，中国媒介拟态消费环境结构向多维度发展。时尚界往往被视为消费信息传播的风向标，拟态消费环境的发展趋势在时尚界的表现最早呈现，三个新的发展趋势值得关注：男性时尚与男色消费兴起；目标市场向两极拓展——低龄化与熟龄化；拟态环境和现实环境的实时互动。

男性时尚杂志纷纷创刊。1996 年伊始，作为中国男性时尚杂志的开拓者，《时尚先生》杂志宣布创刊，不久后，杂志寻求与美国老牌男性杂志 *Esquire*（《君子》）开展版权合作。当时中国的期刊市场上，女性时尚杂志风起云涌，《时尚先生 *Esquire*》却是市场上唯一的一本男性时尚杂志，境遇寂寥，起步艰难：中国市场对于这个新生事物接受度低，杂志需要依靠时尚集团的“接济”。《时尚先生》在苦苦撑持的黑暗中期待着男性时尚市

① 《喜洋洋与灰太狼半年销量最多成网购卡通第一》，《新民网》（2009 年 9 月 7 日）［2009 年 12 月 14 日］，http：//www.022net.com/2009/9－7/474671173054042.html。

场的曙光。2000年后，经过3年多的市场培养发育，国内外资本开始涌现，纷纷攻占市场，众多男性时尚杂志《时尚健康*Men's Health*》《名牌》《男人装*FHM*》先后创刊。2008年开始，男性时尚杂志进入新一轮创刊扩容阶段，从2008年起，6本有着国际顶级版权合作背景，在更加高端的定位的基础上，全部都是采用国际版权合作的形式的男性时尚新刊，一致创刊或摆脱副刊身份独立发售。2008年7月时尚集团旗下的《芭莎男士》创刊，2009年1月，法国桦榭集团下的《摩登绅士》创刊，2009年3月，《男人风尚》创刊，由瑞丽传媒集团与日本成熟男装杂志《*LEON*》联合推出，杂志口号是“形象创造影响力”。目前，中国市场上的男性时尚期刊在20种左右。迅速增长的不仅是男性时尚刊物的数量，与此同时，男性时尚涉及的意义内涵也更加丰富，从早期创刊时集中于充满男人意味的领域，如汽车、名表、数码产品等内容，逐步延伸到传统上的女性时尚范畴，包括男士护肤和男性彩妆，“Easy Grooming轻松做个美男子”“还没想好换什么发色？不如pick陈伟霆范丞丞的新发色”“花样美男李民浩的烟熏妆”，媒介男性彩妆内容不再新鲜，中性气质的男人成为媒介宠儿。

同时，拟态消费环境中，男色消费风靡一时：男色电视剧深受追捧，男性选美活动层出不清，电视男人秀节目遍地开花。电视剧《凤囚凰》中，刘楚玉有三十个面首。面，是面貌漂亮，首，是头发漂亮，即美男子，后引申为男宠，其本质是对男性外貌和肉体的消费。女性爱慕男色自古以来羞于启齿，然而影视剧剧情安排刘楚玉明目张胆的享用众多男宠，却受到女性粉丝的热捧。男宠的外貌不仅符合女性观众的美好设定，而且其男宠的名字偏向女性化，分别是容止、桓远、王泽、江尧、柳色、花错、裴述、百里流桑等。从《花千骨》高冷男神白子画，到《琅琊榜》梅长苏、靖王、飞流，再到全男星阵容的综艺节目《极限挑战》等，收获超高人气的，不是呆萌的小鲜肉，就是魅力十足的老干部。综艺节目也前仆后继，早期星空卫视推出的《美人关》，男主持人率领十位女士，对10位性感男士从各方面评头品足，被淘汰的选手被推入水池中，胜利者需要获得全场女士的一致认可，当然，现金大奖非常具有吸引力。湖南经视《绝对男人》、2006年东方卫视的《加油！好男儿》紧随其后，制作播出同类型的节目。近年来，各种“小鲜肉”“小奶狗”成为综艺节目的制胜法宝，从《偶像练习生》到《小子好样的》，收视率火爆。

从受众市场的年龄层次上看，消费时尚呈现向两端拓展：儿童时尚方兴未艾，熟龄受众概念向后延伸。时尚杂志成人装扮的小孩，各大媒体的镜头对准童星或是明星宝宝，提示受众“时尚幼齿风”[①] 刮来。媒体倡导父母们从孩子幼年时期培养孩子们对“好物”的鉴赏力，让孩子们受到积极的影响。这些影响包括从奢侈品中提高对美的鉴赏力，提升气质和审美观，以及获得对未来美好生活追求的激情等各方面。2006年出生的苏瑞·克鲁斯（Suri Cruise）倍受媒体关注，苏瑞的长相集合了明星夫妇的优点，身上的衣服都是量身定制的名牌，就连脚上穿的鞋子都是“天使”牌的。苏瑞衣着走奢华路线，“衣Q公主当之无愧”。[②] 或是“时尚界年龄最小的教主”。[③] 对于苏瑞·克鲁斯的小洋装，媒体细数从阿玛尼（Armani）到巴宝莉（Burberry）各种奢华品牌，列出高昂的标价，小苏瑞是各大传媒的宠儿，其穿衣品位被界定为儿童穿衣标杆。她的衣橱简称ABC，分别代表阿玛尼（Armani）、巴宝莉（Burberry）和克里斯提·鲁布托（Christian Louboutin）等全球顶级品牌。另一位浑身被时尚包围的幼龄宝宝则是美国名媛金·卡戴珊（Kim Kardashian）的女儿诺斯（North West），时尚元素任性搭配装扮，卡戴珊在日常装扮上会为她准备耳环、黑色皮草披风、黑色裙子与袜裤、黑色鞋子等造型“潮”爆的装备。此外还有朱莉（Angelina Jolie）和皮特（Brad Pitt）的孩子希洛·皮特（Shiloh Pitt），2006年出生的照片即登上了美国《*People*》杂志的封面，成为世界上年龄最小的封

① 《幼齿风来袭　低龄时尚教主走红》，《人民网》（2009年10月27日）［2009年12月17日］，http://www.022net.com/2009/10-27/515133373192538.html。

② 《时尚“圣经”的新教规》，《伊周》2009年第33期。

③ 《时尚明星库》，《YOKA时尚网》［2009年12月16日］，http://star.yoka.com/SuriCruise。

面女郎。媒体非常热衷于追踪星二代，《时尚芭莎》2017 年 1 月号上月半刊，发表了专题文章《揭秘当红星二代排行榜》，其副标题是“有颜有实力有背景”，从 Instagram 的粉丝数，到“吸金能力大比拼”，“看 10 个星二代如何圈粉成名”，“全世界都在 copy”她的穿搭，“身材是我成名的本金”，每版的专题文章中或穿插，或整版推出的汤姆·福特（TomFord）的睫毛膏、雅诗兰黛倾慕唇膏魅色系列、迈克高仕（Michael Kors）的黑色泳衣、金色皮质风衣等广告。在“头顶爸妈光环驰骋时尚圈”专版里，15 岁的嘉宾（Kaia Gerber），10 岁就开始接拍大片，代言范思哲（Versace）童装，15 岁登上时尚杂志封面，为大牌拍摄广告；“小七”（Harper Seven Beckham）是球星贝克汉姆（DavidBeckham）和曾经的辣妹合唱团成员维多利亚（Victoria Beckham）的小女儿，从出生时即受到媒体的关注（图 2－13）。

图 2－13　儿童也刮时尚风

资料来源：《最美星二代颜值继承者》，《时尚芭莎》2017 年 1 月号上月半刊。

与时尚低龄风气相对应的是，熟男、熟女成为市场上炙手可热的目标。男刊市场上，男性时尚刊物从进入中国市场到 21 世纪初，主要定位于 25—35 岁的“白领”人群，到逐渐定位于 35 岁往上走，有一定经济基础的男士群体。《时装男士 *L'Officiel Hommes*》创刊于 2008 年，定位专业权威，旨在用顶尖时尚观念引领事业有成的精英人群。2009 年 1 月，法国桦榭媒体集团旗下的《摩登绅士》创刊，以中国高端成熟男性为目标市场。2009 年 3 月，瞄准 30—40 岁都市成熟商务男性人群的《男人风尚》创刊。女性刊物市场上，2000 年 3 月《瑞丽伊人风尚》强力推出，其市场定位正如创刊时编者的话："瑞丽希望与所有步入成熟的女性读者一起，携手度过这个充满希冀与变化的新千年，执着于美丽，你我同行。"① 2009 年，这本杂志与日本光文社旗下面向 25—35 岁高级白领女性的《*Classy.*》合作，市场表现优异，合作伙伴的选择，彰显了《瑞丽伊人风尚》进军熟女市场的规划。中国妇女报社创办的《花样盛年》，创刊于 2006 年，是国内第一本盛年女性生活方式杂志。《花样盛年》这样描述它的目标受众："35 岁以上的国内盛年女性，她们是有能力，有品位，有收入的三有女人，也是懂保养，会营养，有修养的三养女人。她们是职场精英、企业管理、自营业主，她们是追求高品质，而且有能力追求高品质生活的人群，有非常强的消费力。"② 时尚杂志年龄定位有进一步向后延展的趋势，从日本传媒市场情况来看，四五十岁以上定位的时尚杂志行情看涨，如 *Premium EfiL*。中国正迈向老龄化人口结构，中老年消费市场前景看好，媒介开始涉猎布局。时尚原则越来越融入媒介拟态消费环境的建构进程，这种年龄层级上的两极拓展趋势，将从时尚领域延伸至更广的消费范畴，成为拟态消费环境的结构化元素。

拟态环境和物理空间的实时互动是最新的趋势。数字技术使以前的单向的大众传播技术升级为交互式网络电视，实现实时互动、点播与购买。移动广告在媒体广告中占比不断增长，并逐渐转向 APP。到 2019 年，移动广告在媒体广告支出中的占比将达到 72.2%，移动应用占到移动媒体消费时间的 89%。Smart Insight 发布的一份移动广告，分析了互联网的几个趋

① 《瑞丽品牌大事记》，《瑞丽女性网》（2006 年 6 月 15 日）［2009 年 12 月 17 日］，http://www.rayli.com.cn/2006-06-15/L0056001_169268.html。

② 《杂志之家　花样盛年杂志社简介》，（2017 年 2 月 15 日）［2017 年 3 月 5 日］，http://huayangshengnian.zazhi.com.cn。

势：90%智能手机购物者利用手机完成购物前的准备工作，25%的搜索是在移动设备上完成的，2016年移动广告将超出桌面系统。[①] 电视上的购物频道，受众获取消费信息，即可使用电话、网络、移动终端方便地购买。新媒体终端更是实现了随时随地获取信息，随手购买。法国欧莱雅集团推出的“千妆魔镜”APP，使用者可以随时在影像世界试妆，对满意的产品实时点击下单购买。阿里巴巴的“BUY +”计划，将拟态消费环境和物理环境融合，是真实世界和虚拟世界的无缝对接。数字技术的发展将给购物带来深刻变革，今后10年，它将可能朝向一种完全由体验和互动技术驱动的“体验式”活动，而不再是一种购买行为。技术可以实现在线购物和实体店两种模式的融合，让客户在二者之间无缝切换，通过直观的应用或沉浸式体验与顾客展开个性化的互动。以纽约、旧金山和洛杉矶冰淇淋博物馆（Museum of Ice Cream）为例，它其实不是博物馆，也不是商店，而是介于二者之间的一种模式。想要参观各种各样的粉红色泡泡糖，以及冰淇淋主题的装置艺术，大约要花费38美元，进入博物馆后，游客可以体验各种有趣的事情，但不必购买东西。纽约、旧金山和洛杉矶的门票都被抢购一空。“让顾客与我们的品牌展开的是实实在在的感官互动所产生的投资回报，是任何一个广告都无法比拟的。”[②] 这项体验的设计师马耶里斯·布恩（Maryellis Bunn），在接受《纽约杂志》采访时这样强调体验的传播效果。

个案研究：中国市场上的男性时尚杂志的形象分析——以《男人风尚》为例

1. 男性内在品行的形象分析

文化研究学者戴安娜·克兰（Diana Crane）指出：“传送意义的方式

① 《2019年移动广告将占到数字广告支出逾7成》，《凤凰网》（2015年12月10日）［2016年7月27日］，http：//tech. ifeng. com/a/20151210/41521038_ 0. shtml。

② 《消费趋势：“体验型”购物的未来》，《BBC英伦网》（2017年12月21日）［2017年12月25日］，http：//www. bbc. com/ukchina/simp/vert – cap – 42429865。

与被传送的意义同样重要；意义不是透明的，而是隐藏的、潜在的；意义是不同社会阶级和社会阶级内部亚文化之间商讨和冲突为基础的社会建构。”① 男性形象的构建不仅需要外在仪表来表现，更需要通过内在的品行来构建。品行指的是人的行为品德，自古以来人们更愿意有内在来衡量一位男性的成功，人格魅力比俊美的外表更受人推崇。

认真敬业的成功人士

《男人风尚》每期都会有对时尚人士的专访，涉及被采访对象的工作生活，为人处世。被采访者通常对待工作严谨认真，一丝不苟，但性格率真豁达，平易近人，待人真诚，有极强的合作精神。

比如，2015 年 12 月封面人物“李晨 北京好人”：阴冷的早晨，北京胡同里的小店，李晨进门就问：“有油条吗？煎饼呢？”他有着北京男人的不拘小节，也不挑剔：“没有，那我吃方便面吧”，他边化妆边吃方便面当早点，摄影师走过来说：“吃方便面不错，拍吧！”“我的眉毛才画了一条……拍吧。”李晨干脆的回应，还开起了玩笑“要在照片里把儿化音拍出来啊！要像北京爷们儿”。破旧的胡同里，李晨穿着大牌时装啃油饼、吃方便面、喝啤酒，像个有一点痞，有一点拽的北京小爷，但是有合作精神，照顾别人的感受，让人舒服，工作中口碑极佳的李晨是靠谱好青年。

杂志中所采访的男士，对自己的工作都保持着极大的热情和动力，在工作中不断完善自我，突破自我。例如，2015 年 9 月封面故事“Rain 人气是泡沫只有实力永恒”：十年前 Rain 就说“要成为一个无法替代的人”，至今从未停下前行的脚步，“拍电视剧的时候想成为最好的演员，拿起麦克风的时候想成为最好的歌手。做练习生时总在想怎么做得更好，现在依然是这样想”在参演中国电视剧时，努力学习中文，与工作人员配合默契。

① ［美］戴安娜·克兰：《文化生产：媒体与都市艺术》，赵国鑫译，南京译林出版社 2001 年版，第 80 页。

休闲自在的生活风格

在生活风格方面，男性从给自己巨大压力的工作狂，渐渐地变得享受生活，懂得消遣，并且男性身后的场景也由办公室、酒会走向派对、郊外甚至是厨房，打造生活中休闲自在的生活方式。《男人风尚》认为，精通美食制作不失为虏获佳人芳心的一种浪漫方式，在工作之余享受轻松自在的生活方式，寻求静心凝神的爱好保持本心，如2015年9月特别专题“酷技能快操练起来”里面介绍了调酒、做饭、种菜等生活技巧，将这些技巧与改装车、格斗同称为“酷技能”，如专题中的厨师黑麦，在自家的客厅开设“黑麦厨房”，每周只招待三桌客人，他认为做饭是个充满乐趣的过程，是日常生活中难得的体验，在煎炒烹炸时会慢慢感到手脑合一，内心平静，他迷恋这种感受，并愿意努力做个快乐自由的私厨。走向厨房的男性，与在汽车栏目中追求速度和刺激的男性相比，少了野性和阳刚之气，多了一些温柔和儒雅，中和了男性野性的气质。

重情顾家的婚姻观念

在感情方面，男人们珍惜身边的爱人，注重自己的家庭，展现出一种重情顾家的好男人形象，如2015年6月明星专访刘恺威“奶爸装的‘绵薄’之力”，采访中初为人父的刘恺威透露以前买衣服以黑白灰为主，但现在会留意一些颜色鲜艳的衣服，“我希望给女儿看到好看的颜色，希望她看到鲜艳的色彩会开心”，此外他还参加了一档以下厨为主题的节目，学习了几道家常菜，锻炼厨艺，希望以后可以给妻子和女儿做一桌可口的饭菜。对于刘恺威的拍摄场景，选择的是室内，刘恺威倚靠在沙发上，手里拿着一份报纸，身边摆放着几本书、一杯咖啡和一盏台灯，家居气息十足，杂志刊登的每一张照片，刘恺威都面露笑容，十分亲切温暖。

2. 男性外在形象分类

成熟潇洒型

大叔，在日常用语中指成年和中年男子，在绝对年龄上泛指30—50岁的男性，但在非正式的场合，也用来指较为成熟获气质沉稳的男性，除人称外，用来形容一些中年男子特有的如沉稳、淡定、洒脱、深沉的气魄和风度。①

如今，虽然是外表俊美帅气的小鲜肉们横屏的时代，但沉稳内敛的成熟大叔，也颇受女性青睐。《男人风尚》以成熟的商务型男士作为目标受众，杂志中也经常推出大叔形象，大叔们的生活方式、精神追求和时尚相结合，来展示成熟男性的魅力，最具代表性的当属 Girolamo 和吴秀波。

几乎每一期的《男人风尚》中，都能找到一个大叔的身影，被称为“Leon”代表人物，他就是意大利男模 Girolamo Panzetta，1962 年出生，身高 1.76 米，他不是一个职业男模，不算高也不算帅，但却有亲和力十足的微笑和态度，是上封面上出了吉尼斯纪录的时尚偶像。Giro 不仅仅是模特，身份多元，兴趣庞杂，演戏、做电视节目、经营餐厅，无论汽车、腕表、旅行、运动都是行家级。据杂志编辑部介绍，Giro 在数不清的拍摄合作中，每次有人提出合影一定有求必应，并且是以杂志中的硬照表情动作标准加以配合，他认为“让周围人和事快乐很重要，享受这个过程，周围人会被感染”。

《男人风尚》编辑部认为另一个具“Leon”范儿的大叔是吴秀波，他是 2015 年 11 月的封面人物，1968 年出生，曾经是京城落魄的歌手，一直到 42 岁才走上人生巅峰。斑白的头发和有型的胡须，淡定从容的气质，招牌式微笑，话音缓慢而低沉令人印象深刻，他喜欢游泳和爬山。虽然大器晚成，但对于年龄问题却十分豁达，他认为“时间不是用来非得干些什么，时间是用来真正地感知它”，享受时间的人是没有遗憾的，他认为正是时间的积累，让他成为人人都爱的波叔。吴秀波贴着“大叔”的标签纵横娱乐圈，被认为是“大叔”的典型：受过高等教育，从事专职工作，职场干将，中产收入，有点儿品位，还有点儿“雅痞”（yappie）。同龄大叔

① ［美］戴安娜·克兰：《文化生产：媒体与都市艺术》，赵国鑫译，南京译林出版社 2001 年版，第 80 页。

从他窥见自身的价值，年轻男性则可以由他展望自己的未来，顺作励志。①

《男人风尚》一直在中国寻找“Leon 式大叔”，型格、涵养、成熟、潇洒、品位是在介绍大叔的男性形象时经常使用的词语。杂志中的大叔们年龄几乎在 35 岁以上，体型健硕魁梧或适度瘦削，感情专一，为人谦卑有礼，多为影视明星、模特、设计师、时装品牌 CEO、创意总监等与时尚密切相关的人士，他们对自己的生活和职业有充分的认识，对人生有深刻的感悟，非常明显而独特的办事原则，有一项比较喜好或擅长的运动项目。

都市活力型

“都市玉男”来源于 Metrosexual，1994 年由英国的马克·辛普森（Mark Simpson）首先提出，这个单词由 metropolis（都市）和 sexual（性的）复合而成，原意为“都市性别”，指代表走中性路线的都市男女。通过英国传媒的传播，意义发生了一些变化，现在专指大都市中新出现的中性化倾向男人，他们外表时尚精致、内心敏感、阴柔却不失坚强，但多数并不是同性恋或双性恋。②

在《男人风尚》中都市活力型男是杂志打造的另一类男性主体，时尚、潮流、个性、独一无二等词语常常与之联系在一起。2015 年 5 月的杂志中专访了四名都市活力型男的代表，探究他们如何在各自的世界释放自我风格，成就专属自己的时尚品位。

李道德，知名建筑师，工作努力专注，崇尚积极工作，注重享受生活的现代都市潮人，“认为时尚是一种自我表达，不必受太多束缚”。

袁成杰，全能艺人和设计师，不能接受自己用的东西是没有设计感的，衣着考究，喜欢突破传统、动感时尚、百变混搭、都市潮流和大胆创新的衣服。拥有无可挑剔的品位，总是倾心于时尚与功能并重，是适应全天候需求的着装的高品位都市型男。

① 赵晓兰、吴秀波：《“大叔”的美好时代》，《环球人物》2014 年第 10 期。

② 郭珊：《“都市型男”：时尚传播中媒体对“新人群”的建构》，《新闻大学》2005 年第 7 期。

路东，编剧、导演、旅行家，现代都市潮人，骨子里具有随时转变风格的多元化理念，具有冒险精神，喜欢实用功能与优雅格调的完美结合。“时尚应该是一种积极健康的生活态度，能给别人和自己带来快乐，一定不是哗众取宠。”

徐永明，著名时尚摄影师，时尚就是穿出自己的态度，“你要穿出自己的风格，最重要的是融入自己的情绪，融入你的内心态度。”喜欢自由打造个人专属风格，不受惯例的限制。

四位都市活力型男的专访，可以发现，都市型男们是新一代都市潮人，拥有自己的职业，多为从事创作、设计、演艺等职业，年龄在25—35岁，对生活保持热情和活力，穿着讲究搭配，兴趣爱好广泛，有自己的个性和行事风格，明确自己的追求，对自己的生活有规划；同时富有冒险精神，喜欢尝试新的事物，对周围事物保持新鲜感；品位颇佳，对时尚见解独到。

第四节　媒介拟态消费环境意义建构机制研究

纯粹的消费信息已经越来越不适应现代社会的要求，传播消费信息的方式在原来的“资讯告知”板块内容外，更多的通过图文并茂、声光影的隐形配搭环境方式，为受众营造一个体现着美好生活方式和未来憧憬的消费文化氛围。

一　消费的风格化

消费的风格化经典诠释即为媒介采取联想、认同、意义的赋予与编织，将商品抽象化、符号化、概念化，满足人们的美好设想，从而建构拟态消费环境。

（一）编码逻辑：意义的差异化生产

社会生产力从以满足人们的基本物质生活需求为目标转移到对精神需求的关注，由此带来了商品不再仅限于功能需求的满足，更多的将重心移至符号意义的建构变化。商品意义空间和消费环境的建设旨在充实受众的生活愿景和美好期望。

玫瑰和巧克力寓意着爱情的表白，劳斯莱斯、宝马豪车座驾总让人联想上层社会地位，这些具体可感的物质与意义的关联逻辑来自特殊编码规则的安排与组合。生产的消费信息实质就是以文化符号为表达手段实现消费的意义为最终指向。阿伯克龙比（Nicholas Abercrombie）指出："现代消费不光是概念的消费，它还是一种游戏的消费，特别是玩弄意义的游戏消费。"[①] 在此规则下，德芙巧克力不是高卡路里的易增肥甜品，其细腻爽滑的口感指征着甜蜜爱情的滋润，"年年得福，年年德芙"以亲情象征为诉诸手段，汽车不止是四个轮子的出行工具，它代表着对自由生活的勇敢追求，是爱的旅行以及男人的事业的成功和社会地位层次的体现（图 2－14）。

随着社会生活的快节奏，时尚潮流在不断地更新淘汰，消费意义在新旧之间更迭的速度也在加快。日常生活的时尚流行以符号化、概念化的方式融入，受众处于消亡和循环的意义冲击当中，需要通过消费确认自我身份以及寻找自我文化认同感。

（二）"区隔"方式：生活方式与品位

媒介拟态消费环境的建构采用差异化和区别不同的生活方式，从而在受众脑海中产生意义等级序列的区分。

20 世纪中后期，西方许多国家相继步入消费社会阶段，生活方式发生了转变，消费方式研究成为西方生活方式的研究重点。莱恩·汤姆斯（Lyn Thomas）对生活方式（Lifestyle）一词进行了明晰，他认为

① ［英］西莉亚·卢瑞：《消费文化》，张萍译，南京大学出版社 2003 年版，第 44 页。

图 2-14 汽车承载的意义

资料来源：网络。

生活方式涉及身份确认和文化认同感的主题，受到民族、阶级、性别、种族等因子的影响，但没有与这些因素有直接必然的关联性。他指出，大卫·切尼（David Chaney）将“生活的方式”（Ways of life）和“生活方式”（Lifestyles）作了区分，“生活的方式”根植于社会阶级并与“多多少少具有稳固性的社区”相联系，“生活方式”是“拥有共同规范、习惯、社会秩序模式的群体”的生活方式，生活方式在时间上具有更为短暂的意味，是现代性的表征，因为它们从日益增长的消费和闲暇机会条件下演化而来，这些机会为生活方式、风格的选择提供了可能。[①] 正是由于这些多样的选择，为消费信息的传播、拟态消费环境构建进行生活方式的区分和选择提供了可能性，编码逻辑将差序意义与生活方式相勾连。

① Lyn Thomas, Alternative Realities: Downshifting Narratives in Contemporary Lifestyle Television, *Cultural Studies*, 2008, 22 (5).

生活方式在媒介拟态消费环境的建构中，寓意颇多，一个人选择什么样的生活方式就体现着他的品位高低与否，也就代表着人与人之间的身份、地位差别。商品与生活方式紧密相连，拥有了某种商品也就拥有站在不同层次人群的入场券，随之而来的是社会对你相应的社会地位和某种身份的认可。不同的商品承载着具有差别性的人的关系，在相应的社会空间建构符号体系，像房地产广告突出宣传府邸，别苑、贵族、主流人群等词此外，生活方式由特定商品符号指征，个人在选择与消费商品的过程既是实现自我的过程，亦是身份认同和群体归属感的实现过程。因此，被赋予深刻意义的烹饪方式、服饰购买、家居装饰，成为一种群体身份的象征。为构建拟态消费环境，品位是一份不可缺失的编码工具，个人在获得代表着品位的生活方式来为自我身份赋值。文化概念和符号在传播消费信息时重新编织。“Chanel说不用香水的女人是没有前途的，Tom ford说不穿高跟鞋的女人是不性感的……”① 此类贴标签地方法被媒介当成时尚教科书反复宣传。“生活品质”是媒介的口号，努力工作的目的和意义，是为了奔向更好的生活品质。品质散佚于各种优雅享乐、格调餐饮和高端品牌服饰上，是《欲望都市》里主人公们高雅生活方式的写照和场景还原：衣着优质高档，穿梭在时尚名牌店，偶尔漫步海滩，晚上参加party品着红酒共度烛光晚会。

在新时代我们有生活方式的选择权，生活方式伴随着社会压力应运而生，不局限于为解决生活中的琐屑小事方面。社会关系摆脱现代社会的规则束缚，在破碎断裂的生活空间重新滋长，由时空地带和地方性场景塑造，经验传承在新的场域交界点出现裂缝。此外，由于新型市场和消费信息的文化传播带来了递增的文化资本门槛，这就为专家系统提供了空前绝后的施展平台和机会。各式各样的专家决策，为消费者的生活方式给予建议和决策，问题不在于令人眼花缭乱的生活方式的选择范围

① 《时尚 *Cosmopolitan*》2005年第8期。

之大，更多的在于专家的名人光环效应，以至于专家系统遍及社会的各个角落，影响涉及家庭私人生活、经济决策、社会交往以及心理体验等方方面面。

二　消费信息型构——意义的选择与重组机制

拟态消费环境的建构往往以符号化的方式展开信息传播。瑞士语言学家索绪尔（F. de. Sassure）把符号区分为两块：能指（Signifier）和所指（Signified）。能指以符号的外在形象展示，包括声音和形象，所指表现为符号的内在意涵，即符号的能指所引发的人们内心的想象和联想，两者的关系没有固定之分。符号从符号系统中获得意义，符号与同一系统中其他符号"差异"，或"对立"的关系，决定了符号在系统结构中的位置。符号组合关系有两类：句段关系和联想关系。句段关系（Syntagmatic）是一种组合关系，是指在既定的序列中受规则制约的符号组合，联想关系（Paradigmatic）指有某些共同点的符号在人们记忆里构成的集合。[①] 前者为横组合，后者为纵聚合。索绪尔在能指和所指方面的区分和界定，就给我们打开了一扇认识媒介消费信息构造的大门。由于符号的意涵是人为的，由各方面历史、社会、文化因素造就，也就是说能指和所致的关系存在巨大的改造潜力机会。如何传播消费信息，就在于如何借助符号制造差异，其实质就是将能指与所指的关系进行新的排列组合，从中添加新的成分或构造新的链接，从而生产出新的意义。意义的重新产生，对于模拟和重塑消费信息环境，类似于开拓了崭新的消费疆域。

（一）能指—所指的拆分和组合

能指与所指的重新排列组合与拆分，给新意义的生成创造了巨大的潜

① ［瑞士］费尔迪南·德·索绪尔：《普通语言学教程》，高铭凯译，商务印书馆 1980 年版，第 102—104、167—168、170—171 页。

力空间。

在汽车广告中，对于此符号“车”，能指即是作为字体的“车”的声音和形象，在寻常生活中，车的所指即为陆地交通工具的一种。到了广告意境中，意义却各有不同。各种名车品牌在汽车广告中，以被强调的名车代替能指。如用 Lexus，Volvo，Ci，直接代替“车”符号指征，造就了此所指的象征着不同意涵的新能指。雷克萨斯 F 车系是“Fuji Speedway”，是纯正的赛车血统，出生高贵。沃尔沃代表着“安全”“强大”和“从容”，雪铁龙车则是“这很法国”。由此，将车与三个新的名字进行排列组合，即产生了新的所指。在消费者眼里能指与所指的差异组合和排列，乃是横组合的拆解和完成的过程，新的意义在此过程中孕育产生。

图 2 - 15 这则新奥迪 A1 的平面媒体广告，开篇即将“进取、独立”这个能指拆分为具体可见的一辆车、一件衫、一启一停、一针一线、左页图中短发阔腿裤面带自信微笑的女性形象等新能指。

对于所指的面向，消费信息的传播带来了新的阐释空间，相对言语行为而论，能指与所指的联系早有约定，所指的意义本当是消费信息介绍的商品，从传统观点看，说来说去就是“车”，但是此类看似直接易懂的诠释媒介消费信息型构过程中有着新的变化，约定俗成的相应含义已经消亡。恰恰是此类差异为消费信息的传播拓展了空间。

新奥迪 A1 的这则平面广告中，“一辆车”的能指又被拆分为几个更细节的新能指：

No 1：个性之美——座驾展示自己的审美品位和个性魅力

No 2：性能之优——让科技带给自己最温柔贴心，又充满阳刚之气的宠爱

No 3：娱己之乐——选择一辆好的车就像选择一个好的爱人，疲惫的时候提供一个温暖的怀抱

进取、独立
是时尚征途的迅猛座驾

你的梦想还在吗？或者说，你的独立精神是否依旧？纯粹的去追求生活中美好的事物，去创造，并懂得享受它所带给你的乐趣，这便是一种对于热爱和梦想的皈依。一辆车、一件衣、一启一停、一针一线，融汇在细节的年轻的进取心，用独立的创造，去启迪未来。

NO1 个性之美

NO2 性能之优

新奥迪 A1——创新科技之作，启迪时尚生活

图 2－15　能指的拆解

资料来源：《进取、独立　是时尚征途的迅猛座驾》，《时尚 *COSMOPOLITAN*》2016 年第 2 期。

新奥迪 A1 的广告中，每一个层面的能指指向的所指分别是：外观、高科技、爱自己的生活方式。每一支汽车广告里，分别强调车的局部或不同的性能，却不从“车”的整体方面进行宣传，当你将一系列的广告组合观赏时，一辆新的奥迪 A1 在脑海中开始出现完整的形象。

（二）横组合—纵聚合的拆解与合并

能指与所指拆解组合形成的差异创造出新的能指与所指甚至不同的意义，在横组合与纵聚合的合并拆解过程中传播新的消费信息，差异仍在其中功不可没。

以电视广告中格力空调为例，一部立式空调占据画面主体，根据通常的横组合纵聚合规则，空调摆放的场景应该是室内的某个空间，如客厅，然而，在这支广告中，空调摆放在森林里。洗发水，为了强调洗发水促进头皮呼吸的作用，女主角置身于广袤的海洋，头上的气泡一个一个冒起，杯子里盛放的应该是水，却是冰爽的海洋从杯中流过。果汁萃取于新鲜果

肉，而广告中经常出现“揉取的阳光果肉”广告词，按照言语行为的固定搭配，空调摆放在室内，杯子盛放水和饮料，应当列为相同的纵聚合，却被插入另类纵聚合的呼吸的海洋，纯净自然的森林、健康，揉碎重组成阳光果肉新的横组合，突破常人思维的位置变换出现在广告文本里，具有与众不同的冲击力和感染力。把两个没有任何关联的纵聚合元素进行拆分与重组，合并成一个新的横组合，除了给受众制造了全新的概念体验，还为消费新的传播创造了新的可能。与此相似的还有“到书店展示服装，到服装店培养气质，情人节到了，“选一款爱你的男神带回家”（图 2－16）——男神像女人逛街时等待被挑选的衣物一样，用衣架挂在衣橱内，“衣服是这个时代最后的美好环境”……用创造性的先破后立方式，按照编码逻辑，凝聚两个纵聚合不同的性能和特点。

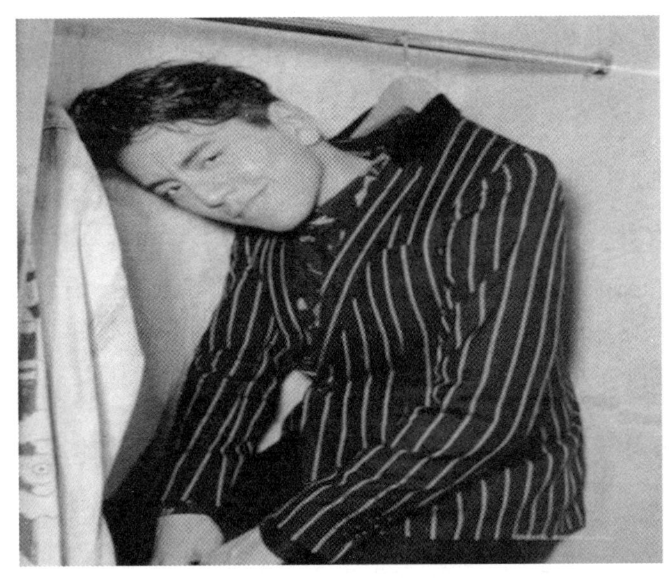

图 2－16　“选一款爱你的男神带回家”

资料来源：《选一款爱你的男神带回家》，《时尚 *COSMOPOLITAN*》2016 年第 2 期。

三　消费信息配置——互文机制和“副本”的“构成化”

互文机制和“副本”的“构成化”机制组成了消费信息的配置机制。

全媒体跨媒介的互动多介质传播，将受众包围在严丝合缝的消费信息密网中。副本的构成化穿越过去与未来的时空，混杂的元素为媒介消费信息创造了一个以主我意识安排的新天地。

（一）媒介融合与消费信息互文机制

在网络技术发展基础上，光纤电视、杂志、网络视频直播，电台广播，对于受众的消费信息传播形成了一个包围圈，观众足不出户，远离尘嚣，在日常生活中也无法不接触到各种媒介影像信息。融媒体时代的到来，进一步加深了媒介之间彼此呼应，共通流传的互文程度。

在《电视文化》一书中，约翰·费斯克（John Fiske）指出，媒介文本在生产意义的过程中，互文机制从两个维度发挥着主要的作用：水平维度和垂直维度。水平维度的互文状态采用类型片、内容和角色等方式，呈现出不同文本在媒介上的勾连性，常见的如火热的电视剧剧集，美剧文本尤为突出，形式各样的流通于不同的媒介，不仅现身于电视，还被拍成电影，人物形象出现于门户网站、时尚杂志、社交媒体。漫威的很多动漫被拍成电影，如《美国队长》《X 战警》，而许多网络热捧的小说近年来被改编成电视剧《甄嬛传》《步步惊心》。垂直维度的互文性含义即为多种文本之间的相互照应，在费斯克看来垂直的互文性文本之间的转换时，表现尤为明显，如一部动画片的火爆，可带动杂志、电影、游戏和漫画等次文本形式跟进和衍生，文本彼此之间相互促进。受众在文本转换的互文性中，更好地打破媒介文本之间的限制，沉浸于互文性所构筑的意义氛围。以近年来的现象级传播事件“双十一”为例，商家广告，电视直播，网台互动，各种媒介渠道紧密配合，无缝拼接建构着受众的消费资讯空间（图 2－17）。

许多广告通过指涉影视剧或其他媒介形式而迅速获得较高的认知度。电视剧《是！尚先生》《漂亮的李慧珍》以时尚圈为背景展开故事，电视屏幕上有百看不厌的高颜值主演，眼花缭乱的时装秀和如影随形的植入式广告，网络上各类宣传软文造势，时尚杂志、娱乐节目专访提升知名度传

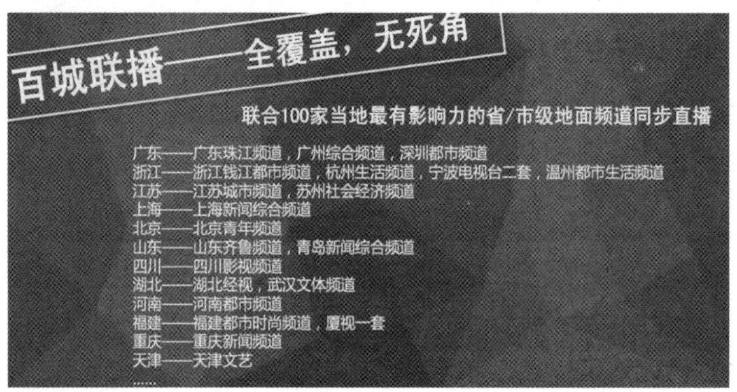

图 2－17　“双 11”的媒介互文①

资料来源：湖南卫视。

播品牌信息。《微微一笑很倾城》，这部简单浪漫的爱情电视剧还没播映，《今日头条》等各种网络媒体到剧场实地跟拍现场追踪，放出剧照，紧抓话题，各类杂志、视频、APP 竞相报道，相关剧评人，导演制作人点评打分，最后又与电影版《微微一笑很倾城》互相比较，博取受众眼球，进一步印证垂直维度的互文机制是传播消费信息的不二法门。

若论及经济层面，跨媒介、跨国家集团在媒介所有权方面渐趋垄断，而产生互文性的动力源泉来自利益的追求。互文性较为成功，并且形成了副产品的专业产业链的有动画片《喜羊羊与灰太狼》。它在国内的火爆驱动了杂志、游戏、电影、网站及周边产业的发展，这种跨媒介跨产业的方式不仅利益双赢，也将消费信息渗透人们日常生活的每个细节中。近年来，风靡一时的电视剧《三生三世十里桃花》《何以笙箫默》，无不是来自网络人气小说的改编，紧接其后电影版的上映，都是遵循了互文性的规律。

（二）“信息方式”：“副本”的“构成化”过程

为了准确定义电子媒体时代的交流方式，借用马克思的生产方式概

---

① 本书所有湖南卫视内部资料，均获得允许后使用。

念，马克·波斯特（Mark Poster）提出“信息方式”概念，以暗示历史可能按符号交换方式和信息交换的型构被区分为不同的时期。[①] 消费信息的信息方式，由一连串的“副本”的“构成化”过程拼贴而成。

随着数字化技术的高度完善，媒介消费信息的素材范围由现实生活走向了虚拟世界。模拟和重塑拟态消费环境场景可以利用新型媒介技术，依自己的创意和想法为参照物，构造一个真实与虚拟元素混杂的异域空间和另类消费世界。消费信息在以数字合成方式创造的新的现实生活场景拼贴而成，按照新的编码逻辑组合，摆脱墨守成规的概念束缚。先进的电脑技术足以任意还原传统神话故事的画面，使现代人物身临其境，实现过去与现在、真实与虚拟的交融，让视觉在想象的空间和创意的设计肆意挥洒、尽情感受，时空的拼贴撷取构筑了媒介拟态消费环境展现手段。

剧集中的原生广告，将剧中角色从情节中剥离出来，在一集中间或集与集之间，将剧中角色从情节中剥离出来，忽然置入广告情境当中。依云矿泉水广告中，蜘蛛侠飞檐走壁扮酷耍帅时，忽然在远处的镜子中看到了年轻时的小号自己，好胜心强的蜘蛛侠与萌版小蜘蛛侠展开了比赛，表演自己的特长，传达“drink pure and natural, live young”的品牌理念。中秋佳节，赵丽颖化身仙女嫦娥形象，为了品尝德芙巧克力，和玉兔从月宫下凡而来，这种仙界与现实生活场景的转换在广告中经常出现。消费信息往往由商品赋予美好的含义与象征构成，广告中积极的人物形象，或美丽高贵，或闲庭信步，在拼贴的时空场景演绎艺术的生活。想象借助科技得以实现，也为消费信息的传播增添了几许魅力。脉动维生素饮料广告中，一群年轻人和一只大猩猩因为对脉动的喜爱，成为好朋友，大猩猩拿着自拍杆和大家一起玩自拍。梅西、卡卡、亨利等足球明星，出现在百事可乐的

① ［美］马克·波斯特:《信息方式——后结构主义与社会语境》，范静哗，商务印书馆2000年版，第13页。

一支广告中，他们身着百事可乐 Logo 休闲牛仔衣，现身在非洲集市，为了在当地获得百事可乐，答应当地人踢球获胜的比赛方式要求，随着周围村民的不断加入，大家手舞足蹈形成一个动态比赛球场，广告以球星取胜，满足地喝到可乐为结束画面。这是由媒介编织的美好图景，无法在现实中实现。

第三章 场域冲突：媒介“消费精英”空间的生产

中国媒介拟态消费环境建构过程中，社会分层的各种概念被不断炒热，通过“白领”“小资”“中产”“精英”等概念，媒介将最具购买力的人群锁定为目标受众，将其分类、贴上标签，为每个时期的“精英”们精心构建着消费活动空间。这些新兴社会阶层受到媒介关注的原因，来自他们所承载的消费意义，他们是时尚生活方式的符号，代表着某种生活的品牌，而并非源于社会结构变迁因素和专业技能层面，这些人群的媒介镜像呈现共同的维度：消费精英。他们是拥有丰厚经济资本和消费文化资本的新型群体，作为媒介拟态消费环境中的主要行动者，在各种“构成化”的消费场景当中，娴熟操弄着各种消费元素。消费精英的形象、其所处的媒介消费场景、商品、意象共同组构的空间，便是媒介的“消费精英”空间。它将目标受众定位于现实生活当中拥有较高经济资本和消费文化资本的新兴社会阶层。媒介拟态消费环境场域构型的总体面向是一种“消费精英”空间的生产，这个空间与中国社会的消费现实叠加缠绕，有很多的交集，建构了中国新兴社会阶层的社会图景和生活愿景，又有着很多的错位误读，呈现出一种失重的漂浮感：在媒介精心打造的“消费精英”空间中，幸福的允诺是一种永恒的静止，精英人群的成功与消费具有同等的内涵，一些面向被无限放大并理想化，一些面向被悄然遮蔽，社会场域中居于较劣势位置的边缘阶层淡出视野，繁复新巧的消费景观驳杂并置，色彩纷呈，消费客体持续延伸，不断流变，这个空间一切意义和行动的指向落点是消费。

第一节　阶层冲突：空间的阶层区隔与场域变迁

1992 年以后，中央政府对宏观经济政策作出重大调整。减员增效、下岗分流、优化组合等市场机制的引入和国有企业改革的系列政策，20 世纪 90 年代末，城市住房、医疗、养老、就业四大体制改革，重新配置了中国社会的资源，改变了中国社会的分层结构。这一过程中，最引人瞩目的变化是中国社会的两极分化，一方面，城市“新富阶层”开始崛起，生活方式带有明显的消费生活特征，另一方面，在新一轮的时代变革中，很多的人群逐步被挤压至边缘地带。中国社会的断裂带既发生在城市和乡村之间，又发生于城市内部，断裂带来的冲突在中国社会的多个结构面向上呈现出来。[①] 在这样的时代背景下，对于现实消费世界的呈现，中国传媒拟态消费环境具有明显阶层偏向。对于新兴社会阶层的分类、命名和建构过程，或是某些人群既有或期待的幸福生活形态，媒介都以商品和消费为指标体系，给出了具体的定义，媒介生产的一系列生活方式如同橱窗里的商品，等待着被注视和选择。

一　“白领”“小资”“中产阶级”“精英人士”的话语呈现

市场定位是媒介“消费精英”空间建构的首要体现，媒体纷纷将城市新兴阶层锁定为目标受众，建构了宣称要为其服务的“白领”“小资”“中产阶级”“精英人士”等系列阶层概念。媒介建构并赋予这些群体生活以

① 孙立平：《失衡：断裂社会的运作逻辑》，社会科学文献出版社 2004 年版，第 5 页。

意义，将它们定义为科学健康、契合潮流的生活模式，大众生活的规范，这类媒介的迅速崛起及包含上述群体特定价值取向、生活形式的消费信息在媒介得到最强有力的表现。

1987 年，改革开放的社会大环境下，新兴行业带动了新兴社会阶层的兴起，赖特·米尔斯（Charles Wright Mills）的《白领：美国的中产阶级》（*White Colar*：*the American Middle Classes*）一书适时登陆中国大陆。在米尔斯看来，“白领”是一种涵盖很广的职业代码，包括办公室的办事员、打字员、推销员等，他们绝大部分收入并不丰厚，属于中下层的职业人群。而在中国，在媒介的推动下，“白领”的内涵却发生很大的变化，被置换成了一种身份标识。“白领”与“外企”连接起来，“外企白领”是令人羡慕的人群，高学历，流利的英语，CBD 地段的高端写字楼，高薪好品位，中国社会优质生活形态的表征。1998 年，美国社会学家保罗·福塞尔（Paul Fussell）的著作《格调：社会等级与生活品味》（*Class*：*A Guide Through the Ameirican Status System*）在中国出版，成为 1999 年各大媒体热议的话题。这本书分析了不同的生活品位，架构了对上、中、下层阶级的区分指标。这只是序曲，中国媒介延续了书中生活品位、阶级区隔的讨论，架构了从“白领”到“小资”“中产阶级”“精英人士”等消费能力不断升级的不同社会阶层身份。20 世纪 90 年代后期和 21 世纪初，“小资”迅速崛起。以刊登在《三联生活周刊》的“小资的自摸与十三不靠”一文，[①] 和《上海壹周》的“小资打假”[②] 专题为号角，小资文化席卷各大媒体，攻城略地。20 世纪末，《北京青年报》推出了系列专题“寻找城市中间人群”，对中产阶层进行了职业特性和收入水平的初步描绘，媒介的中产之旅就此出发。[③] 2001 年 11 月，《新周刊》封面预告了“忽然中产”作为专题，内页细致阐释了中产阶级的经济资本和文化

---

① 《小资的自摸与十三不靠》，《三联生活周刊》2001 年 5 月 7 日至 14 日合刊总第 142 期。

② 《小资打假》，《上海壹周》2002 年 3 月 14 日第 B1—B5 版。

③ 详见《中国青年报》2000 年 11 月 6、13、27 号系列专题。

资本门槛。[①] 2001 年 12 月，《经济观察报》发表了题为“正视社会分层”的评论，论述中产阶层的兴起。[②] 媒介与中国包括制造商、公司经理、服务供应商的商界合作，最早将中产阶级一说从抽象的学术话题变成了全社会的热门话题。

《申江服务导报》《上海壹周》《外滩画报》《上海星期三》等报纸，高举“白领”“小资”报刊的大旗，为这一群体提供全方位的服务，引领生活方式，如“让眼光比生活高一点”“和 Levi's 一起原创”“咖啡拉花系列课，浓浓上海小资味！”“创意后现代居家”等，提高受众消费欲望。《申江服务导报》则设“白领心事”专栏，一些很“小资”情调的散文、小说、随笔类的文章开始在这些报纸上崭露头角，编织着“小资”们特立独行，而又有些孤芳自赏的情怀。诚然，这些文章都无法忽略对优质生活散淡气质的描述，让消费的空气弥散，各地的都市报纷纷改版跟进。《经济观察报》2001 年 5 月 21 日，在其广告招商文案中有这么一段话：“你的消费者是一个居住在中心城市的男性公民，他对经济产业、商业、家电业、金融证券业、房地产业、信息服务业等行业有高度的关注度，他的年龄在 25—40 岁，受过良好的教育，对新生事物敏感，有国际化的视角和对外域文化的包容力，过着一种压力下的优雅生活。”其中产阶级倾向一展无遗。中产阶级的市场定位之外，《经济观察报》更是推出“生活方式”版面，以推介城市中产阶级包括有关汽车、财务、居家等话题的生活方式，透过更为精细的生活品位认同，建构中产阶级的生活方式。北京大学的李政亮博士小范围统计了在他的一篇论文中论及的“小资”“中产阶级”报刊[③]（表 3－1）。

---

① 《新周刊》2001 年总第 118 期。

② 《正视社会分层》，《经济观察报》（2001 年 12 月 17 日）［2009 年 12 月 7 日］，http：//edu. beelink. com. cn/20011217/363615. shtml。

③ 李政亮：《平面媒体的社会身份想象与“舆论导向”的达成》，《文化研究月报》2003 年第 27 期，http：csa_ tw@ yahoo. com. tw。

表 3-1　　平面媒体的身份想象

平面媒体名称	所属财团名称	属性	价格（人民币）	阶级论述
《新周刊》	三九集团	时事生活	15	中产阶级
《北京青年报》	北京日报报业集团	综合新闻	1	城市中间人群
《北京电视周刊》	北京广播影视集团	影视娱乐	2	小资
《三联生活周刊》	Tom. com 国康	新闻文化	5. 8	小资
《东方》	不详	知识分子议论	12	中产阶级

资料来源：李政亮，2003。

之后，精英人群、波波族（Bobos）、IF（International Freeman）、新贵的新概念又开始兴起。精英人群概念的兴起，与中国加入 WTO 后国人日益增长的全球性视野契合。从媒介对阶层建构的论述来看，白领、小资是中产的预备役大军或位于中产阶级的低端，而精英人群则要么位于与上层阶级交界，目标跻身“上流”的中产阶级的高端位置，要么已经成功跻身上层阶级。精英人群拥有可观的经济和文化资本，在全球范围内寻求发展机会和生活地点，生活的重点不在谋生而是追求自我实现的卓越表现，挑剔是对生活品质的必然态度，这些特征都是坐在星巴克里寻求标识，文化资本有一定积累、经济资本尚欠缺的白领、小资未能企及，也是一心焦虑地关注买房买车投资子女的中产尚未达到的高度。《名牌》杂志创立的初衷，是打造中国版的 *Vanity Fair*（《名利场》）。李军奇先生这样定位“精英”：核心特征是在某个行业内拥有“话语权”和“影响力”①，《周末画报》声称“捕捉中国超级消费群的媒体，目标受众是 20—45 岁、个人年收入达 8 万元人民币以上的大都市精英”②，《外滩画报》在其编辑寄语中，将自身定位为“面向城市精英人群——突破传统周报单纯作为生活资讯传递者的局限，满足中国精英人群高品质阅读要求，成为国际化时尚生活的倡导者，备受城市新兴精英推崇，正在带动整个中国城市的时

① 来自对李军奇先生本人的访谈。

② 《周末画报》，《中国出版网》［2017 年 8 月 7 日］，http：//www. chuban. cc/rdjj/cmcx3/cmxl/ljby/200711/t20071115_ 30111. html。

尚观念”。[①] 2005 年 11 月，《精品购物指南》强势推出了八开本 100 版《品位・新奢侈主义系列专刊》，倡导都市“主流人群”的“趋优消费”追求，引领“新奢侈主义”风潮，成功吸引了生活话题。《财智论语》周末 7：30 在中央电视台证券资讯频道准时播出，每期都会邀请一位商界领袖做客演播室。作为一档大型财经人物访谈栏目，节目旨在突出高品位、时代感、前瞻性、感染力和震撼性，内容以精彩人物、犀利评论、独到见解为主要特色，该词条主页上也一并展示着形象“精英”的主持人照片。小说、影作品中的主角的场景设置也总是很“小资”或“中产”。《金牌律师》《何以笙箫默》《亲爱的翻译官》到处晃动着高收入“专业人士”和总裁，他们有自己独立的办公室，开豪车，住别墅和高级公寓，随便吃昂贵正宗的日本料理，空中飞人似的出差、旅行。中产之后是“新中产”，或又称“新社会阶层”。早在 2002 年，中共十六大就确认了“新社会阶层”的存在，当时媒体的注意力还在“小资”上，2016 年 12 月，中国社会科学院、社科文献出版社共同发布的《社会蓝皮书：2017 年中国社会形势分析与预测》，正式确认了近几年来频繁出现于各大媒体的新的社会阶层概念——“新社会阶层”。高收入、高消费、工作强度大、生活节奏快，是新社会阶层群体的主要特征。这是上海市新社会阶层的结构分布（见图 3 - 1）。

新社会阶层大约有 7200 万人，和中产阶层存在着一定的重叠，但也存在着差异，一部分新社会阶层在收入、不动产和工作性质上属于中产的预备梯队。新社会阶层成为媒体关注的新宠，着力渲染描绘其消费画像：高消费、理性、重品质……

二 “工作，为了消费”的阶层态度表达

在新兴社会阶层的消费镜像呈现中，工作成了热议的主题，当然，工

① 《〈外滩画报〉寄语》，《新浪新闻中心》（2006 年 11 月 16 日）［2009 年 12 月 8 日］，http：//news. sina. com. cn/c/2006 - 11 - 16/144011535407. shtml。

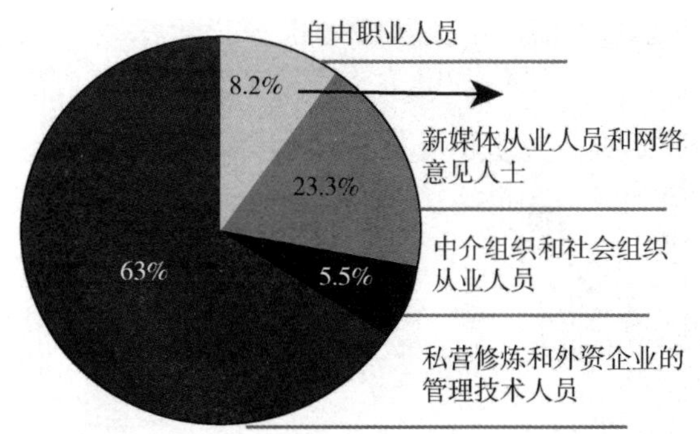

图 3－1　上海新的社会阶层规模结构

资料来源：《新社会阶层和中产阶层究竟有哪些区别》，《搜狐财经》（2017 年 1 月 16 日）［2017 年 1 月 18 日］，http：//www. sohu. com/a/124455167_567654。

作在这里的意义是由消费来界定的，已失去了其固有的“生产”意义。工作—消费，工作是消费再生产的必要机制，这就是媒介“消费精英”工作的意义。工作出现在消费信息的传播中有两种场景设定：作为各类“精英”人士行动的承载，或是一种身份甄别的标志，以此陈列他们高端的国际化品质生活；高强度工作是精英们幸福生活的阻碍，而消费能将这些阻碍统统扫清。

在《漂亮的李慧珍》《苏菲日记》《潮流教主》这类跨媒体时尚互动影视剧中，工作是“压力下的优雅生活”，各种消费信息被顺理成章地陈列出来。工作是展示定制的职业套装，精致妆容，流利谈吐，大牌手袋，空中飞人用各国语言进行商务谈判的国际范的最佳舞台。时尚刊物则表现得更加细致贴心，为了提升你的工作表现，为你精心挑选了案头上摆放的小牛皮小羊皮封皮的手账本，最具文艺气息的 Lamy 钢笔当然必不可缺。年底了，“又是辞旧迎新、答谢客户的酒会季，偏偏这时候容易因加班显得气色疲倦、精神黯淡。年底可以通过艳丽的颜色，驱除累积的疲惫心态，让老板和大客户都关注到你的饱满热情”（图 3－2）。

图 3-2　Bobbi Brown 圣诞限定广告

资料来源：《年底圣诞你最红》，《瑞丽伊人风尚》2014 年第 12 期。

在高尔夫球场和客户谈生意，怎样的行头助力马到功成。他们甚至细致地替你考虑工作行程："SPA 已经成为一种生活方式，它是宠爱自己的象征……当全球旅行已经成为商务女性的固定日程，为何不把优质的 SPA 添加到你的行程当中？"[①] 一年当中最隆重的春节将至，亲情最是触动心底：忙碌了一年，不就是为了给家人带来幸福么，赶紧把最适合全家出游的座驾开回家，一家老小自驾去吧！[②] 汽车广告片即是终于长大的儿子为辛劳了一辈子、白发苍苍的父亲送上一辆车，再附上一家人快乐出游的精美照片，颇具鼓动力。"年底，给自己一年的努力准备一份礼。就是这个宽容而富于理性的手袋吧，有了它就像添了个助理，时间和事物都变得有序了。"[③] 显然，工作是媒介消费精英镜像生产的由头，是媒介拟态消费环境建构重要空间场景和符号载体，媒介反复渲染一种气氛和心境，这一切

① 《一生必去的 14 家 SPA》，《时尚》2007 年第 11 期。

② 《带着家人一起上路》，《伊周》2009 年第 38 期。

③ 《以宠爱之名》，《瑞丽》2007 年第 12 期。

都是对幸福对自己的投资。日益精细发展地现代营销战略直击心弦地展示完毕，附上一句：你值得拥有，让人心旌摇荡，消弭大笔花钱的罪恶感。工作压力大，他们为你筹划奖赏自己的方式，买一件价格不菲的大衣，来一场说走就走的旅行，上米其林餐厅点上一份精致昂贵的料理，等等。以犒劳自己工作的辛苦为由将奢侈消费合理化，媒介企图拨动高消费力人群心底的弦，传播的是一种 Work Hard，Play Hard（努力工作，尽情享受生活）的人生态度，即对自我实现和成就的确认感。

工作的另一重意义，在于它是精英人群面临的问题和挑战，需要通过消费才能获得救赎。上文观察到的合理化机制模式之外，“工作，然后消费”，在此是一种问题解决机制。工作威胁了精英人群的健康，“工作十分繁忙，经常需要飞往各地处理事务，压力大，经常变换时差等让肌肤越来越敏感，偶尔被风一吹就变红、变干”，接着祭出商品神器，阐释解决之道。[①]“厌恶了高压的工作了吧，不要让亚健康毁了一年的美好，换个好环境，总有一个舒适的角落，让你重新充满能量”，接下来推荐的是去埃及来场文化静心之旅，去法国街头做个艺术家，徜徉卢浮宫思考下历史，呼吸尼罗河原始的腥味，去某个小岛享受特色 SPA，或是去热情的南美展开一场探奇之旅，去阿根廷让眼睛接受洗礼，去海上玫瑰餐厅满足味蕾，“越忙碌越优雅”……（图 3－3）。

《杜拉拉追婚记》非常直白地将工作与消费画上连接号。

> 场景 1：办公室。阿乐一向嘲笑杜拉拉的穿衣品位，晚上加班。
>
> 阿乐：快去回家陪男朋友吧。
>
> 杜拉拉：你怎么知道我有男朋友？
>
> 阿乐：你每天穿成这副鬼样子要还是单身的话，那确实是雪上加霜。
>
> 场景 2：因工作需要，阿乐对杜拉拉的着装忍无可忍的情况下，

① 《为美容时间管理建立坐标轴》，《瑞丽》2009 年第 12 期。

图 3－3　瑞丽杂志封面

资料来源：《瑞丽伊人风尚》2014 年第 10 期。

拉开曲总（精英女性的符号）办公室的衣柜门，原来里面是一个消费的豪华宫殿，音乐响起，杜拉拉错愕的表情。

阿乐：欢迎来到曲小姐的秘密基地衣帽间挑选礼服裙。

当杜拉拉最终一袭白裙出现的时候，

阿乐：女人工作和生活的意义，都在这样一个小小的 logo 上……如果你不喜欢身上这件名牌，要换回做饭的围裙，我不拦你。

工作的意义在于名牌，做饭的围裙被置于对立的位置。

在消费主义面前，一切都被折算成金钱和购买力，生活、工作，包括感情。精英人士的时间能创造出高价值，重要的时刻没法陪伴在家人和朋友的身边，媒介设想得非常周到，给你爱的人准备一份丰厚别致的礼物，表达你的爱和歉意吧。“Spirit of Watch and Jewelry”，这是《瑞丽伊人风尚》2014 年 12 月推出的一篇文章。先以设计师的名言开篇：珠宝是为身体而生的艺术，以一种有形的、美丽的形式来代表你。而 Tiffany 的 T 型戒指正是摩登生活和纽约城市气质的符号象征。它代表着现代女性垂直有力的能量和不乏棱角的态度：热爱生活，不露锋芒，希望拥有一切，从不疲倦从不讲些平凡的东西，像奇妙的黄色罗马烟火那样不停地喷发火花——这正像身处现代都市的你。接下来是“为爱人送上爱的珠宝”，首先是“治愈的爱”，送给闺蜜，然后是“热烈的爱”，送给“他”，最后是“深沉的爱”，送给母亲。① 媒体为受众提供选择范围丰富的“完美礼物清单”，从500元一只的水杯，几千元一条的皮带，上万元的包包，到几百万元、上千万元的名表和豪车。《蜗居》《裸婚时代》《北京爱情故事》到《欢乐颂》，在精良制作的外衣下，包裹的是内核的真实，充满了当代性与现实感。《欢乐颂》是中国近年来首部以彰显的阶层视野观照都市生活的电视剧。这部剧毫不讳言阶层固化的社会现实，消费主义似乎简化了阶层之间的差异，只要赚到足够多的钱，就可以在社会阶层中通行无阻，年入十万的新中产和年入百万的精英，都可以一身名牌，当所有人都能衣食无忧的时候，超市大米和御田胭脂米的差别，已经没有饥与饱这么大。然而，仔细剖析，却发现阶层差异正隐蔽地朝向更深入的方向发展。爱情、友情的角色设定和匹配，无一不遵循阶层的逻辑：王子不爱灰姑娘，见识不在同一层次的不能做朋友。

三　社会阶层呈现的消费偏向

媒介拟态消费环境以收入、文化品位和职业类别为指标体系，以消费能力界定精英群体，中国社会转型期新兴社会阶层的多元意涵和多维面向，在琳琅满目的丰盛商品中被消解。中国的中产阶层面临的现实情境是，房价攀升、医疗费用高昂、子女教育的集体焦虑，社会上升的通道越来越窄，从中产滑落的风险却在增加，而在媒介着意构建的“消费精英”空间意象中，都被淡化或遮蔽。

① Spirit of Watch and Jewelry，《瑞丽伊人风尚》2014年第12期。

智联招聘2017年10月发布的《2017年秋季求职期平均薪酬城市分布》显示，北京白领薪酬最高，9900元的月薪傲视中国各城市，排名第二的是上海，9365元，深圳以8666元列第三位，但与北京和上海的平均薪酬差距略大，紧随其后的是杭州的8301元和广州、宁波的7843元。[①] 英国《卫报》调查，按朝九晚五、双休制并且不加班情况计算，中国劳动者年均工作2000—2200个小时，这还是按照朝九晚五、双休制、不加班情况下计算的结果。这和成熟的中产阶级社会美国的情况形成对比：美国普遍休假15天，一年工作时长仅为1920个小时，而且美国90%以上的企业都不要求加班。员工甚至可以申请在家办公以及根据自身情况调整上班时间。[②] 根据周晓红等人的统计，中国中产阶层在工作上的投入巨大，收入、职业、学历各项指标均进入中产阶层的人群，每天平均的工作时长为8.51个小时，比中产以下阶层的日均工作时间多出2个小时，其中，上海、北京、广州、南京四座城市的人均工作时间位居前四。[③] 这是2005年的统计数据，十几年来，这个数据还在上升。2012年的一项调查显示，中国上班族承受的压力，全球第一，中国已成为“过劳死”大国。[④] 这些还只是经济方面的一些数据。中国的新中产，在社会转型期，既要应对来自社会宏观政策结构变迁的影响，又要面临来自富裕阶层、精英群体的打压，还要在与现实更为困窘的白领、小资的竞争态势中奋力维护既有的场域位置。近年，一个新的社会性问题诞生了——作为媒介理想的白领、小资后备役的大学生就业难。因为创纪录的699万毕业生，2013年被称为“史上最难就业季”，而2014年的毕业生人数将首次突破700万直逼727万人，再加

① 《白领求职调查报告：全国平均招聘薪酬7599元》，《人民网》（2017年10月19日）［2017年10月20日］，http：//finance. people. com. cn/n1/2017/1019/c1004 - 29596032. html。

② 《吐槽：中国的中产阶级怎样混成“中惨阶级”》，《搜狐理财》（2015年10月19日）［2016年8月5日］，http：//www. sohu. com/a/36514196_ 274441。

③ 周晓红：《中国中产阶层调查》，社会科学文献出版社2005年版。

④ 《中国上班族压力世界第一每年60万人“过劳死”》，《中国新闻网》（2012年10月18日）［2017年8月7日］，http：//finance. chinanews. com/life/2012/10 - 18/4256963. shtml。

上往年求职失败的以及大量的海归生，就业人数突破了800万人。据了解，2014年大学生就业平均薪酬仅为3773元，[①] 直到2017年，也只增长到4014元[②]。2012年中国社科院发布的数据显示，2009—2012年，本科毕业生的月平均薪水增幅低于农民工，报告预测，接下来的几年，农民工的工资水平会追平、甚而大大超过本科毕业生。[③] 此外，白领阶层由于高端的工作机会不易找，其收入也呈现下滑的可能。从以上的收入水平来看，媒体热炒的中产、白领，生活在高企的房价、昂贵的教育费用、残酷的职业竞争中，面临着巨大的经济和精神压力之下，拔腿即走的出国旅行、休闲的生活方式是他们最大的奢侈品。

媒介“消费精英”的构型中，对于新兴社会阶层单向维度呈现之外，农村与农民、城镇低收入阶层的消费信息服务非常稀缺，审美情趣诉求没能在媒体中得到回应和呈现。耐用消费品、旅游休闲资讯充斥媒介拟态消费环境，却只是面向城市新兴社会阶层的。杨慧琼针对新闻报道这一块开展的研究表明，媒介文本中针对农民群体的服务资讯仅占新闻样本的4.67%，针对务工者群体的占新闻话语的25.47%，市民群体占比最高，达到34.09%。[④] 而在其他媒介当中，媒介产品失衡供应的问题表现得更为突出。广告商掌握着影视剧生产和播出的话语权，农民、普通工人曾经的媒体形象光环不再，被城市新兴社会群体与发达城市商业阶层的形象取代，后者的价值取向与文化趣味获得广泛认同，而这一趋势，自20世纪90年代初开始，就已显现。21世纪伊始，电视台对目标受众群的计量更加精细化。2011年下半年开始，上海东方卫视对频道黄金剧场进行了新的定

① 《2015〈中国大学生就业报告〉发布》，《搜狐教育》（2015年6月14日）［2016年7月24日］，http：//learning.sohu.com/20150614/n414990956.shtml。

② 《中国应届大学毕业生薪资水平连续第二年下降》，《FT中文网》（2017年6月5日）［2017年8月12日］，http：//www.ftchinese.com/story/001072864？archive。

③ 《大学生就业难和中国劳动力变局》，《FT中文网》（2014年12月22日）［2017年8月20日］，http：//www.ftchinese.com/story/001059582？full=y&archive。

④ 杨慧琼：《符号学视野中的新闻偏见》，硕士学位论文，兰州大学，2005年。

位："承接新锐和都市"，"都市气质，现实的观众"成为频道选剧首要、唯一的考量。[①] 根据2016年CSM全国网数据和CSM31（省会与直辖市）中心城市组数据，中国"家庭月收入六千以上人口"约为4.9亿人，占全国人口总数的38%，中心城市组数据显示，"家庭月收入六千以上人口"约为1.1亿人，占城市人口总数的69%，2017年，湖南卫视将其战略从延续已久的"锁定年轻、锁定娱乐、锁定全国"调整为"锁定中层、锁定消费、锁定未来"。[②] 以市民群体为目标受众的媒介中，消费、娱乐内容，是非常重要的内容，而在农民和务工者的新闻话语中，则处于非常次要的地位。专门针对农村和农民的消费类媒介数量非常有限，以女性消费为例，针对城市女性的媒介选择眼花缭乱，而数量众多的农村女性，因其经济资本和文化资本的欠缺，同时被国内外资本忽略，只有一份得到福特基金部分资助的小型杂志《农家女百事通》。[③]

个案分析：消费与阶层——从《流星花园》到《欢乐颂》

1. 现代生活，简约为高消费生活

在这三部（《流星花园》台湾版和内地版）热播的电视剧中，"现代"生活方式与高消费画上了等号，排除了底层"现代"的可能性。而"现代"又与"西方"的意象是并置的。《流星花园》从一开始，就以几乎漫画式的夸张手法渲染了贫富差距。道明寺第一次去杉菜家，说：你家房子比我家游泳池还小哎。别墅、名车、舞会、英语、游轮、留学、旅行等众多能指，所指是上流的、优雅的生活方式。社会精英们不仅有钱、有修养，而且流动性高。但，富人寻常的流动，于庶民却是难于实现的愿景。云海（内地版道明寺）随时可去美国求学，雨荨（内地版杉菜）却不能。

① 上海东方卫视徐晓艳在第8届中国文化论坛"电视剧与当代文化"第7场"在新的文化生产机制中"的发言。详见《求是理论网》［2017年2月21日］，http://www.qstheory.cn/tbzt/2012tbzt/zgddwh/201209/t20120914_181586.htm。

② 探索湖南卫视"三个全新锁定"，湖南卫视内部资料，征得同意后使用。

③ 赵月枝：《中国与全球资本：文化视野中的考量》，《传媒学术网》2010年1月5日，http://academic.mediachina.net/article.php?id=5185。

《欢乐颂》中，一切被折算成金钱和购买力。典型的城市新中产樊胜美，第一次与富二代曲筱绡交手时，正精心打扮，准备去参加一个精英云集的酒吧开业典礼去“掐尖”，她发现曲筱绡的包包价格压过了自己，赶紧不动声色地换了一个手袋，重新恢复气场。

2. 敏锐的身份意识

这种现代生活并不具备原本意义上应当具备的包容性，个人差异被归因为阶层差异，在文本上甚至是有意识地体现的阶层的差异和矛盾。而中产阶层遵循着上一阶层制定的规则，模仿精英的生活方式。

场景1：在台湾版第1集中，一个女生不小心弄脏了道明寺的衣服，道明寺粗暴地把闯祸女生推开，扬长而去。杉菜打抱不平，指责道明寺。

道明寺：干吗啊，想表现你们这种平民的廉价友情啊？

杉菜：像你们这种寄生虫，懂什么叫友情啊？

场景2：道明寺恶作剧杉菜是不良少女。来自上流社会的同学们议论：“从一般家庭来的女孩，做事跟我们真的不一样哎。”

《欢乐颂》第1集中。

场景1：地下车库。一辆黑色劳斯莱斯驶进小区地下车库。

曲总：筱绡呀，家里又不是没给你准备房子，为什么非要住在这呀，你看看这个车库黑咕隆咚的，这都停着什么车呀这都是……

曲筱绡：爸，这可停的都是好车，您看那儿，法拉利呀，宝马呀。还有这辆，保时捷911，呦，这可是限量版哎，我在美国也没看到几辆，居然在这个小区能看到这辆车。

场景2：公寓大堂。

小邱：关关，说真的，我好羡慕咱们隔壁呀，我们什么时候才能买上这样的房呀。

关关：是呀，这小区环境这么好，离地铁又近，大小、格局都合适，要是能在这儿有一套自己的房子，简直就跟做梦一样。

场景3：电梯门开，两拨人在电梯内。

曲总：小区环境也不行，绿化太少了，楼与楼之间隔得也太近了，跟鸽子笼似的，这是人住的地方吗？

这什么电梯，哎呀……这才上来几个人就挤成这样了，比爸爸给你准备的别墅差远了。

再说啦，这又是公司，又是出租房，里面的人员也太复杂了，你一个女孩子住在这儿，爸爸实在是放心不下。

曲妈：女儿愿意住这有什么办法，就让她在这先住两天，万一不行就搬家。

曲总：话是那么说，那也不能委屈了咱们女儿呀，就算住公寓楼，那也得选个档次高一点的，是吧……

小邱和关关忿忿又失落的表情（图3－4）。

图3－4 《欢乐颂》剧照

资料来源：研究者截图。

3. 从灰姑娘神话到友情、爱情的阶层敏感

阶级的樊篱，朝向更隐蔽的方向发展。《欢乐颂》中，凭借头脑跻身精英阶层的安迪，与富二代曲筱绡显然有更多话题，和曲筱绡一道，对其他三位性格随和亲切的小姑娘评头品足：樊胜美是职场油条，关雎尔教条主义，邱莹莹七窍未开，道出他们社会阶层、教育经历所决定的局限性。来自更接近社会阶层的安迪、魏渭、曲筱绡、赵启平可以坐在一起打牌、聊天，曲筱绡和包奕凡可以成为朋友，而樊胜美、邱莹莹、关雎尔更有共通的话题。

2001 首播的《流星花园》中，虽然存在着巨大的阶层差异，但王子最后爱的仍是灰姑娘，但是在《欢乐颂》中，王子已不爱灰姑娘。看看人物角色、背景设定，就很清晰（表 3－2）。

表 3－2　　　　《欢乐颂》中的 CP 设定

女性角色及背景设定	男性角色及背景设定
安迪（高智商海归精英，投资公司高管。高挑美丽、气质出众的冷美人）	魏渭（白手起家的大老板，投资高手。聪明绝顶，其貌不扬，心思深沉难揣测）
	包奕凡（富二代，集团副总。英俊风流倜傥，开屏时如孔雀般耀眼，天生的统帅）
	谭宗明（大老板，安迪老同学，顶头上司，海市生意界传奇人物）
曲筱绡（精灵古怪的富二代，好玩、有趣，不学无术，人情练达、智计百出）	赵启平（书香门第出身，高学历高智商，大医院主治医生，高大英俊，聪明机智）
樊胜美（出身贫寒的“胡同公主”、外资公司资深 HR）	王柏川（家境普通，起步阶段的小老板，虽然没有出众的才华，但踏实肯干，卖力打拼）
邱莹莹（来自小城市的平凡姑娘，普通职员）	白主管（小白领，猥琐男）
	应勤（大公司程序员，勤勤恳恳的 IT 狗，经济适用男）
关雎尔（家境良好的乖乖女，知礼懂事，外企职员）	林靖（关雎尔师兄，忠厚老实，善解人意）

资料来源：研究者整理。

爱情对手戏方面，人物的关联通过文化资本（出身、学历）和经济资本（出身、职业）的占有数量和类型进行匹配。

第二节　图文冲突:空间的景观文化和视觉修辞

图像社会或视觉文化，已成为全球性的文化景观，2011 年，美国的图片社交应用 Instagram 为全世界带来了“po 图”社交热潮，国内的图片社交应用也开始迅速萌发，Nice，Lofter，微镜头，In 等。媒介拟态消费环境中，消费的具象可感、视觉表现势头正盛，形象消费占据着统治地位，消费精英们的又一标识，正是对于形象的熟练辨识与操控。深度阅读时代曾赋予文字的精英光环，逐渐褪色。在传播形式上，消费信息图像取代文字成为消费信息新的宠儿，技术飞速发展的时代，图片和影像的质感日益精良，视觉被消费空间的精心陈设吸引，消费精英空间是一种商品幻境，让人产生身临其境的体验感，在其中让欲望得到释放。光影是魔术手，精心修饰的消费场景，是一道道诱人景观（Spectacle）大餐，待人们恣意享乐。具象景观下的视觉映像掌控着消费信息传播的主流话语，它们是媒介拟态消费环境的生产的目标指向，同时也是既定的生产框架，而受众得以通过媒介之眼，观摩品评他们触及不到的世界。媒介的景观文化与视觉修辞，生产着具有认同性的特定知识，以介入日常生活领域，支配生产之外的闲暇时光，掌控着人们的欲望结构，为受众提供观察消费世界的特定方式。

一　欲望图城：比真实更美好

苏珊·朗格（Susanne Langer），美国当代著名哲学家和美学家。她将符号分为推论的符号即语言符号，和表象的符号即非语言的符号。非语言符号包括动态的视觉性非语言符号和静态的视觉性非语言符号。表象性符号直接联系着它所描述的事情，从物理视角来看，一个物体与其图片具有直接的相似性，它模拟着形状、颜色和纹理等现实世界的方方面面，因而更容易被直观地理解。推论性符号则是抽象而任意的，在物理层面，它们与所描述的物体或事件并没有什么具象的相似性，需要系统的学习才能掌握和理解。摄影图片以其对于现实世界的临摹能力，迅速成为媒介的宠儿。在拍摄的时候，观看的对象以及观看者对于图片的反应，都在摄影师和编辑们既定的预期之中。琳琅满目的商品被摄影图片呈现，目的是使受众相信这样一个绚丽的世界真实存在着，并按需选购，即使缺乏足够的时间和金钱如图片所示进行消费，观赏精致美好的图片本身也是一种愉悦的体验——秀丽怡然的湖光山色，舒适惬意的休闲场所，青春靓丽的性感名模，奢侈别致的珠宝首饰，色泽鲜艳的精致美食……，正是在此基础上，媒介成为视觉盛宴的允诺，其本身也已成为消费客体。

各类时尚杂志和画报的涌现，以其制作精美图片的高度专业能力，在这股消费风潮中先声夺人，也是这些媒介占领市场的王牌技能。时尚杂事每逢节日庆典推出各类应景专题专辑，铺陈消费信息，刺激心理欲望。年终岁末各类节庆假日集中的时段，时尚杂志的图片更会抓住直击受众渴望热闹、温暖又脱离日常的隆重的心理，全方位推出匠心独具的策划案，内容从时装、彩妆旅行，吸引注意力。2017 年的《*Vogue* 服饰与美容》杂志，推出了十二月圣诞新年特刊，封面人物刘诗诗层叠带着珍珠和金属质地的长项链，封面文章《刘诗诗在爱中成就更好的自己》，《For your loved ones，爱的礼物 500 款》，特刊的重点在“时尚臻选”“珠宝臻选”“美丽臻选”“品位臻选”，红色和金色是属于节日的主色调，质感的呈现是光影的艺术（图 3－5）。

“时尚臻选”中，以圣诞为名，大面积红色的铺陈：鞋、包、衣裙。有两个关于包的整版：模特捧着一堆包，和模特坐在一堆各种颜色的包中。“冬日暖绒”系列中，是各类皮草。

图 3－5 爱的礼物 500 款

资料来源：《爱的礼物 500 款》，《*Vogue* 服饰与美容》2017 年第 5 期。

“珠宝臻选”中，腕表占据了 6 个整版，首饰有“闪闪金光”“绚丽色彩”“晶莹银调”系列，色彩纷呈。

“美丽臻选”当中，6 个整版的模特脸部彩妆特写，枫叶红、芥末黄的眼影、眉毛视觉刺激强烈，然后是香水、蜡烛、美容仪器的图片展示。

“品位臻选”分为“品位旅行”“温暖家居”和“分享乐趣”。“品位旅行”选择了巴黎、曼谷、北京、上海、广州的六家新城市度假酒店的奢华场景。“曼谷柏悦酒店：城中新贵”“巴黎瑰丽酒店：是皇宫也是精致的家”“上海建业里嘉佩乐酒店：住进上海灵魂里”“上海外滩 W 酒店：魔幻不夜城”、“北京新国贸饭店：都市人的时尚生活”“广州康莱德酒店：白色圣诞节”。“温暖家居”展示了绚丽多彩价格昂贵的相框、摆件、瓷器、餐具。“分享乐趣”中，是红酒、徕卡相机、价值 11999 元的耳机、210888 元的音响。

各种休闲方案也抓住时间场景营销机会，纷纷亮相。《*Vogue* 服饰与美容》2016 年 5 月，分品位旅行和品位生活两个版块策划了休闲方案。第一个版块品位旅行，策划了两个专题：法国南部的“阿尔勒绮梦”和探寻古希腊古罗马文明的“驶向蔚蓝”专题。“阿尔勒绮梦”以梵高在阿尔勒躲过的生命最后也是最灿烂的 15 个月开篇，“阿尔勒之于梵高，正如上海滩之于张爱玲”，接下来以“艺术之城”“摄影之都”“休闲之地”展开。Saint-Trophime 教堂的正门、斗兽场场景、美术馆内的艺术作品，整版的 Christian Lacroix 高饱和度色块的丝巾图片，米其林二星餐厅 Rabanel 餐厅的充满艺术气息的主厨及其手下摆盘中的美食图拍，摩洛哥餐厅的塔吉焖锅羊肉，刚刚出炉，似乎能闻到腾腾的香味，令人垂涎不已。“驶向蔚蓝”专题推荐乘坐豪华游轮探寻历史古迹，接着，受众跟随超豪华游轮公司银海（Silversea）专门定制的罗马贵族式七日假期大饱眼福。先是来到古罗马以弗所城，“两旁的店铺有最新上市的 Louis Vuitton、Channel、Tiffany & co. 等名牌商品，还有一些商铺专门接待富有的贵妇人……”不仅仅沿途风光引人入胜，豪华游轮本身也让人期待：有最受欢迎的甲板就餐区，有演出具有百老汇水准歌舞的豪华剧院，提供海上巡游的便捷服务，等等（图 3 – 6）。

“品位生活”版块推出“漫游茶世界”专题文章，以精美的图片展示了印度、英国、摩洛哥、日本四地的茶文化，视觉冲击力强的图片占据每地篇幅的绝大部分（图 3 – 7）。

个案分析：《男人风尚》杂志中的图片

1. 男性人物的摄影照片

时尚杂志倡导的男性形象和审美偏好，在杂志中的潮流摄影照片、广告中的模特选用、封面人物的专访对象和形象打造中，得到最直接而直观的表达。视觉影像的直观性和阅读的低门槛，带给受众的冲击和影响最为迅速而强烈。时尚杂志中大多有着丰富的摄影图片，男装、饰品、玩物都通过模特展示出来，照片的拍摄背景和模特的肢体表情都为其塑造的男性

图 3－6　品位旅行：阿尔勒绮梦与驶向蔚蓝

资料来源：《品位旅行》，《*Vogue* 服饰与美容》2016 年第 5 期。

图 3－7　品位生活：漫游茶世界

资料来源：《品位旅行》，《*Vogue* 服饰与美容》2016 年第 5 期。

形象所服务。《男人风尚》的 Your Style 栏目中“一款百搭”和“明星街拍”等版块，都通过明星或模特的展示让读者明白什么样的场合应该拥有什么样的举止。

2015年9月的《男人风尚》，早秋穿搭专题中，对于正装与休闲的穿搭，分别采用了不同的场景设计。比如，推荐出席酒会的穿搭（图3-8），照片中的男士穿着华丽却不拘谨的潇洒正装，在酒桌前端着酒杯，深情凝视自己的女伴，显示出男性的优雅；而在推荐约会穿搭时（图3-9），男模特穿着一件彩色的针织衫搭配淡色系衬衫，端着一杯星巴克，在初秋的阳伞下看向远方等待佳人，表现出男人的温柔和深情。

图3-8　早秋酒会穿搭

2. 时尚单品的广告图片

男性模特只是理想男性形象打造的路径之一。另一种方式是通过直接的商品展示，用精美的图片打造出意象中的理性男性气质。男性时尚已经不再局限于传统的时装、手表、数码范畴，男性模特身上的服装和配饰被拆分为一个个单品，进行单独的陈列。并且将更多男性玩赏的事物纳入其中。比如，护肤品、手表、数码、酒、玩具等，也是构建男性形象的一种方式，它间接地告诉受众，塑造不同的形象应该拥有哪些装备。《男人风尚》中许多时尚单品在塑造男性形象时，从细节中体现品位，在每期的

图 3 - 9　早秋约会穿搭

Leon recommend 和极致搭配等栏目中，注重介绍风尚男人在细节方面的独特品位和精致选择，通过一些细节体现男人注重形象，追求高品质生活。对于细节的体现最为经典的就是手表，手表是成熟男人的标配，杂志每期的推荐也必有手表，通常是将一种风格的多款手表以黑色为背景，整齐排列，让读者对每款手表的设计一目了然（图 3 - 10）。

图 3 - 10　手表展示

资料来源：图 3 - 8 至图 3 - 10 均来自《男人风尚》2015 年第 9 期。

媒介所呈现的图片，主光加侧光补强的拍摄方式是常见技巧，以呈现商品丰富的细节、层次感和质感，这种类似于主体近距离、多角度凝视物品的拍摄技巧，旨在完整而具体的消费信息。为了满足受众消费欲望的感官放纵，媒介经常采用“一次填满”式的呈现方式，以专题打造的形式，将吃喝玩乐多方面内容集中呈现，在多重商品意涵和具象的交互作用下，完成对图片整体盛典氛围的渲染。图片所打开的消费场景的大门，总是比现实的亲身去经历完美，美食永远比在餐厅现场更美味，美景也比实地造访时更动人，而图片中令人羡慕的消费精英人群——模特、明星、名流等，都以一种开放的姿态，殷切召唤着观看者的加入。这些“比真实更美好”的图片，让受众产生好奇与依恋，刺激他们将欲望付诸行动，或是在臆想的参与中获得满足感。

传统的书籍、报刊等印刷媒体以用文字激发思考，而被视为承载深度思考的载体，进入 21 世纪，印刷媒体对于图片资源从重视到深度发掘，宣告与图像化时代共存。2000 年起“瑞丽 BOOK”开始出版，“瑞丽 BOOK”重新整合瑞丽期刊精华内容并进行创意加工，美容、美发、美体、美家等都是其涵盖的主题内容，以独特的图书媒体形式成功实现了信息的加工生产和包装。截至 2010 年，在瑞丽系的鼎盛期，“瑞丽 BOOK”共出版 10 个系列，百余个品种，累计印数达 400 多万册，有些品种因畅销多次重印，最多高达十余次。[①] 北京时尚博闻图书也在深度挖掘《时尚》系列的特点和资源基础上，策划出版了多册高品质的图书，主要定位于生活类和人文艺术类，目标受众群体锁定在追求生活质量的白领及知识分子群体，旨在引领受众的生活和消费观念，深化“时尚”内涵。数字化进程更是这一趋势的推进器，传统的纸质媒介将印刷版面转换为电子版本，运用多媒体技术推出独立的网络版本，制作交互式的包含视音频的电子刊物，标示着图

① 《瑞丽 BOOK》，《瑞丽女性网》2010 年 1 月 14 日，http：//www. rayli. com. cn/region/C0055. html。

像时代的全面来临。消费类报纸和杂志适应变革，纷纷进军数字市场，将印刷物的信息重创意加工，重新包装，建立自己的门户网站以适应更年轻受众群体的阅读习惯。一些出版物甚至干脆放弃印刷版，全面向数字化转型，如《外滩画报》。消费类杂志比报纸更娴熟立体地将音视频、动画技术运用于内容生产，瑞丽集团的系列电子刊《瑞丽·妆》《瑞丽·家》《瑞丽·裳》等，一些名人挖掘开发自身的影响力资源，自办的消费休闲类刊物，如陈鲁豫的《豫约》、秦岚的《岚岚细语》、杨澜的《澜 LAN》等电子刊，声光影交织，在互联网很受欢迎。

二 生动影像：影视剧与时尚传播

早在20世纪二三十年代，中国电影所传递的女性形象就是好莱坞时尚与中国本土化特征的结合，中国的新女性以银幕形象为时尚标杆，上海与好莱坞、巴黎保持着几乎同步的时尚节奏。1984年，电影《街上流行红裙子》中女主角抢眼红色露肩裙的出现，使中国女性从单一刻板的服装样式中解放出来，在一片灰黑蓝中释放了女性观众的爱美之心，银幕上的红裙子，成为被越来越多的女性向往的日常穿着，刘晓庆等明星的高跟鞋成为女性特质释放的标志物件。

1987年，美国电影《霹雳舞》（*Breakin'*）在中国上映，蝙蝠衫，卷发，黑色皮手套，高帮运动鞋，这些全新的形象冲击，成为当时年轻人所追逐效仿的时尚元素，他们一遍遍模拟擦玻璃，模仿外星人行走动作的造型，表达对这部电影的喜爱。20世纪90年代初，一部反映中国模特职场和生活的电视系列剧《中国模特》问世，轰动了影视界，也让中国普通大众第一次认知了品牌的概念。从那时开始，中国媒介才开始真正具有了运用时尚潮流元素博取受众的眼球的意识并从中看到了巨大的商业机会，时尚与影视剧的蜜月期正式开始。

21世纪以来，时尚题材影视剧成为展现摩登影像的最佳载体。影视剧虚构的呈现，撷取时尚行业最光鲜亮丽的一面，以物质主义为导向，通过天才设计的表现，展现出最浮夸放大的场景。这些时尚电影和剧集并不重视故事如何讲述，他们更关心如何呈现商品创意和惊艳的设计，剧情只是承载商品额容器。时尚题材影视剧通常的模式是，构造一个完美的场景，让消费精英们活动于其中，连缀起各类消费信息。合适的题材背景为极尽奢华的影像、商品的大量铺陈提供了合理性。时尚成为影视剧摩登影像中的新宗教，从较早时候时尚元素的大胆尝试，到以时尚行业为主题组织拍摄，已经很难分清影视剧和时尚究竟何者才是真正的原始推动力。近年来，职场剧又成为新的热门。媒介对于这类影视剧热情高涨，影视剧的热播，带动各类剧照遍布于传统纸媒和新媒体，成为热议的时尚话题，这类影视剧通过都市精英气质的职场意象贩卖令人应接不暇的时尚造型。

对于中国市场而言，《欲望都市》（*Sex and the City*）剧集简直是一部行走的时尚教科书，四位风格各异、充满魅力的女主角，在纽约这个大都市里寻找爱情和商品。第一主角凯瑞（Carrie Bradshaw）无数昂贵的高跟鞋与包袋，比起她的爱情故事来，给受众留下的印象更深刻。这部剧的热播带来前传《凯瑞日记》（*The Carrie Diaries*）的制作，将故事延伸到凯瑞的高中时代，剧集开篇就是各种消费意象的展示：凯丽拼命寻找去世母亲的手包，以应对刚失去母亲面临高中开学的恐慌，后来父亲打开母亲的衣帽间，衣帽间琳琅缤纷的景象让凯丽的情绪平复下来，父亲让她带上母亲的墨镜，凯丽感觉获得了勇气。凯丽在暑期实习的时候，来到了剧集第一个镜头——她梦寐以求的曼哈顿，并很快认识了时尚杂志编辑和纽约的一众艺术家、作家，进入了她梦想的世界。《穿 Prada 的女王》（*the Devil Wears Prada*）一片中，向受众展示了一个不修边幅的聪明女孩在时尚行业职场历练，从丑小鸭到白天鹅的蜕变过程，是这一题材领域的经典的之作，影片在中国公映后，引发了一波媒介借这部影片讨论穿衣造型之道的热潮。《九月刊》以纪录片的形式展现了美国《Vogue》杂志主编安娜·温图尔（Anna Wintour）和她的团队筹备 2007 年

9月号杂志内容的过程。纪录片中，她的同事，杂志的执行总编将时尚业比喻成一个“教会”，而安娜是刊物的“教皇”。纪录片中的安娜让人望而生畏，顶尖的设计师和摄影师难以揣摩她挑剔的眼光，耗资5万美元拍摄的一组照片，生杀予夺全在她一念之间。她总是面无表情地坐在秀场的前排，戴着她的招牌墨镜，披着皮草，或者在办公室，看设计师们的作品展示，一句话操纵着作品的生死。《华伦天奴：最后的君王》（*Valentino：the Last Emperor*），以纪录片的形式回顾了华伦天奴华美的一生，皇帝般的瓦伦蒂洛（Valentino）无时无刻不被大批随从簇拥着助手、裁缝、打版师、摄影助理、保镖……都对他敬畏三分，言听计从，而瓦伦蒂洛本人，也很大方地流露出他对作为权威和注意力中心的热爱。2009年一年之内，三部以香奈儿为故事题材的电影，《时尚先锋香奈尔》（*Coco Avant Channel*）、《香奈尔与史崔文斯基》（*Coco Chanel&Igor Stravinsky*）、《可可·香奈尔》（*Coco Channel*）在中国上映，媒介争相报道。2010年，《欲望都市2》电影版还未上映，各大媒介就已热烈造势，预告榜单称其为“时装迷是绝对不能错过此电影的”。[①] 影视剧的时尚造型成为各大媒体是否推荐其上榜的重要考量因素。从早期《蒂芙尼早餐》（*Breakfast at Tiffany's*）中赫本一袭黑裙站在蒂芙尼珠宝店前的经典影像被反复征用，到《风月俏佳人》（*Pretty Woman*）中身份低微的女主角维维安，参加上流社会晚宴，穿着晚礼服带着男主角赠送的钻石项链，在马球赛场边凭借一袭圆点丝质裙装，从应召女郎逆袭成优雅名媛；时装电影《一个购物狂的自白》（*Confessions of a Shopholic*）中，女主角刷爆了5张卡，也执着地要将一条绿丝巾买回家，成为消费主义的经典时刻。这部影片获得超过30个世界奢侈品牌的赞助，从服装到鞋包、化妆品，片中女主角都是在品牌商店完成所有购物血拼镜头的实景拍摄。[②] 而《绝望主妇》（*Desperate Housewives*）、《大小谎言》

① 《COSMO女郎欲望清单：2010年最值得期待的事》，《时尚》2010年第1期。

② 《一个购物狂的自白·幕后花絮》，《时光网》2010年1月9日，http：//www.mtime.com/movie/77155/。

(*Big Little Lies*) 等以中产阶级女性为视角的剧集，更是将日常生活中可以复制的时尚，以剧情为连缀，串联展现在屏幕之上。现代风尚之外，古典元素也被充分商业化，视觉景观铺陈。《绝代艳后》(*Marrie Antoinette*)，故事围绕风华绝代的法国王后玛丽·安托瓦内特（*Marrie Antoinette*）的传奇一生展开。电影在凡尔赛宫实景拍摄，18 世纪末期法国宫廷生活的豪奢挥霍被真实还原，影片充斥妖娆的视觉诱惑和上层贵族似乎永无止境的派对场景。影片淡化叙事、洛可可风格乃至摇滚配乐铺陈，式样繁复的折扇和鞋子，纹饰浮华的深宫墙壁，使得该片在电影圈内招致了大量批评，时尚界和传媒界却对之关注有加，华服美食被大肆渲染，甚至引发了新奢华主义的关注热潮。

引进的时尚影视剧占得先机，培育了相当数量的受众群体之后，国内影视剧开始跟进，与时尚频频牵手。电影《时尚先生》，宣传时称中国版《穿 parada 的女王》，获得通用旗下高端汽车品牌凯迪拉克的首席赞助，这也是凯迪拉克首次重金赞助亚洲电影。凯迪拉克聘请了全球顶尖的评估公司对电影进行评估，认为电影的故事与表现具有引领高品质生活的优势，符合凯迪拉克的定位。从早期模仿美剧《欲望都市》的《好想好想谈恋爱》到《窈窕绅士》《是！尚先生》等影视剧，可以清晰地窥见国内传媒牵手时尚的意图。《时尚王国》携强大阵容而来，剧组的时尚顾问团队是鼎鼎有名的《时尚 Bazaar》杂志，获得二十余个国际一线品牌提供的赞助；日本资生堂为其独家化妆品赞助商；来自宝马公司（BMW）的酷珀(Mini Cooper) 为该剧拍摄提供全程最新款全系列车型；为打造精英气质的奢华办公环境，该剧家具总价值超过千万元，由美国最大的家具斯蒂凯丝公司（Steelcase）提供。[①] 2009 年 7 月，时尚商业大片《杜拉拉升职记》在北京开机，该片由徐静蕾执导，徐静蕾、黄立行、莫文蔚主演，主创们

① 《时尚王国官方网站》，《搜狐娱乐》[2010 年 1 月 11 日]，http://yule.sohu.com/s2009/sswg/。

给该片的市场定位就是：内地史无前例的时尚视觉大片。剧组重金聘请帕翠莎·菲尔德（Patricia Field）把关造型，帕翠莎被称为时尚教母，因曾担任过《穿 Prada 的女魔头》《欲望都市》《丑女贝蒂》等热门影片的造型指导而声名鹊起。凭借《穿 Prada 的女魔头》和《欲望都市》两片，帕翠莎获得艾美奖最佳服装设计奖。导演徐静蕾自己也并不讳言："电影有点像一本时尚杂志"，"有时我也有点儿头疼，要把商业广告植入得不让人讨厌，又要显示出品牌 LOGO。"[①] 剧组邀请众多时尚红人出席开机酒会，并且聘请了 13 位全球五百强企业的人力资源总监及企业高管为"荣誉编剧"，给影片在时尚气质之外，再添精英光环。影片高票房的号召下，同名电视剧集吸金表现突出，众多国际品牌闻风而来，传闻剧组一度为女主角的戏服选择头疼。片方欣喜不已的时候也有烦恼，面对主动上门的广告费只能忍痛拒绝："刚出校门，我们总不能让她穿着普拉达上班吧！"[②]

第三节　世代冲突：消费客体的拓殖与流转

媒介的"消费精英"空间迥异于欧几里得式的静止状态，变动不居才是其本质所在。"消费精英"空间中，"世代"成为一种营销手段，既通过消费品的世代更替，也通过目标消费群体的世代划分，拓展消费客体。媒介拟态消费环境中，"泛消费化"是一种持续的状态，消费客体不断演变拓展，传统意义上不属于消费范畴的事物被赋予消费客体的新身份，现代都市生活、历史文明文化、名人私生活、媒介自身的商品化等成为主要的表现；此外，在"消费精英"空间当中，需求永远只是某个时刻的暂时满

① 《探营〈杜拉拉升职记〉老徐拼老命也要时尚一把》，《南方都市报》（2009 年 9 月 16 日）[2010 年 1 月 11 日]，http：//news. xinmin. cn/rollnews/2009/09/16/2573560. html。

② 《时尚剧集杜拉拉升职记在沪开拍》，《东方网上海频道》（2008 年 8 月 20 日）［2010 年 1 月 11 日］，http：//ld. eastday. com/l/20090820/u1a617745. html。

足，消费客体需要不断地去迎合，日益向纵深、精细化方向发展，不断追求风格和差异性。媒介推陈出新，不断刺激新的需求，消费时尚的潮起潮落也掌控着消费客体的流变脉动。

一　空间意象的世代延伸

媒介穿梭于现代和历史空间意象，为受众编织着消费精英的繁华绮丽。在这过程中，消费客体不断拓展着外延边界，万花筒似的都市生活和曾经的繁华历史被客体化，而文化也称为可以消费的商品。

都市生活是处于现代化进程中的中国的畅销消费符号，而事实上，媒介中的都市生活只是停留在符号阶段，它只是容纳各种消费信息的容器和背景。青春偶像、流量“小鲜肉”，主要吸引的是年轻的消费者世代，他们的表演很多时候乏善可陈，更像是在进行商品秀的模特，他们在大城市昂贵的写字楼里，普通人难以企及的奢华跑车里，高级餐厅里秀，场景的变化设计都是为秀而生。都市生活是串联各种消费信息的那根线，给受众连缀起了以消费为前提的美好现代生活。全球化步伐的迈进，给受众带来异域都会生活，更是成为“消费精英”空间的最佳样板，时装偶像剧不啻时尚秀。剧情不是真正的卖点，只是各种奢华场景的装饰品，让人神往的度假胜地、豪宅会所、高颜值流量“小鲜肉”，才是吸引受众的地方，为他们带来了绝妙的感官享受和身心愉悦体验。《欲望都市》《一个购物狂的自白》（*Confessions of A Shopholic*）等影视作品中，上层名流时尚聚会，古董珍宝拍卖，随性任意的国外度假，一掷万金的限量跑车，大气奢华的衣帽间，成为现代都市理想生活的模板。纵然时有磨难，亦在觥筹交错的香槟酒会、彰显身份的总统套房、舒适惬意的私家别墅海滨度假中烟消云散。

文化在媒介的促推下成为消费品。20 世纪 90 年代以来，“怀旧”风潮在媒介的大批量复制生产下，逐渐兴盛，演变成新的消费元素和时尚卖点，以“老照片”“老城市”为主题的书籍盛行，怀旧影视剧、广告、服装配饰、家居设计、汇聚形成了怀旧文化产业。历史不仅随手可及，而且成为可被消费的商品。在怀旧热潮中，媒介撷取历史的碎片，营造着一个一个或繁华精致、或风流写意的生活场景，曾经的消费精英们在影像中复活。媒介怀旧潮中，对老上海的印象和构建，是一个值得关注的传播现象。跨越时空的老上海与现代新上海，通过国际化的共同特质寻求到了汇聚点，异质文化在媒介时空中穿梭，相互指认，提供了新的消费信息传播的素材和载体。前文已论及广告文本中的上海空间意象，而张爱玲、王安忆的细腻笔触，更细腻地呈现了上海曾经的婉转曼妙。王家卫在影片《花样年华》中，运用老式座钟、老式电话、张曼玉二十多套制作精美的旗袍，精妙还原了老上海的韵味，至今仍被作为经典赞誉有加。年代悬疑谍战剧《伪装者》2015 年在湖南卫视热播，剧中汪曼春、明镜、于曼丽、程锦云等女性角色高度还原着老上海女人的风韵。她们总是梳着标准的老上海复古头：油亮的发丝、斜分的刘海儿、大波浪卷发被一丝不苟地垂梳在脑后盘成发包、脖颈上边插着别致的发饰；身着裁剪合身的旗袍，每一步都走得风情万种、婀娜多姿，连说话也软糯优雅，带着浓浓的上海口音。怀旧风还吹燃了古装剧、宫斗剧的热情，经典也难逃被资本重塑。帝王将相、后宫恩怨、豪门大户是古装戏的宠儿，从历史中寻找剧情基本素材，按照资本逻辑重构，迎合受众对于古代豪门生活的好奇与想象。演员造型突出时尚感而非尊重历史，古装剧服饰妆容力求迎合当代受众的审美观，妆容随社会时尚的更替而变化，稍微留意下《红楼梦》温柔乡里的小姐、夫人和近年的《三生三世十里桃花》《孤芳不自赏》里的美女帅哥造型，便不难发现。古装影视剧作为一种古典的雅致和诗意而存在，皇帝贵族自在任性，马车轻裘，耽于情爱，生活只剩风花雪月，一时兴起，便可骑鹤江南，赏春暖花开，品美食美酒。此外，各种现代、甚至网络语言进入古装影视剧，不时从身着团花刺绣马面裙的古代人嘴里蹦出来，如《太子妃升职记》《新还珠格格》，古代的王公贵族生来就是锦衣玉食，诗情画意。古装剧演绎的是现代人对古典繁华和精致的想象和向往，附丽在披着古装的演员角色扮演之上。怀旧风潮中，经典被改编。中央电视台第8频道播出的电视剧《金粉世家》，由张恨水先生的同名小说改编而来，张恨水先生的孙子张均评价：“只有片头上‘金粉世家’四个字是熟悉的，其余一切都是新鲜的。”[①] 该剧由当红明星陈坤、董洁领衔主演，阵容强大、场景精细，然而小说的神韵却踪影难觅。原著展现的是一幅中国抗日战争爆发前夕的历史画卷，呈现了在短暂的相对稳定的社会政治经济环境下，大家族的日常生活场景，故事人物关系繁复，与其有往来的各阶层人物，鱼龙混杂，形象鲜明，讲述了一个时代丰富多彩的人物群体的人生浮沉。立体丰满的人物群像背后，是老北京的风土人情，军阀的横征暴敛。电视剧文本中，历史的厚重感和纵深感被平面化，观众的注意力被导向了富家少爷小姐的精美妆饰上，豪门大族的富丽奢华被极力铺陈，如多次特写出现的金家的铺着红地毯的大楼梯，生机盎然的一望无际的大草坪，上面放着休闲躺椅；男女主角抛弃门第观念的“自由爱情”成为故事唯一的主线，被大力渲染，金燕西在追求真爱时大胆张扬，花1500块大洋给冷清秋买珠子，任性地跑到冷清秋的学校当老师，悬挂巨幅“I LOVE YOU”条幅等。张恨水研究专家徐传礼先生用八个字评价了他的观感：“唯美情爱，脂香飘逸。”[②] 历史被戏剧化，迎合感官消费需求，被掏空迎合快节奏获得满足的需要。红色经典文化也开始走下神坛，寻求与消费的共振：《林海雪原》一剧重拍，为服务英雄杨子荣恋爱情节设计，新人物形象槐花出现了；《触手可及》中，英雄人物充满了小资情调，以探戈舞蹈连缀故事和主人公的命运与爱情。此外，文化的内涵意义被抽离，以清一色的消费填充其中。源自西方的情人节、父亲节、万圣节，在媒介的积极促推下，都以“购物节”的面貌呈现，情

① 马志丹：《本来面目与审美本质的双重失落——评电视剧〈金粉世家〉的编导误区》，《当代电视》2003年第7期。

② 王风舞：《唯美情爱脂香飘逸——张恨水研究专家徐传礼谈〈金粉世家〉》，《当代电视》2003年第7期。

人节需要奢侈品静心装扮，父亲节以价值不菲的礼物弥补平日太忙缺少陪伴的缺憾。

传统的中国节日，如七夕，源自汉代，女子们每年当天在庭院向织女星乞求智慧与巧艺，因而又被称为乞巧节，近年来因牛郎织女的故事，成为中国的“情人节”，此外，3 月 14 白色情人节，11 月 11 日“光棍节”等近年来兴起的新节日，都是媒介与商业联姻的结果。

在媒介“消费精英”空间中，个人私生活和休闲亦在资本的力量下，被解构重塑。

媒介的视野变得越来越琐碎。名人的私人情感纠纷、胖瘦高矮、晤亲会友等日常生活中的平凡小事，都在媒体的镜头下，再添油加醋加以报道，为大众提供茶余饭后消遣的谈资，当然，八卦新闻中，名人们的消费排场仍是媒介渲染的重点。刘洲成家暴风波的新闻炒作，李小璐夜宿风波漫天遍地地流传于各大传媒，杨颖、黄晓明生子占据头版头条。对于明星婚恋状况及怀孕、生子的各种揣测和追踪等，都成为博人一笑的消费品。明星与宠物的场景，也被纳入大众消费品范畴，同时也是传播消费信息的媒介。如《土豪用 LV 装狗》这则娱乐新闻，“红毯抢镜又有新花招——赤裸裸地炫富！凯莉奥斯本带上了自家小狗，但重点全在这个售价约 2200 美元的 Louis Vuttion 狗袋。据悉，凯莉当天还带了价值超过 500 万美元的珠宝”①。

一般意义上的休闲，是为了消除体力上的疲劳，获取精神上的慰藉。近代意义上的休闲思想始于凡勃伦的《有闲阶级论》和桑巴特的《奢侈与资本主义》两书。1899 年，制度经济学派创始人凡勃伦，从经济学的角度论证了休闲与消费是如何联系在一起的。桑巴特则分析了城市扩展过程中，王室的享乐之风是如何推动了社会生产力发展的问题。从此，休闲成为一种生产力，成为一国扩大内需、刺激经济成长的重要政策工

---

① 《土豪用 LV 装狗》，《红秀》总 258 期。

具，并逐步迈向产业化。现代社会，随着经济和技术的发展，个人可支配的时间增多，休闲不再仅仅与特权阶级相联系，休闲在媒介的推波助澜之下，逐渐成为“大众”的问题。媒介将休闲纳入生活方式轨道，并将其转变为休闲文化，精心包装，等待受众的认购。在媒介拟态消费环境当中，休闲要去“一生必去的14家SPA”，[①] 这些SPA圣地昂贵、静谧，在法国依云、泰国普吉岛、马尔代夫等人间胜地，享受超乎你的预期，或者有着来自印度的祖传手法，或是可享受私人管家的个性化服务，或是声名显赫；休闲意味着“金色加州”“奢华摩纳哥”，对页则是琳琅满目的商品展示[②]（图3－11）。

休闲是在“亨廷顿海滩热身”“在圣地亚哥追逐动物”“奔赴布雷亚做个小农夫”，[③] 或是去坦桑尼亚领略非洲风情，在一望无垠的金黄草原上的豪华酒店里享受奢华的现代生活，又可与大自然亲密接触，“躺在私家瀑布游泳池边品尝冰镇饮料，观赏河马在鲁阿哈河中休憩”，[④] 旅游也附带了更多的意涵，要做“品位旅行”，去欧洲购物；[⑤] “让购物变成一种优雅的旅游体验”，[⑥] 吃饭变成有仪式感的优雅行为，提前三个月预定，飞机来回，只是为了一顿米其林三星美食，美食彰显的是品位，要去瑞吉酒店享受“味蕾的专属礼遇”，享用昂贵的“黑河鱼子酱”，甜品当然是法式的；运动首先要好装备，还要去健身房聘请昂贵的私人教练，品一杯价值不菲的红酒，且能用漫不经心的语调探讨酒的前世今生、酒体、酸度，周末邀请好友在自家露台、小花园来一场小型温馨的烧烤派对……这才是都市新贵的现代生活方式，能带给你全身心的放松和愉悦。这还不够，“从抵达的角度，也许真的人人都来得起摩纳哥了，然而要进入这个国家的精神内核，

① 《一生必去的14家SPA》，《时尚》2007年第11期。

② 《金色加州/奢华摩纳哥》，《悦游 *Traveler*》2016年第7期。

③ 同上。

④ 同上。

⑤ 同上。

⑥ 同上。

图 3－11　休闲：金色加州与奢华摩纳哥

资料来源：《金色加州/奢华摩纳哥》，《悦游 *Traveler*》2016 年第 7 期。

你需要一块敲门金砖”，这个精神内核包括老爷车，亲王王妃，豪华游艇，想获得门童尊重，必须盛装进场，最好是打 Black tie 的蒙特卡罗赌场……①

① 《阳光下的新贵生活》，《悦游 *Traveler*》2016 年第 7 期。

媒介“消费精英”空间不断纳入新的消费客体，在这一过程中，媒介自身亦成为消费客体。业内人员新的原则和哲学，从满足受众到取悦受众。制作精美的海量图片和日益受青睐的大号标题，强有力地冲击着视觉。影像产品制作越来越精良，着力于光影调配、视听享受、偶像剧制作中高清、滤镜各类技巧综合运用强化了媒介的造神功能，各类可消费因素以文化、观念价值作为外包装，引领刺激受众购买、接近和使用。媒介综合运用各种营销手段增加自身的曝光率，从时尚杂志业的赠品大战，到层出不穷的影视剧主角绯闻炒作，提升市场占有率是其终极指向。

二　消费客体的世代更迭

梁衡在《潮起潮落说时尚》一文中，站在普通人的立场，运用随笔形式，大致追踪了20世纪90年代以来媒介拟态消费环境中消费客体的流变轨迹。该文提到，大哥大刚出现的时候，价格高企，北京市的价格从每台1.7万元涨到2.7万元，黑市价格飙升到3.7万元，仍然一机难求。《精品购物指南》报道了这一消息，指出价格体现出“大哥大”不是简单的一部通信工具，而是消费精英身份的一种象征。然而，不久之后，在各大媒体上，“大哥大”这个风靡一时的时尚品悄无声息了。梁文回顾，在短短10年内，不止“大哥大,”BP机、录放机、VCD机等商品都从媒介蒸发。“我又查了一下最新一期的《精品购物指南》，一个小手袋17200元，正好是15年前的一部大哥大。一小盒红茶1700元。一支按你的口型定做的口红，纯金外筒，镶199颗碎钻，标价62000美元。”①

“消费精英”空间中，媒介对消费信息的持续搜罗、引介是在全世界范围内展开的，迅速流转的消费客体体现的是将消费精英们“武装到牙

① 梁衡：《潮起潮落说时尚》，《新华网》（2008年11月26日）［2010年1月18日］，http：//news. xinhuanet. com/theory/2008 - 11/26/content_ 10410188. htm。

齿”的态势，商品的“含金量”节节攀升。《虹 *madame figaro*》杂志 2017 年 2 月刊，《美要方寸不让》一文，引言是这样的：比起“脸面”时时面对所有人，身体肌肤的重要性更多是在亲密关系中显现，学会善待及呵护它，是你能与自己友好相处的一种能力及品位。文章下设四个小标题：不用身体乳的女人没有未来，谁还一瓶用到底，润肤露和身体乳的区别，香水身体乳，涂抹身体乳，“是一个女人走向成熟的标志之一”，“活得精致又透彻，骨子里透着的那股优雅劲儿就来源于此了”，详细描述维密超模如何在后台使用身体乳，涂抹身体乳要有分区概念，小腿和脚踝要涂抹滋润些的，前胸后背要涂抹清爽型的，含有光泽的身体乳要在夜间使用，带防晒功能的适合清晨沐浴后使用……①头发的保养也变得更高级，卡诗的护发安瓶广告向受众传递新理念：护发的概念和护肤是一样的，洗发水、发膜、日间防护、精华素外，还要经常使用密集护理手段。睫毛也有新的护理产品精华液，生长液等，可以说是“武装到睫毛”了。媒介拟态消费环境不停地引导受众追求更新的消费体验，媒介会建议你选择一款合适的保护套，使你的 IPAD 看上去与众不同，而为了得到更出色的听觉体验，一款高颜值的 Beats solo 耳机必不可缺，明星戴上广告中的耳机时的“高逼格”会生动地展示给你。新一代 Iphone 手机又面世了，媒体会纤毫毕现地介绍新款手机那些迷人的新科技、新功能、新设计。当你刚刚拥有与媒介中的消费精英同款手袋，喜不自禁的时候，新款的、升级的产品资讯又传送到你眼前的，当然，新商品的价格总是在上扬。媒介拟态消费环境操弄着声光影技术，无间歇地向受众传递着商品信息和欲望，媒介“消费精英”空间中的商品，如万花筒般流转，应接不暇。

消费时尚的潮涨潮落，则是媒介拟态消费环境中消费客体世代流转的又一形式。

---

① 《美要方寸不让》，《虹 *Madame Figaro*》2017 年第 2 期。

媒介“消费精英”空间对消费时尚起落的影响，在常规运作中，体现在媒介的时尚资讯的报道上，为受众日常生活中消费行为的参考架构。媒介与时尚携手，锚定风潮走向，提醒人们随时保持更新。“2016 秋冬妆容发型潮流趋势报告”，“秋冬的到来宣告的也不完全是暗沉与萧瑟，相反，今年的秋冬 T 台充满了各种趣味，不管你有颗长不大的童心，还是只爱华丽和金光璀璨，设计师和造型师都让你看得尽兴，”“发带这一季又流行回来了！不过不同于之前的少女风、田园风，这一季的搭配更加酷……”[①]“风水轮流转，哪些时尚元素会在 2016 卷土重来？”[②]“新季风来——柔美长裙、飘逸薄纱的不羁浪漫，大廓形穿出超级存在感，十大秋冬彩妆发型趋势”这类文本是典型手段。

同时，媒介积极融入各类时尚盛事以把握消费脉动。“欧莱雅风尚媒体大奖”，2003 年由全球最大化妆品集团欧莱雅针对风尚媒体设立，赛事设立的初衷是表彰优秀媒体在风尚传播、推广和引领方面做出的卓越贡献，打造有品位的高端风尚媒体盛会，彰显风尚跨界的魅力。全国主流的平面、电视和网络媒体都积极参与了评选活动。2009 年，104 家媒体参赛，奖项评选专家评审团多元，来自媒体、时尚、文化、学术界，增加了大奖的专业性、权威性和影响力。[③]“欧莱雅风尚媒体大奖”见证了时尚、媒体与社会各界的积极互动，是消费时尚在中国社会与日俱增影响力的累积效果，也是媒介对时尚的主动示好。

此外，为引领消费潮流，媒介积极策划主办大型活动，由媒体主办的消费盛事逐年增加，规模和影响力年年攀升，最巅峰的代表既是与天猫携手的年度“双 11”晚会。平面媒体中，2004 年起，《时尚健康》杂志倡导

---

① 《服饰与美容》，*Vogue* 2016 年第 9 期。

② 《风水轮流转，哪些时尚元素会在 2016 卷土重来》，（2015 年 12 月 24 日）［2016 年 9 月 7 日］，http：//fashion. 163. com/photoview/25A20026/91415. html#p = BBJEVN7C25A20026。

③ 《“2009 欧莱雅风尚媒体大奖”震撼揭晓》，《新华网》（2009 年 12 月 23 日）［2010 年 1 月 22 日］，http：//www. sh. xinhuanet. com/2009 - 12/23/content_ 18574151. htm。

并发起的“全球最健康美妆品大奖”评选活动，集结编辑、达人心水推荐和读者实际体验，旨在向读者推荐值得信赖的化妆品产品。《Elle》杂志“年度风尚大典”被誉为“时尚界的奥斯卡奖”,[①] 为受众提供全方位的消费参照坐标,《嘉人 *Marie Claire*》杂志的“美妆畅销百大赏”及各种风尚大奖越来越有影响力。2012 年起，时尚集团开始发布年度时尚指数白皮书，以量化的方式公布奢侈品品牌渴望地图、品牌吸引力、设计师排行榜等指数，以 60、70、80 为世代单位，分析时尚人群的时尚观与时尚消费行为差异，2015 年首次将新媒体具有影响力的公号纳入调研范围。电视媒体方面，中央电视台财经频道推出的《年度汽车评选》《时尚中国》《2006 流行趋势发布》以及《创新盛典》等评选活动，全方位地将当年的服饰流行色、发型走向、首饰类型，最节能、宽敞又安全的轿车，最具未来科技感的家电，功能完美的数码相机等最前沿的消费客体流转信息展示给受众。颇受关注的便是 2013 年，基于凤凰文化在时尚、金融行业的板块布局，凤凰卫视时尚艺术指导委员会在上海成立并举行了第一次会议，在全球号召成立的以金融、时尚和文化界知名人士组成的跨界型、专业化、高水准的专家意见指导委员会，致力于为上海建设时尚之都、设计之都、国际文化大都。2014 年，凤凰卫视宣布，以大数据为基础，实现全产业链价值创造分析，发布时尚指数白皮书。

媒体不断创造出新的消费意象、概念，“心形脸刷屏时尚圈：小 V 脸的时代已经翻篇了，澎弹的心形脸现在成为了无数女明星的挚爱……”[②]（图 3 - 12）。

传播形式也在发生着世代更迭，从产品营销到生活方式传播，从传统媒体到互联网，到社交媒体和体验 APP 的开发，情感大于叙事的消费信息传播形式成为大势所趋。

---

① 《2009Elle 风尚大典全明星阵容再度来袭》,《搜狐娱乐》（2009 年 12 月 9 日）［2010 年 1 月 22 日］，http：//sh. sohu. com/20091209/n268813095. shtml。

② 《芭莎公示牌》,《时尚芭莎 *Harper's Bazaar*》2015 年第 9 期。

图 3－12 时尚杂志插页

资料来源：《芭莎公示牌》，《时尚芭莎 *Harper's Bazaar*》2015 年第 9 期。

第四节 空间拼贴:混杂的文化体验

在拉康的“模拟”及德里达“带有差异的重复”概念的基础上，后殖民理论家霍米·巴巴建立了对于混杂一词的界定。在他看来，模拟并不仅是追求与背景相和谐，而是一种繁杂、含混、矛盾的表现形式，正如变色龙一样，根据外界环境的变更而“转换身份”，“带有差异的重复”使话语变得不再纯粹。巴巴区分了“模仿”（Imitation）和“模拟”（Mimicry）两个概念，指出前者是在同源系统内探讨的问题，而后者探讨的一种原体之外可能的“他体”，居于与原体相似和不相似之间。[1] 约翰·汤姆林森

① Robert J. C. Young, *Colonial Desire: Hybridity in Theory, Culture and Race*, London: Routledge, 1995: 5.

(John Tomlinson) 在《全球化与文化》(*Globalization and Culture*) 一书中，深入探讨了文化的混杂 (Hybridization) 问题，他提出“非领土扩张化”(Deterritorialization) 概念，分析了脱离本土文化经验的全球性及其与地方性的混杂，所带给现代人的新的文化体验，并据此提出，全球化进程中，个体的视野上升到全球层面，意识到超越直接的地方性的归属感、责任感及当中的复杂关系，且能够在日常生活层面，以一种“世界主义”的意向，将这些更宏观层面的关注融入实践。

毋庸置疑，媒介是现代社会中文化混杂的主要平台和途径，较其他次环境而言，媒介拟态消费环境中的文化产品，混杂趋势更明显。形形色色的文化元素被媒介加工，在剪裁、拼贴后，将其建构成理想的消费空间意象。媒介文化产品的混杂，不仅体现在媒介对不同文化内涵的媒介文化产品的全球传播和接收，也体现于在单个文化产品内容上不同社会和文化元素的结合。媒介在全球范围内娴熟操弄一切可作为消费品的元素，将其重组以合目的的系列行为完成了“消费精英”空间的拼贴，空间意象的西方化与哈日、哈韩潮流的并置，及全球文化和中国本土文化的冲突与交融都是其主要体现。这种混杂，提升了媒介及其文化产品在跨文化市场上的魅力和地位，但也日渐成为热议的争议话题。一方面，西方生活方式、价值理念、节目内容大量涌入，受到追捧、模仿，是否会消解中国本土文化，成为一些人担忧的问题。另一方面，《卧虎藏龙》《山河故人》等影片在西方市场颇受好评，在国内却遭人诟病，认为其一味迎合西方受众品味，丧失了中国传统文化的精髓，中国文化被西方文化合目的性地纳入了全球文化体系。许多人将全球化等同于“西方化”“美国化”，全球化被理解为以西方消费文化为主导、以整合为特征的单一性和同质性的文化。另一种讨论路径是，媒介文化产品的混杂使中心与边陲的分野变得模糊，两极化的思考范式不再能回应今天的传播现实，文化帝国主义理论已缺乏解释力“第三种文化”即将浮出水面，与东西方文化的关系介于“相似”与“不似”之间，将是全球文化的未来发展趋势。

一　西方化、“哈日”“哈韩”

西方化与哈日、哈韩成为文化潮流，媒介将这些消费意象与现代时尚联系起来。“哈”，来自台湾青少年亚文化，意指“非常想要得到、近乎疯狂的程度”。[①] 哈日、哈韩是指对日韩时尚，包括价值观念、穿着打扮、生活习惯、文化习俗的追逐和模仿。西方及日韩文化意象在媒介“消费精英”空间中的传播，主要从媒介形式和内容两个维度展开。

（一）信息方式：从信息包装到编辑理念的西化及日韩取向

从信息的包装方式看，西方模特占据了《男人装》《时尚芭莎》《红秀》等具有国际版权合作背景的生活时尚类杂志的绝大部分版面。日系的《瑞丽》等杂志则是日本模特的领地，我们在岛国文化氛围里，放纵着物质欲望，尖叫着“kawaii!”[②]“获取韩女星的美丽秘诀”“韩国超人气男团教你如何穿搭”等以“韩流”元素包装的消费信息，在各大媒体随处可见。同时，媒介运用国外的专家、明星或机构传播消费资讯，提升信源可信度。媒介消费资讯中充斥着日本的美容专家、美国的科学家、瑞士的专业机构人士。高科技含量产品或定位高端消费人群的广告更多地会邀请西方面孔的名流或是专业人士代言，即便是纯粹的中国品牌，在其宣传营销策略中，总是想方设法和西方、日韩或其他异域文化产生某种联系，比如请来西方模特作产品展示，品牌名称和标识使用或夹杂西文，或是编织出美好的故事，讲述其与异域文化存在的某种渊源（图3－13）：

被强调原产自法国、日本或是澳大利亚的纯天然无添加护肤品，或是突出设计理念来自英国、意大利，采用进口面料的国产家居服饰、牛奶也

① 《警惕外来文化对青少年的侵蚀》，《中国教育报》（2002年2月28日）［2010年1月27日］，http：//www.jyb.cn/gb/2002/02/28/zy/2－jyxw/1.htm。

② 意指“可爱”。

图 3-13　慕思床具海报

资料来源：《慕思官网》2017 年 6 月 9 日，http：//www. derucci. com/。

被贴上“洋”标签，凸显其原瓶进口、进口奶源、特选自荷兰天然牧场等特性。

此外，英汉双语也是时尚休闲类刊物专栏或者文章标题吸睛的常用表达方式，如“上一季的时装，刚刚 out 了买它做什么?,”“Yahoo 的 Fashion news，中国的图片网站 Chinafotopress 和 IC，看明星都在穿什么，这是必修功课”,[①] 新名词层出不穷，让中国受众目不暇接，颇为费解，如“it girl”“it bag”[②] 风靡于媒介。

从日常的编辑常规来看，来自跨国集团的全球广告发布充斥于媒介，大型跨国集团偏好全球统一发布广告，散布各国的子公司只需在统一制作好广告上，添加中文配音直接使用，或是根据具体情况再稍加配文发布即可。区域市场的广告，许多是由跨国公司的子公司负责制作，以保证风格调性的统一。版权合作背景的杂志与母版有着更加密切的联系。《时尚

① 《跟 Cosmo 编辑学做购物精》，《时尚》2007 年第 8 期。

② It Girl 一词是 1927 年英国小说及剧作家 Elinor Glyn，用来形容好莱坞一默片《It》的女主角 Clara Bow。由于 Clara Bow 这位女星本身极具性感诱人魅力，兼有个性，令“It Girl”演变成用来形容富性感、品位及型格的名人明星，由此衍生出 it bag。

Cosmopolitan》杂志隶属于时尚集团，每期约有25%的内容通过付费形式从美国赫斯特集团获得。集团旗下的中国版《时尚 *Cosmopolitan*》杂志，每个月都会收到总部发来的在其他国家出版的各个版本的《Cosmopolitan》，若看中某个栏目的内容，可向总公司提出申请，取得授权，在中文版刊登，法国、美国、英国和澳洲的版本，是被申请转译最频繁的。[①] 桦榭集团与上海译文出版社合作创立了《*Elle* 世界时装之苑》杂志。目前，*Elle* 每期会向桦榭总部购买约 30% 的文章和图片。鉴于中国政府的相关制度，法国桦榭集团在合作之初仅仅负责销售海外广告，提供海外内容。入世以来，媒介的管制权力部分释放给了市场，桦榭在中国境内注册了直属于集团的广告和发行公司，自行招聘员工，并支付包括主编在内的所有编辑人员的薪水。国际总监每个月会来中国直接指导内容的编辑和制作，中方出版社仅负责内容和广告部分的终审，只要符合国内的法律和政策，就予以印刷出版。[②] 可以看出，桦榭实际上对《*Elle* 世界时装之苑》杂志的运营拥有全面的掌控权，这一模式还被推广到所有集团旗下在中国出版运营的杂志。为更进一步推进编辑理念的认同，桦榭集团在中国定期开展期刊编辑培训，第一个 5 年培训计划在 2002—2006 年展开，培训方式主要是双方人员的互派：桦榭派专家来中国开设课程，中国新闻总署组织期刊从业人员去法国参加培训和研讨等。[③] 这项计划将最新的西方编辑理念带入了中国高速成长中的消费类期刊行业。

（二）内容取向：西方及日韩审美情趣、生活方式的推介

媒介热衷于推介着中国版本的西式和日韩生活时尚。2001 年 5 月 7 日，《三联生活周刊》做了一期专辑，名为“小资的自摸与十三不靠”，汇集了小资这个社会身份的生活态度和文化趣味。专辑从王家卫、奇士劳斯

---

① 范萱怡：《国际时尚杂志中文版的经营策略》，《新闻记者》2005 年第 8 期。

② 洪伟：《桦榭和贝塔斯曼在中国杂志合作的经验和教训》，《新闻界》2005 年第 1 期。

③ 《桦榭集团全球总裁访华加强与中国传媒战略合作》，《网易财经》（2008 年 12 月 2 日）［2010 年 6 月 16 日］，http://money.163.com/08/1202/11/4S5EM8L3002524TT.html。

基的电影，到村上春树、卡尔维诺的书籍，再到包括爵士、New Age 等形式的音乐三个方面展开陈列，规定小资的文化趣味的方式和边界，在所有被推荐的作品中，《阳光灿烂的日子》这部电影，是唯一的来自中国大陆的上榜作品。2008 年 11 月 1 日，《新周刊》隆重推出专辑：《扮“上流社会”》。专辑里的文章，“扮上流社会的六大通行证”“扮上流 20 要素”“通往上流社会的 20 级阶梯”，为受众跻身上流社会出谋划策：要“稍有一点关于‘品位’的知识，英文流利，会法语更好。想想吧，在派对上，当一帮民营企业家和在国外没见过什么世面的海归，拼命摇晃着他们的红酒杯的时候，你能侃侃而谈世界上最有名的酒评杂志 Decanter，最有名的酒评家 Robert Parker，那是多么牛逼的事情。如果你能用法文优雅地点菜，能用法文说出 YSL 的全称，而不是用英文念成 Y、S、L，那是多么牛逼的事情。”要“温习几部影视剧”，如《欲望都市》《绝望的主妇》和《八卦天后》，“不能穿秋裤”，要“像英国的上流绅士们一样，一定要备齐一套射击服、一套骑马服和一套猎装”……媒介用表层的西方上流社会的清规戒律，规训着中国受众在消费层面上对于上流社会的想象和实践。

消费信息指向的多为西方及日韩品牌，时尚杂志当中这些品牌尤为密集。好莱坞大片、美国季播剧，日韩偶像剧和综艺秀是媒介卖座和收视率的王牌，其中的偶像明星、惬意舒适，便是异域生活方式的最佳背书。媒介消费信息在现代性、优质的定义和对于西方或日韩生活方式的体认与融入之间，建立了某种画等号的关联，从而使得这些异域文化具有了某些优先性，在拟态消费环境场域内获得了优势的地位。《时尚》2007 年 8 月号推出了一个专题：《跟 Cosmo 编辑学做购物精》。几位时尚编辑的大幅照片被跨版呈现，意图在于通过强调编辑的西方文化经验背景，提升受众对于杂志专业度的认可度：“甜甜——因为最爱好莱坞明星范儿而被鄙视；晓牧——此人刚刚从法国留学归来，常常用法文念品牌名字没人听得懂，不知道‘心水’、‘骨灰级’都是什么意思”。这组文章强调，“在 Outlet 中一定要买国内没有的品牌，如 Hussien Chalayan，Comme des Garcons 这些‘潮人’常买的品牌，另外你还一定要学会这个牌子怎么读，这样会让你看起来更加专业”，内容制作上的西方偏好一览无遗。“民以食为天”，餐饮关乎受众的日常生活消费，“那些身材苗条的时尚人士对于早餐普遍都很重视，通常都是面包、水果或煎蛋……午餐是多种蔬菜做成的浓汤或配有烤鸡肉和杏仁的沙拉……”时尚杂志推荐日料、法餐、韩式泡菜等等，却少有中餐踪迹，媒介热捧之下，这些异域餐饮似乎是吃得“高级”的符号，价格不菲。而媒介如此沉迷旧上海的斑驳记忆，是因为“散发着法国香水味飘荡着美国爵士乐的车水马龙的大街，它的洋房、汽车、电灯和抽水马桶，能够几近同步地把最摩登的西洋景搬到这儿来”[①] 的生活意象。地产广告中，随处可见的“托斯卡纳”“卢浮宫”之类的名称和建筑风格，更是这种推崇西方文化的显现。

二　异域—本土文化的并置

全球化进程中，资本从不排斥异质文化，只要这种文化能够带来资本的增值。媒介文化产品的混杂，其目标是提升在全球及区域市场的影响力。广告业当中，这种混杂已成为一种操作惯例。报纸、杂志媒介方面，中国在加入 WTO 时，对印刷业和出版分销服务市场的开放作出了承诺，外国资本被允许进入时尚和休闲出版物。加入 WTO 数年之后的 2007 年的数据就显示，中国政府当时批准的中外合资合作或外商投资的书报刊发行企业超过 40 家，印刷发行企业达到 2500 多家，期刊版权合作单位有 50 多家。[②] 全球化背景下和技术的迅速发展，越来越多的外国媒介公司进入中国市场，中国媒体也在积极寻求海外的影响力，印刷媒体行业敏锐地感知到行业的重要变化，《周末画报》的主编李照兴，将全球与本土文化的混

① 闫肖锋：《新周刊生活方式观——还有多少中国味?》，《青年记者》2008 年第 7 期。

② 柳斌杰：《坚定不移推进改革实现新闻出版大发展》，《中国文化产业网》（2007 年 10 月 22 日）［2010 年 6 月 16 日］，http：//www. cnci. gov. cn/content/20071022/news_ 16842_ p6. shtml。

杂视为重要的编辑方针，坦言："我用了一些外国的生活趋势的名词……因此，我们选题的时候要先找外国概念，然后尝试把这些现象和名词引进中国，并检查中国有没有类似对应的东西。但是，很多外国出现的生活现象和潮流，例如之前外国流行的 metrosexuals，[①] 其实不一定可以在中国找到 100% 的对应。但为了要把这些概念变成跟中国社会相关一点，我们会做一些修改，或把现有的案例包装，让它们切合选题。"[②] 一向旨在演绎西方时尚风潮的 *Vogue*《时尚》等杂志，近年来开始倾向于中国元素的运用。2009 年 10 月，为迎接建国 50 周年庆典，*Vogue* 杂志倾力打造了特别珍藏刊《中国，红!》，封面由俄罗斯名模娜塔莎·波莉（Natasha Poly）担当，演绎出自时装大师缪西娅·普拉达（Miuccia Prada）之手的中国红色旗袍，旗袍的领口和肩颈处特地加入了凸显国庆主题的五角星图案。杂志还邀请了被称为"充满了东方人的韵味和姿态"的中国名模杜鹃拍摄了一组时装大片，在西方服饰妆容的包装下，杜鹃身着中国红，在有着明显中国文化和政治印记的天安门、北京的老胡同等场景，展现着西方拍摄视角下东方美人的百变姿态。近年来，时尚杂志的封面人物和专访中，中国面孔也越来越多。

在"清博数据"中输入关键词"中产、小资、生活方式、风格"进行搜索，得到了如下随机抽取的词云图（图 3 - 14）：

词云图展现了在媒介消费空间建构中，异域本土信息的杂陈并置的态势。

在影视业中，好莱坞一直遵循着自己的一套法则，使其文化产品获得全球范围内的广泛接受。区域市场上，亚洲地区的日韩两国通过文化元素的挑选与重组，目前形成了其较为成熟的产制模式。中国成为 WTO 成员国以来，媒介方面的政策逐步宽松，影片跨境合作拍摄有了越来越多的空间，影视剧市场体量迅速扩张，文化产品的混杂化是重要的市场

① 指喜爱购物，常用高级时装和化妆品精心修饰的、外表很时尚的城市美型男。Metrosexual 的最佳代言人，在英国有贝克汉姆，在日本有木村拓哉，在韩国有张东健，在香港则有吴彦祖。

② 李照兴、马杰伟、周佩霞：《城市作为文本》，《传播与社会学刊》2010 年总第 11 期。

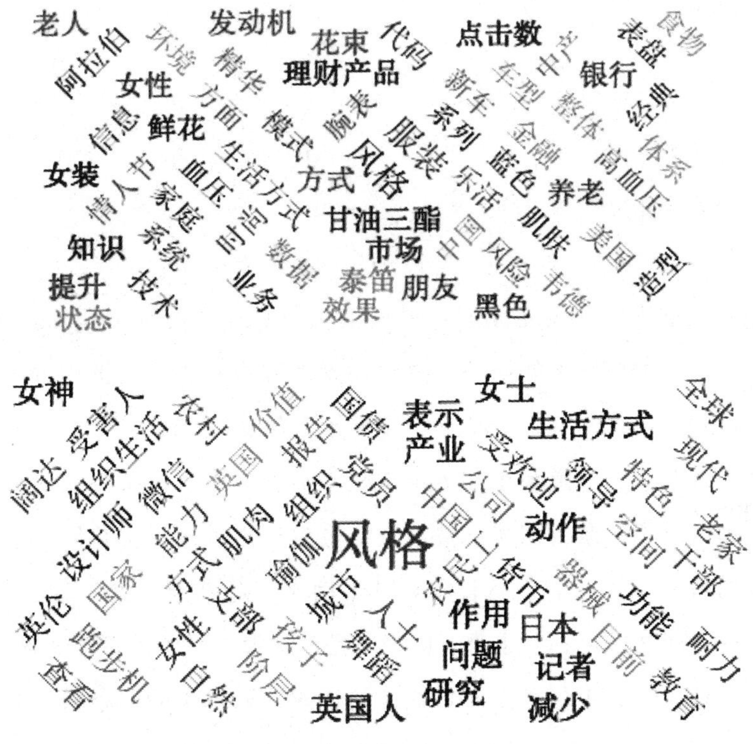

图 3－14　清博数据词云图

资料来源：《清博大数据》[2016 年 6 月 5 日]，http：//www. gsdata. cn/。

策略，全球与本土文化空间、元素冲击交汇，媒介灵活游刃于文化的解构和重构中，排列组合各种文化元素，以迎合全球范围内消费精英们的审美偏好。

（一）文化解构

文化解构是一个拆解过程，在这一过程中，将文化分解为一系列元素，同时又是一个转移过程，出于全球受众接收的考量，置换和抹去一些可能的文化屏障，促进媒介文化产品的跨文化沟通。以经典的电影《花木兰》（*Mulan*）和《卧虎藏龙》（*Crouching Tiger*, *Hidden Dragon*）为例。中国的花木兰代父从军故事，为适应西方受众的口味，被美国化，迪士尼化，这一过程中的主要文化元素置换：

传统的中国核心价值观念如孝道和家族责任——爱与荣誉
集体主义——个人主义
爱国主义——女性主义

此外，影片中的视觉元素：现代报纸、西式的香肠和煎鸡蛋早餐、会唱西方歌剧的慈祥老奶奶……这些元素的置换建构了一部西方电影的框架。《卧虎藏龙》一片，被淡化甚至抹去的文化元素，包括封建社会形态的等级观念、孝道和中国传统文化中男女大防，好莱坞式的世俗的爱、大漠黄沙中的激情缱绻，被渲染，得到突出表现。文化解构手法成功运用的另一位先行者，是日本。日本动漫产品在亚洲乃至西方市场，获得了的广泛认同度，一个重要因素就是，抹掉产品中的日本文化特色，将产品的核心理念定位于人类普适性的诉求，如对于爱的追求、对于不确定性的不安感等，还有一个重要的方法，就是虚构时空情境，这和好莱坞电影和美国电视行业在全球市场获得成功的法则是一脉相承的。[①] 其实，特定文化元素的移除只是从表面上观察所得，影视剧中特定价值观念的贯穿，清晰体现在人物对白、处理事情的态度上。如梦工厂出品的动画片《功夫熊猫》（*Kung Fu Panda*）屡创票房佳绩，仔细分析，发现好莱坞对中国文化的运用颇为得心应手，连片头都细致考量到了目标市场的需求。梦工厂出品的通常片头，电影迷们应该很熟悉：一个小男孩，怡然自得，手持一根钓竿，倚坐一轮弯月上，“钓”梦想。而《功夫熊猫》的片头作了创意改变，开场即是惊艳：月黑风高，披笠夜行的侠客，一路身手轻盈，蜿蜒而上，最后端坐月亮上，甩出竹竿，洒脱摆出姜太公钓鱼姿

① 汪琪、葉月瑜：《文化产品的混杂与全球化：以迪斯奈版〈木兰〉与〈卧虎藏龙〉为例》，《传播与社会学刊》2008 年总第 3 期。

态。这个片头既沿袭了梦工厂的一贯构图，又掺入了中国武侠文化的气质，在影院立即引爆全场。然而，贯穿故事始终的，仍然是好莱坞经典的励志故事模式：一无是处的小人物，磕磕绊绊地追求实现自我价值，终能修成正果。这是好莱坞的一贯套路，和迪士尼制作的电影《怪物史瑞克》（*Shrek*）并无二致：史瑞克虽然长相丑陋、身无长物，但最终通过自身的不断努力，娶到了公主。影像中好莱坞文化符号的去除，只是浅层的表象，潜藏之下的，是中国文化符号视觉陈列下的，不变的美国文化内核。

（二）文化重构

文化重构和解构可以是一个进程的两面：文化重构的同时，其实也在进行文化的解构，文化元素解构中，文化元素又在以新的方式被重新置入组合的过程当中。《花木兰》片中，迪士尼公司在对故事进行解构和去情境化操作之后，又以迪士尼的方式，在电影中有意识地重新放置中国龙形象，将故事设定在一个构成化情境中，这当中被取用组合的元素，包括长城、柳树、山水风景、佛洞等非常具有中国文化特色的符号，通过这种再度情境化的手段，用一个构造出来的，又保留部分独特的中国风味的情境，迎合西方受众对于中国的想象。《花木兰》中的木兰，典型的东方女性外形，穿着和日常又是西方式的，这部影片气质上的混杂性，为迪士尼带来高达3亿美元的票房，在全球市场获得了广泛的认可。《卧虎藏龙》一片中，侠客纵横于大漠深处，黄沙漫天；白墙灰瓦的徽州深宅，江南韵味；飞檐走壁的中国功夫，出神入化。西方人眼里神秘的东方文化，被熟谙中西文化的李安淋漓展现。台湾热播的偶像剧《转角遇到爱》，改编自日本漫画，但在场景布置、人物对白和情节设置上，融入了很多本土特色鲜明的题材，如"蚵仔煎"这种台湾特色食品的多次出现，以提升产品与目标观众的接近性。《功夫熊猫》中，除前文提到的给予观众无限惊喜的片头外，汉字、四人轿、鞭炮、针灸等传统国粹视觉元素的置入，原汁原味保留的诸多中文发音："Shi fu"（师傅）、"Wu gui"（乌龟）、"Tai lang"

之（太郎，片中的反面角色，在中国市场上，被译为日式名字，文化意味深长），飞檐斗拱的亭台楼阁、红墙绿瓦的中国色彩、面条、筷子、中式服饰、横笛吹奏等，制片方在文化重构方面的精巧用心和功力在影片中随处可见。

第四章　“他律”极结构分析：媒介拟态消费环境的社会建构

中国媒介拟态消费环境场域中，存在着一种持续竞争和协商的动力，这种动力来源于“消费精英”空间中的各类行动者，运用自身的经济和文化资本，在场域中不断寻求相对更佳位置的过程当中。第四章和第五章的目标，试图在具体的时空脉络中，对中国媒介拟态消费环境场域“他律”极和“自主”极结构进行分析，探寻各类行动者的运动轨迹和利益诉求，以经济资本和文化资本的总量和结构对权力进行界定，检视全球化语境中，中国社会急剧变革时期，各种宏观、中观、个体层面上的结构性力量在拟态消费环境场域的交汇图景，探寻中国媒介拟态消费环境场域外部和内部的动力机制。

第一节　全球消费资本主义体系的确立

过去200年，人类进入了物质空前丰富的时代。此前消费一直局限于一国内部，而现在实现了全球化，一定消费群体的生活方式在全球范围内趋同。第二次世界大战后，布雷顿森林体系建立了真正意义上的全球资本主义体系，它关注的不是一两个经济体，而是各经济体之间的相互融合，寻求体系中所有成员的共同增长。布雷顿森林体系的两大支柱：国际货币基金组织（IMF）和世界银行，旨在平复全球市场不可避免的动荡，随后实施的马歇尔计划则致力于欧洲的重建，关税和贸易总协定（GATT）及后来的世贸组织（WTO）的成立最大限度保障了商品的自由流通。战后福利国家涌现，社会支付能力翻番，生产出了成千上万的消费者。整个 20 世纪 80 年代，富裕国家的 GDP 增长速度约为 25%，同一时期，中国香港经济增长了 68%，新加坡 57%，中国台湾 69%，泰国 82%，韩国增长了将近 1 倍。[①]

从全球视野来看，中国媒介拟态消费环境场域，位于全球消费资本主义体系这样一个大的权力场域当中，这个体系的运转和维持，倚仗于持续的消费动力，消费早已跳脱个体生存层面的意义，成为维系全球体系运作的一种关键性的经济需要，消费也潜移默化地实现了一种对于社会文化的重建。近一个世纪以来的主导经济思潮和政策，无论是凯恩斯主义，还是新自由主义，都将消费置于资本主义经济发展的核心位置，而新自由主义更是从理论到实践上，为全球消费市场披荆斩棘，扫除障碍。消费资本主义体系的全球化，最直接的动力和开路先锋，是受益于新自由主义的跨国公司全球扩张。

一　市场化，消费者经济

1991 年苏联政权成为历史，在全球范围内营造了一种社会主义经济模式的式微感以及资本主义制度成为历史终结的乐观情绪，新自由主义经济模式在世界许多国家和地区，取得了重要地位。在华盛顿共识的基础上，私有化改革、全球自由贸易、政府监管放权等，各种改革手段在全球广泛推行，经济增长成为衡量社会发展进步的最重要指标，也带来了很多“经济奇迹”。“冷战”的结束，带来的一个全球范围内的变化是，不同地区间以经济发展为核心的贸易合作，取代意识形态斗争与民族国家之间的冲突话语，促进了各个国家和区域的合作。市场逻辑是新自由主义的社会组织

① ［美］米格尔·森特诺、［美］约瑟夫·科恩：《全球资本主义》，中国青年出版社 2013 年版，第 22—23 页。

形式，并以物质主义、个人主义为前提。物质主义将商品服务的供给和消费当成社会目标和成功标志。“好的生活”就是我们尽可能多地占有和消费，“好的社会”为人们提供最大的消费可能。全球文化随着新生财富发生改变，其中一个方面就是消费主义，个体将获取物质的商品作为个人满足感和成就感的一种途径。商业在现代消费社会滋长消费者欲望方面发挥了巨大的作用，企业在激烈的竞争中发展了一整套繁杂的技术手段，组织化地管理着人们的世界观和人生观。20 世纪 50 年代，美国运通和大来信用卡公司的信用卡推广开来，20 世纪 80 年代，信用卡在美国已无处不在，催化着消费狂潮。

新自由主义建立的是一种世界范围内的资本积累制度，是国际垄断资本的利益代言。新自由主义通过一系列国际政治、经济制度的安排，在全球范围内建立起其统治结构。这一秩序的核心是美国，其经济保有量占全球经济总额的 1/4，加上加拿大和墨西哥，北美自由贸易组织（NAFTA）的经济总量占到了全球的 30%。第二集团囊括了全球资本主义的其他主要国家和地区，可分为欧洲小组和亚洲小组。欧洲小组包括英国和欧盟区，亚洲小组成员有中国台湾、日本和韩国。另外还有三大集团，“金砖四国”（巴西、俄罗斯、印度、中国）和被全球资本主义体系边缘化的国家，主要来自撒哈拉沙漠以南的非洲、南亚和拉丁美洲。麦克尔·哈特（Michael Hardt）和安东尼奥·奈格里（Antonio Negri）在《帝国——全球化的政治秩序》（*Empire*）一书中的分类方法有些不同，但脉络大体一致。他们将帝国空间视为开放的，权力在扩展中革新、再造着秩序逻辑，全球的边境转变为帝国权力下的开放空间。帝国秩序不是仅仅依赖法律制裁和军事力量形态描绘成金字塔式的“帝国”，包含三个大的层次，每个层次又包括几个子层次。第一个大的层次包括三个子层次：第一子层，是美国，帝国权力等级最尖端，随着“冷战”的结束凸显，在海湾战争中确立；第二子层，金字塔些微扩大，是七国集团，巴黎和伦敦俱乐部，“达沃斯”等，它们控制着全球主要货币工具，在全球贸易中扮演重要角色；第三子层，是一系列超国家联合体，如国际货币基金组织、世界银行、世贸组织等，它们控制着全球的基本货币工具，在全球范围内展示军事、金融以及其他形式的文化和生态政治权力。接下来的帝国权力第二个大的层次包括跨国公司和具有地方和区域影响力的民族国家。大的跨国公司已经超越了民族国家的管辖，它们建构了世界市场上的各种网络，包括资本流通、技术流通和人口流动网络等，在第一层的核心实力保护下横向扩张。具有地方和区域组织功能的主权民族国家，它们在国际合作中，既是全球流通的过滤器和全球控制的规范者，又在一定程度上，屈从于跨国公司的权力。第三个大的层次，是金字塔中最宽的底层，包括所有名义上代表了全球民众的民族国家和全球市民社会。这一层级的民族国家数目众多，但权力较小，作为象征性约束对主要权力发挥作用。全球市民社会当中最新的力量来自非政府组织，这些组织处于外围，且经常与国家权力冲突，因而被视为在某种程度上与全球新自由主义计划相容。这些制度在全球范围内，将曾经彼此关联，却也相互分离的政治和经济两股力量融合起来，纳入更大的全球消费资本主义框架当中，跨国公司和全球传播体系是推动其确立的两部引擎。[①]

当前时代的全球贸易开始于1945年，关税与贸易总协定与世界贸易组织一系列的谈判旨在降低关税，促进成员国之间的商品流动，从欧洲共同体到欧盟，区间市场总额甚至高于美国，日本的经济增长有贸易牵头，商品的繁荣促进了消费的大幅度增长，到20世纪90年代初期，市场在全球范围内占据了主导地位。过去20多年来，全球贸易比基础经济增速快得多。在这一过程中的关键参与者是跨国公司。新自由主义的全球推进，“美国的文化统治已经演变成‘跨国公司文化的统治’”。[②] 许多跨国公司

① ［美］麦克尔·哈特、［美］安东尼奥·奈格里：《帝国——全球化的政治秩序》，杨建国、范一亭译，江苏人民出版社2003年版，第294—297页。

② Herbert Schiller, *Mass Communication and American Empire*, 2nd Edition, Boulder, Co: Westview Press, 1992: 39.

控制的经济总量和政治、文化上的影响力，已经超越了很多民族国家实体，对于发展中国家来说，消费主义文化诱惑伴随着跨国公司的市场扩张进入，这种诱惑通常是难以抗拒的。20 世纪跨入 90 年代以来，跨国公司在华的直接投资额大幅度增长（表 4－1）：

表 4－1　20 世纪 90 年代跨国公司在华的直接投资额

投资 年份	总计（亿美元计）				总资本流入所占份额比例（%）		
	总计	外债	海外直接投资实际流入	契约结盟	外债	海外直接投资实际流入	契约结盟
1979—1982	124.57	106.90	11.66	6.01	85.82	9.36	4.82
1983	19.81	10.65	6.36	2.80	53.76	32.10	14.13
1984	27.05	12.86	12.58	1.61	47.54	46.51	5.95
1985	46.45	26.88	16.61	2.96	57.87	35.76	6.37
1986	72.57	50.14	18.74	3.69	69.09	25.82	5.08
1987	84.52	58.05	23.14	3.33	68.68	27.38	3.94
1988	102.27	64.87	31.94	5.46	63.43	31.23	5.34
1989	100.59	62.86	33.92	3.81	62.49	33.72	3.79
1990	102.89	65.34	34.87	2.68	63.50	33.89	2.60
1991	115.55	68.88	43.66	3.01	59.61	37.78	2.60
1992	192.03	79.11	110.07	2.85	41.20	57.32	1.48
1993	389.60	111.89	275.15	2.56	28.72	70.62	0.66
1994	432.13	92.67	337.67	1.79	21.44	78.14	0.41
1995	481.33	103.27	375.21	2.85	21.46	77.95	0.59
1996	548.04	126.69	417.26	4.09	23.12	76.14	0.75
1997	587.51	120.21	452.57	14.73	20.46	77.03	2.51
1998	579.36	110.00	454.63	14.72	18.99	78.47	2.54
1999	526.6	102.12	403.19	15.18	19.4	76.6	2.88
2000	594.5	100	407.1	17.71	16.8	68.5	2.98
2001	496.8	—	468.8	18.4	—	94.4	3.7
2002	550.1	—	527.4	21.3	－95.9	3.87	

资料来源：黄亚生：《中国按规矩出牌吗？转引自大卫哈维》，《新自由主义简史》，上海译文出版社 2016 年版，第 128—129 页。

全球资本主义创造了一种新的生活方式，建立了个人身份认同的新方式，它以更客观的产品消费能力表征个体的身份经济特点，个人化、商品化的身份认定对每个人开放，由商品带来“混搭”的认同。现代消费者也逐步发展起来。现代消费者经济是技术革新、商业行为、政府政策和社会观念变革的结果。20 世纪早期，技术的变革，流水线生产的推广应用，大大提升了生产量，需要创造更大的消费需求来消化，公司在消费者研究上日趋精致细化。另外，培育强劲的消费需求被视为战后重建的强力推动器，政府也在有目的地培育更广阔的消费市场。在富裕国家，20 世纪中叶城市工人的工资便开始上涨，消费迅速跟进。在贫困国家，少数精英群体分享了全球经济增长红利。全球贸易便利了外国商品的购买渠道，消费者的选择面不断扩大。战后美国的消费主义发展模式迅速影响了日本，在 20 世纪五六十年代，日本人把 3S 作为生活目标：风扇（Sampuki）、洗衣机（Sentakuki）、电饭煲（Suihanki），3S 很快变成了 3C：汽车、空调和彩色电视机，而后发展为 3J：珠宝、喷气式飞机和房子。市场分割的概念出现，以“生活方式”，按消费方式和能力对人群进行划分，统一的国内市场在分化，传播媒体在将跨越地域的人们联系起来的同时，又在一国内部进行分化的过程中，起着关键作用。新的媒介技术产生了新的传播和信息渗透方式，一国的国民可以接触不同的媒体，更便捷地接触到外国文化，不再局限于国内媒体。

二　消费主义的全球传播

跨国资本家在雄心勃勃追求资本增值之外，也引导了一场持久的意识形态运动，推动社会活动的去政治化，借助全球媒介体系传播并扩散消费主义和个人主义的文化。现代性不是基于生活和理念的发展，而是经济进步和民主参与所带来的文化变迁，消费和公民概念联系起来。

1992—1996 年，以色列执政的工党（Labor - Liberal Coalition in Israel）着意将以色列打造为一个世俗的具有国际性气质的国家，政府宣称在新中东创立一个宽容、消费主义的、高科技、去传统的以色列。执政党的各党派与西方的受过良好教育的职业阶层保持着良好的关系，对以色列社会和新兴的“雅痞”（Yuppies）阶层而言，不断增长的消费预期是支撑以色列—中东和平进程的主要因素。“‘消费与和平’、‘公民消费者’”和‘公民战士’之间的关联，不是基于精神归属，而是基于现代身体的生产而形成。”①

以色列往南的阿拉伯北非区域，通常被认为从文化、传统上与消费主义是天然隔离的，然而，20 世纪 90 年代起，这些国家在国际货币基金组织的指导下，开始进行新自由主义改革。年轻一代从媒介，尤其是电视节目上不断接触西方的物质文化。迪拜，从各方面打破了全球民众对于一个伊斯兰国家的成见：高楼林立、超级跑车、奢侈品消费、沙漠之上完全用金钱堆砌起来并用以炫富的绿化（图 4 - 2），这股消费主义的浪潮已渗透他们神圣的伊斯兰生活方式中。这是 2012 年研究者在迪拜国际机场下飞机后出航站楼时，沿途随手拍摄的两幅英文和阿拉伯语掺杂使用的广告（图 4 - 1），广告中 Facebook，Youtube，Twitter，阿拉伯世界的年轻人已经可以很方便地通过社交媒体平台获取资讯。

穆斯林妇女曾经低调的头巾与长袍如今都来自国际奢侈品牌制造商，黑色长袍下是美国文化的象征牛仔裤，麦加朝圣也成为新富彰显个人财富的途径，由此形成了一个包括航空公司、酒店、旅行社等在内的产业链。

五年前，“穆斯林时尚”还是个有争议的话题，而今天，它已成为跨国公司扩充时尚地图的急先锋。英国传统百货商店玛莎（Marks & Spencer）因为一件新产品的发布，成为舆论关注焦点。2016 年 3 月中旬，玛莎百货推出了“布基尼”（Burkini）（图 4 - 3），是一款全身式的泳衣，专门为穆斯林女性设计，由穆斯林传统服饰布卡罩袍（Burka）+比基尼

① Consumerism as a Civilizing Process: Israel and Judaism in the Second Age of Modernity, *International Journal of Politics, Culture and Society*, Vol. 14, No. 2, 2000.

图 4－1　沙漠上的城市，阿联酋街景

资料来源：2012 年研究者在迪拜街头拍摄。

图 4－2　迪拜国际机场航站楼英文广告

资料来源：2012 年研究者在迪拜国际机场航站楼拍摄。

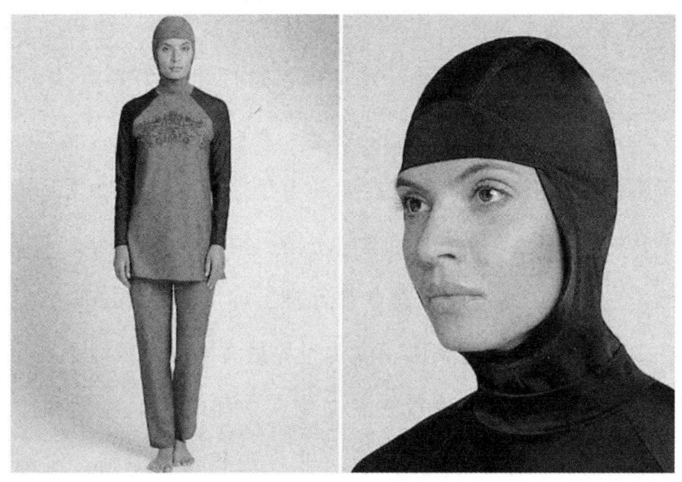

图 4-3 “布基尼”

资料来源：网络。

(Bikini) 而来。事实上从更早些时候开始，不少时尚品牌已将眼光投向了富裕保守、市场前景巨大的穆斯林市场，陆陆续续推出了专门适应穆斯林宗教文化，又符号西方主流审美的服饰，被称为“modest wear”的保守服装市场，伴随着穆斯林人口数的激增，正在崛起。2017 年年初，意大利奢侈品牌杜嘉班纳（Dolce & Gabbana）发布了高级时装版精致面纱和罩袍。在一项名为“LifeWear”的项目下，优衣库（Uniqlo）发布了一系列适合穆斯林女性的日常服，该项目由出生英国，有日本血统的穆斯林时尚博主及设计师 Hana Tajima 负责，旨在帮助人们“通过高质量服装提升生活方式”。

目前，全球 GDP 的 60% 与商品及服务消费有关，全球的富裕程度在逐步提升。随着收入增加，人们开始吃营养较丰富的食物、穿比较贵的衣服、住大房子和到国外度假。新兴经济体国家中等收入阶层的收入使世界财富向新兴国家转移，一大批新兴国家消除绝对贫困的政策，使得中等收入阶层规模在持续扩大，从而成为新兴的全球中产阶级的领导者。在 2010 年，发展中国家拥有全球中产阶级人口的 55%，2025 年，将达到 78%。[1] 以西方为主导滥觞的全球消费资本主义体系，使得新兴中产阶级的生活方式更接近西方。全世界的中产阶级早期集中于欧洲、北美和日本，20 世纪七八十年代，韩国、巴西、阿根廷、墨西哥等国家涌现大批中产阶级人口。如今则是中国和印度。这背后的动力是强劲的经济增长。这些新兴的国家有一个普遍特征：强劲庞大的国内市场。预计在 2030 年，世界最大的 5 个中产阶级消费市场，将有 4 个集中在亚洲：印度、中国、印度尼西亚和日本，中国在 2020 年，将超过美国，成为世界最大的中产阶级消费市场。[2]

中国加入世贸组织，为消费主义文化在中国的迅速蔓延和渗透打开了便利之门。世贸组织的基本理念是秉持非歧视和公平原则，实施互利互惠的市场安排，减少关税和其他贸易壁垒，实现世界贸易自由化。中国入世，即意味着向全世界许下推进市场化的承诺。入世后，中国廉价的原材料、庞大的劳动力市场以及 GDP 持续高速增长带来的巨大的市场前景吸引，外资进入中国的规模越来越大。由于文化的差异，跨国公司进入一国市场，会面临的一个问题是，如何获得消费者的认同，说服他们跟随消费资本主义的步伐，发展出相应的消费模式来使用新的产品和服务，换而言之，以经济资本进入新的场域是不够的，跨国公司需要推进与商业策略配套的文化资本积累战略，生活方式和理念价值的推行是商品消费的先导，这种策略促进了消费主义的生活方式在全球范围内包括中国获得推广。可口可乐、麦当劳、苹果、外来汽车品牌，在中国市场就是凭借着强大的文化资本，获得巨大的价值认同和市场成功。麦当劳的金色拱门是全球化，效率和三叶草的象征，代表着汉堡持久的胜利以及汽车对美国文化和建筑的影响，苹果是创意和激情生活方式的保证，可口可乐、百事可乐，全球销量惊人，它们在配方上大同小异，这种碳酸饮料被很多专业医生诟病，

① 经济合作与发展组织发展中心、联合国拉美经委会：《拉丁美洲经济展望：面向发展的物流与竞争力》，知识产权出版社 2014 年版，第 46 页。

② 李成编著：《中产中国：超越经济转型的新兴中国中产阶级》，许效礼、王祥钢译，上海译文出版社 2013 年版，第 25 页。

几乎没有营养价值，它们通过持续的广告培育和相互攻击的营销战略，成果吸引眼球，推介美国生活方式，而这种生活方式与快乐、动感、进取联系在一起，表征着现代性。通过全球性媒介体系，跨国公司把以美国为代表的西方消费主义生活方式和价值理念推销到了全球各个角落的各种人群，特别是年青一代。从跨国公司的扩张中，可以找到有趣的轨迹：每当一个国家的大型跨国公司进入新兴市场，其母国的媒体公司也会跟随进入，因为新兴市场很多时候缺乏能与跨国公司战略相配合的高水准媒介机构。消费主义的生活方式作为榜样和唯一值得肯定的样式得到表达，促进人们对更多商品无休止的渴望，不断创造新的消费需求。

第二节 全球与国家关系的变革

跨国公司的全球扩张和全球消费者经济的确立，给全球与国家的关系带来深刻的变革。跨国家的组织、阶级的生产和再生产关系在全球范围内兴盛起来。全球资本主义体系下，中国日益融入世界轨迹，而媒介体系的全球传播，是跨国公司之外，全球消费资本主义体系的另一驾马车，消费主义文化正是借助于这两个重要载体，成为一种全球现象。生产，消费和信息传播的一体化进程中，任何国家都不可能遗世独立。

一 中国经济融入全球体系

跨国公司在全球范围内的运作，得力于战后一整套超国家体系，或称跨国国家机器的建立和有效运转。跨国国家机器是一个新兴的网络，包括民族国家，上文提及的超国家经济组织和政治组织。这一新的网络将全球化带入一个新的“全球现代性”时期（Global Modernity），① 即现代性全球

① ［美］阿里夫·德里克：《全球现代性：全球资本主义时代的现代性》，胡大平、付清松译，南京大学出版社 2012 年版，第 6 页。

化的结果，产生了全球的均质化，并且在不同的地方和全球社会中创造了矛盾性的混合。应对跨国国家机器的诞生和运作的全球新形势，民族国家的变革成为一种必然，许多民族国家的功能在20世纪最后十年悄然发生着变化，他们正逐步从国家政策的独立制定者，转向全球化进程中的政治调节角色，融入管理执行由超国家机构制定的政策的角色，掌握着全球的财富流通通道。全球—国家的关系不再是如往昔般的二元对立模式，民族国家日益融入跨国国家体系并成为其组成部分。

20世纪后期，民族国家开始着手去管制化、财政保守主义等新自由主义实践。80年代，国家开始转变角色，从提供社会补贴转为资助私人企业，废除各种妨碍市场力量的规则，国家在促进私有资本积累的过程中发挥着越来越大的影响力，收益和权力从劳动涌向了资本，资本通过超国家机构绕开民族国家，行使自己的权力，或者说，资本完成了从国家领土内的积累转向全球积累。阶级分层沿着民族国际/跨国轴线在进行：一部分在传统民族国家机制之内继续进行，另一部分沿着全球市场自由化而扩张。

在这轮全球—国家关系变革中，中国与全球的关系非常地错综复杂。一方面，中国需要积极地坚持其社会主义意识形态，另一方面，作为经济上日益崛起的大国，中国越来越多地在全球体系中发挥着举足轻重的地位，需要与全球体系有更多的沟通与对话。市场化是将民族国家纳入全球消费资本主义体系的重要途径。1978年，中国进入经济改革阶段，脱离计划经济体制，1992年，进入经济转轨阶段，开始进行系统的制度创新，2003年，中国共产党的十六届三中全会后，中国进入社会主义市场经济新阶段，即完善阶段，成为新兴国家中市场开放程度最高的，也是市场竞争最激烈的国家之一（表4－2）。

全球消费主义在中国的传播与政治稳定有着千丝万缕的联系。1989年后，外媒观察家普遍认为，中国共产党将面临合法性危机。实际情况却是：中共迅速恢复政治控制，维护了社会稳定，并于1992年重启经济，消

表 4-2　　中国：从计划经济体制到社会主义市场经济体制

时间	会议	重要内容
1978 年 12 月	党的十一届三中全会	确立了将党的工作重心转移到经济建设上来的战略，制药厂定了改革开放的方针
1982 年 9 月	党的十二大	提出经济改革要“正确贯彻计划经济为主、市场调节为辅助诉原则”
1984 年 10 月	党的十二届三中全会	提出社会主义经济是“有计划的商品经济”
1987 年 10 月	党的十三大	提出社会主义经济有计划的商品经济体制药厂，应该是计划与市场内在统一的体制
1992 年 10 月	党的十四大	明确提出我国经济体制改革的目标是“建立和完善社会主义市场经济体制”
1993 年 11 月	党的十四届三中全会	通过《中共中央关于建立社会主义市场经济体制若干问题的决定》，确定了建立社会主义市场经济体制的框架
1997 年 10 月	党的十五大	进一步发展和完善了社会主义市场经济的理论。提出了“公有制实现形式可以而且应当多样化”，股份制是现代企业的一种资本组织形式，并提出了“把按劳分配和按生产要素分配结合起来”的理论
2002 年 11 月	党的十六大	提出“个体、私营等各种形式的非公有制经济是社会主义市场经济的重要组成部分”，提出要“积极推行股份制，发展混合所有制经济”
2003 年 10 月	党的十六届三中全会	提出完善社会主义市场经济体制药厂的主要任务是：完善公有制为主体、多种所有制经济共同发展的基本经济制度，建立有利于逐步改变城乡二元经济结构的体制，形成促进区域经济协调发展的机制，建立统一开放竞争有序的现代市场体系，完善宏观调控体系、行政适宜于体制和经济法律制度，健全就业、收入分配和社会保障制度，建立促进经济社会可持续发展的机制

资料来源：胡鞍钢，2005。

胡鞍钢：《对中国之路的初步认识》，《中国与全球化：华盛顿共识还是北京共识》，社会科学文献出版社 2005 年版，第 163 页。

费在这当中起着重要的作用，1989—1992 年节假日，各单位的福利性消费是稳定民心的政策，到 90 年代中期，中国社会累积了 4 个非常重要的心态变化：更多的人接受了收入差距，贫穷成为一种耻辱，人们受市场竞争和危机感驱使去挣更多的钱，意识形态和政治色彩在日常生活中趋于淡化。①

① 阎云翔：《中国社会的个体化》，陆洋等译，上海译文出版社 2016 年版，第 287 页。

1989年后，党和国家对消费主义非常宽容，1999年，开始公开承认其重要性（表4－3）。

表4－3　　中国经济实施的追赶战略

	传统追赶战略	转轨期追赶战略	新的追赶战略
发展目标	追求高速度 赶英超美 2000年实现“四化”	以物为本 追求高增长 2000年GDP翻两番	以人为本 促进出口类发展，实现持续增长
积累与消费的关系	高积累、低消费 强调生产性投资	较高积累、刺激消费 强调硬件投资	强调软件投资 强调人力资本投资
产业发展结构	优先发展重工业 优先发展军事工业	利用比较优势 重视产业结构调整 科教兴国战略	充分利用比较优势 促进结构变革 知识信息发展战略
工业化技术路线	自主开发技术 资本密集技术路线	开发与引进技术相结合 重视劳动密集技术路线	多要素密集技术路线 开发和利用人力资源
国内与国际市场的关系	自给自足、进口替代 主要依赖国内资源和市场高度国内保护主义	对外开放 出口导向增长 利用两种资源、两个市场逐步贸易、投资自由化	参与世界经济一体化 提高国际竞争力 利用国际资源、市场、资本和技术 贸易、投资自由化
人与自然的关系	大力开发资源、破坏资源和生态发展	先污染，后治理，生态赤字扩大，黑色发展	可持续发展，生态建设，绿色发展
收入分配关系	平均主义	“先富论”	“共同富裕论”
城乡关系	城市优先发展论 城乡分割	城市优先发展论 城乡差距拉大	城乡协调发展论 缩小城乡差距
地区关系	内陆优先发展 地区差距拉大	沿海地区优先发展 地区差距先缩小后扩大	东、中、西协调发展论
经济发展与社会发展	注重社会发展	经济发展优先论	经济与社会协调发展
公平与效率	公平优先	效率优先，兼顾公平	市场机制要效率 再分配、公共服务公平优先，社会和谐优先

续表

	传统追赶战略	转轨期追赶战略	新的追赶战略
政府与社会	政府控制社会	政府主导社会、领导与被领导关系	政府与社会合作、伙伴关系
经济体制药厂	中央计划经济	引入市场机制，建立市场经济	建立现代市场经济体制

资料来源：胡鞍钢：《对中国之路的初步认识》，《中国与全球化：华盛顿共识还是北京共识》，社会科学文献出版社 2005 年版，第 154—155 页。

中国经济在融入全球体系的过程中，一直稳健实施着追赶战略，从表 4－2 中，可以看出，每一战略相互衔接，不断创新，反应了中国对全球化和现代化挑战的响应。

二 全球传播体系的确立与跨国传播

全球消费资本主义体系中，传播系统是与军事和金融力量并列的帝国的三股主要支撑力量之一，[①] 为适应世贸组织等超国家组织的要求，主权国家不仅在经济领域有大的变革，在传播领域，亦发生了深刻的变革。曾经以疆域为限的国家传播体系，一方面在技术的推动下，界限在模糊，另一方面，随着媒介领域自身的改革和全球性传播机构的渗入，分散局限于地理疆域概念的传播体系开始勾连为全球性传播体系和市场。20 世纪 80 年代以来，广播电视体系的改革浪潮在全世界范围内铺开，改革以自由化、商业化和去管制（Deregulation）为特征，政府管制让位于市场竞争压力，各国的媒介体系在这股浪潮中难以独善其身，发生了深刻的变革。首开先河的是撒切尔治下的 BBC 公共广播体系。商营的 ITV 外，英国在 1982 年又建立了第四频道，该频道自己不生产节目，只向社会各界，尤其是独立制片人购买节目，并且在创台初期采用间接广告模式，由 ITV 负责频道的广告售卖，以避免节目的商业化趋势。1990 年的广播电视法进一步引进

① ［美］麦克尔·哈特、［美］安东尼奥·奈格里：《帝国：全球化的政治秩序》，杨建国、范一亭译，江苏人民出版社 2003 年版，第 327 页。

竞争机制，法律要求1993年起，ITV开始自己卖广告，但又为第四频道设计了“保险”计划：盈利之时，给ITV一定的保险费，亏损时则可从ITV获得补贴。BBC在其庞大的广播体系内推行“内部市场制”，制片人可以有更灵活的选择，他们既可以从BBC内部“购买”所需服务，如果外面的制作公司等服务价格更具竞争力，或有更高的质量，他们也可选择从外部购买。BBC开始在国内外，尤其是国外经营商业性的频道，如WSTV，和私营公司合作开设欧洲卫视频道等，商业性国际服务补贴国内广播电视服务。法国、西班牙、意大利、葡萄牙、美国等国家，在商业化的道路上走得更远。媒体合并浪潮催生了巨型的传媒航母，美国在线—时代华纳（AOL Time Warner Inc.）几经分合，新闻集团（News Corporation）、迪斯尼（The Walt Disney Company）、维亚康姆（Viacom）在全球范围的巨大影响力，以全球市场为导向的传播体系逐步形成，这体现在所有权结构、生产、分销，消费等各个领域，各大媒体集团为争夺版图，不断地进行着各种分拆并购。在此过程中，界限分明的国家传媒系统的媒介结构被打破，主要的跨国集团成为媒介传播关键的组织单元。美国康泰纳仕集团的时尚杂志《Vogue》在全球有19个版本，该集团还拥有如《智族GQ》《名利场》《悦游Traveler》及《纽约客》（*The New Yorker*）等顶级杂志。道琼斯公司的《华尔街日报》（*The Wall Street Journal*），在全球发行量超过1200万份，分为《亚洲华尔街日报》（*The Asian Wall Street Journal*）和《华尔街日报欧洲版》（*The WallStreet Journal Europe*）是两个版本，分别在香港和布鲁塞尔编辑出版。中国媒介市场上，曾经严密的国家传播体系内，版权合作和节目交换协议蓬勃发展，即是全球传播市场的产物。全球传播体系的偏好非常明显，致力于在全球范围内，尤其是在新兴的市场国家为资本主义的全球生产制造源源不断的、跨国资本利益追逐的消费者。中国加入世贸组织后，按照约定，境外非新闻类的媒体内容，比如娱乐综艺节目，时尚、休闲出版物，获得允许进入中国，广告、影视、电信服务行业逐步实行有限度的开放，给中国的媒介产业和原有市场格局带来了强烈的冲击，这种冲击不仅表现在市场竞争上，也体现在文化理念上。以广告业为例，根据WTO的协议，公关和广告业2003年可由外资控股，2005年12月可成立独立的外资公司。入世前后，大量的国外4A广告公司进入中国，这当中包括盛世长城、奥美、电通等享有全球声誉的大公司，伴随着跨国公司大量涌入中国市场，跨国4A广告公司在中国的业务发展非常迅猛，中国已成为仅次于美国的全球第二大广告市场。孙旭培在《加入世贸与中国数字传媒的发展》一文中，指出“在到中国来投资的国外大企业中，有81%的企业每年要拿出一亿美元左右的费用进行广告宣传”。[①] 外资广告的运营模式、创意理念，完全基于市场规则，最擅长的运作手法就是以普适性的价值理念，轻松愉快的展示形式，将符号象征意义巧妙地嵌于商品之上。消费资本主义体系下的广告在传播商品本身的一些信息的同时，更关注的是理念的传播，消费主义的价值理念培育了几代人的生活期待，杨伯溆直接一言以断之“消费文化是全球传播的基础”。[②] 这几代人在物质丰富的时代成长，接受的消费观念是：人生的幸福和意义从消费中来。现代广告的目标是服务于全球范围内的大生产，不是告知受众需要，而是激发他们的欲望，是持续创造消费的梦想和期盼，本质上是消费主义倾向的。中国的传媒广告在面对外资广告进入中国市场，一开始的态度就是接受的，甚至是拥抱的。入世前，在国内排名前10的广告公司都是合资的，他们选择拥抱消费主义的，并且融入中国的文化特性，使消费主义更本土化。维尔斯（Wells）认为，向第三世界推销消费主义，是全球资本主义体系的一个特别的任务，美国的大片和美剧给予受众的感官盛宴，是传播消费主义文化的重要通道。[③] 美国的影视剧一个显著的特点，是人物永远光鲜亮丽，

---

① 周伟：《媒体前沿报告——一个行业的变革前景和未来走向》，光明日报出版社2002年版，第6页。

② 《从国际传播到全球传播：跨国公司的介入及其影响》，《新闻与传播研究》2003年第3期。

③ 参见［美］莱丝理·斯克莱尔《文化帝国主义与在第三世界的消费主义文化意识形态》，《新浪网》［2010年3月26日］，http://blog.sina.com.cn/s/blog_4bb86663010009hd.html。

主角人物自带光环。丹尼·贝尔（Daniel Bell）早在《资本主义文化矛盾》（*The Cultural Contradictions of Capitalism*）一书中就指出，好莱坞电影给了人们一种虚假的富足，灰姑娘的故事，一夜成名的捷径成功模式，只是一种幻觉，这背后的实质是大众追求轻松的娱乐，消费主义色彩浓厚，中国观众熟悉的《神奇女侠》（*Wonder Woman*）、《美国队长》（*Captain America*）、《速度与激情》（*Fast & Furious*）等影片，都是消费主义传播的现实典范。加入世贸组织以后，中国进口好莱坞大片的配额逐步增长，从每年10部的配额到20部，2005年增加到了50部，2012年在配额之外，又新增了14部IMAX或3D电影，2017年中国电影市场还将启动新一轮谈判，有望进一步放开。外国资本被允许投资国内院线，互联网上，来自全球尤其是西方的影视剧、综艺娱乐节目触手可及。消费主义以受众喜爱甚至热烈追捧的途径传播，友好并且隐蔽，消费主义正是全球消费资本主义体系借以扩张的最重要的文化资本类型，以好莱坞为代表的西方影视作品和其他媒介类型的产品进入中国市场，潜移默化地培育了70—00世代中国受众的文化消费和生活品位。

新媒介技术的发展，给了传播体系无远弗届的能力。以前局限于一国的传播体系，在微博空间中，边界更加逐渐模糊。大数据技术支撑下，广告对目标受众群体精准投放。消费信息在新媒介时代实现了真正的无缝传播，Facebook、Snapchat、Pinterest、Instagram、微博、微信，各类社交平台实现了消费信息的大众传播和人际传播的融合，新的传播技术还在不断地被开发出来。一国的信息和服务进入另一国变得更加的便捷。最新的一项技术是给社交平台装“购买按钮”：假如某个加班的夜里，你想喝一杯热咖啡，只要发条消息，就有人把咖啡送上门。这是很多品牌和产品都在开拓的新业务：在聊天工具上卖东西。全球打车软件优步（Uber）的高级主管克里·斯梅西纳（Chris Messina）称这一趋势为“对话式商务”（Conversational Commerce），2016年被称为对话式商务元年。Facebook早在2011年就开始试水这项业务，2016年10月，Facebook推出了名为Marketplace 的新服务，允许买家和卖家通过聊天工具 Messenger 讨价还价。2016 年，视频分享网站 Snapchat 宣布将旗下的“Sweet”频道发展为电商平台，该频道由 Snapchat 与美国传媒巨头赫斯特集团联合推出，旨在让用户“每天爱上新东西”。聊天机器人正在取代 App，全球十大聊天软件之一的 Kik，这样描述他们的聊天机器人：某天你在观看棒球比赛时，打开 Kik，扫描座椅背的二维码，手机中就会出现聊天面板，让你与机器人交谈，如果你需要一份啤酒，按照聊天面板的提示，啤酒就会送到你手中。苹果公司的 Siri 技术是这一领域的领航者，以语音识别为代表的人工智能，真正进入了大众视野，只要在家中打开 Siri，下达指令：“我想订购一杯热咖啡”，Siri 就会为你搜索附近的咖啡店，让你选择购买。很多时候，我们已经很难区分提供消费信息的媒体到底来自哪个国家。

第三节 国家、市场和社会的关系转型

20 世纪 90 年代以来，中国社会主义市场架构开始建立，并逐步进入媒介传播领域。改革开放和市场经济体系在国家权力和私人生活领域之间，给社会释放开辟出了一块自由空间和流动资源，新的社会力量有了逐步成长的土壤，社会场域内各社会群体或阶层之间所处的位置、边界发生了变化。[①] 媒介拟态消费环境场域“消费精英”空间的生成，从时间脉络上看，是处于改革开放、特别是 90 年代以来的社会转型期，从空间上看，位于中国国家、市场、新社会力量所型构的新的关系场域当中。在国家—市场—社会权力架构中，市场机制的引入在很多方面重塑国家职能，市场又是在国家制度的调控之下，国家权力始终盘桓于市场运行过程，而国家话语和市场力量的型构制衡着社会表达的方式和渠道。全球消费资本主义体系扩张中，媒介场域内国家话语、市场机制

① 孙立平：《转型与断裂》，清华大学出版社 2004 年版，第 85—86 页。

和社会力量的相互激荡和动态链接，是媒介拟态消费环境建构的外在动力机制，其影响通过媒介组织、媒体从业者和受众的行动轨迹作用于该场域。

一　国家—市场的相互建构

英国学者苏珊·斯特兰奇（Susan Strange），建立了一种结构性权力模式，由安全、生产、金融和知识组成，以此对国家与市场关系进行分析。她认为，结构性权力决定了全球政治经济机构的样貌，经济体制即是由这种结构性的权力决定，由此决定者着市场运行和环境。国家是实施结构性权力的主体，它把自己的意志和利益用制度安排的形式体现，在经济上，表现为经济体制的安排，规范市场运行、风险分配，各种价值的分配，并从话语层面诱导人们认同并遵从现存的制度安排。[①] 罗伯特·考克斯（Robert Cox）指出，国家处于全球和国内生产关系的具体情境之下，在方法论上不应被看成原子化的个体，将国家置于资本主义世界体系的场域之内，国际组织是这个场域的主要行动者，特定的世界秩序通过国际组织传导给民族国家，影响着主权国家的内部形态，主权国家形态的变化又会对国内生产组织产生影响。[②] 以需求为导向的市场经济体制，极大地释放了社会生产力和生产热情，GDP 和家庭收入的持续高速增长，使中国彻底告别了商品短缺时代，20 世纪 90 年代中后期，生产能力的结构性相对过剩出现，长期以来的卖方市场、供求紧张的局面彻底扭转，伴随着经济的迅速发展，中国经济体制转型的成功，随之而来的是由于文化因素、结构性失衡等因素导致的国内市场有效需求不足的问题，为解决这个问题，促进消费、拉动内需成为中国政府二十年来持续的重要政策目标，从硬性的制度层面到软性的话语层面，国家都作出了

① ［英］苏珊·斯特兰奇：《国家与社会》，上海人民出版社 2006 年版。

② 李滨：《考克斯的批判理论：渊源与特性》，《世界经济与政治》2005 年第 7 期。

重大的调整。

20世纪90年代以来，中国的市场机制在国家的顶层设计和一路调整中得以建立，在这个进程中，中国国家职能也在发生着转型。国家是阶级意志的体现，阶级权力是国家的主导权力，这种权力也会收到来自社会各个层面的规制，并在此消彼长中形成某种具有韧性的内在平衡结构。近三十年来，很明显的一个面向是，国家的阶级性和社会性，随着具体历史条件和社会经济状况的变化而彼此进行的适应性调整。从历史进程的总体趋势而言，社会性在国家职能中将逐渐成为主导性特征，国家的公共事务管理职能和能力将不断得到强化和提升。中国的国家职能，在建国后很长一段时间内，以阶级斗争和政治斗争为主要目标，在改革开放和社会主义市场经济体制建立的进程中，一步步调适，转向以管理和服务职能为主。国家逐步将自己定位为“公益政权”，[①] 在积极培育市场的同时，着力基础建设，为经济发展创造环境，推进服务型政府建设，扮演市场的监管者角色，着力为各类市场主体创造友好公平的良性竞争环境，从经济性公共服务为主逐步转移社会性公共服务为主，做好市场经济进程中的社会再分配、社会保障和公共医疗卫生、环境保护等一系列的公共服务。在经济服务功能上，20世纪90年代中后期以来，国家经济政策的主导方向是积极的财政政策和适度宽松的货币政策，以刺激消费需求。

1998年8月，财政部增发1000亿元长期建设国债，以此为发轫，中国政府正式实施以国债为支撑、以拉动内需为目的的积极财政政策。同年，汽车和消费进入信贷市场。

1998—2003年累计发行长期建设国债8000亿元，主要用于交通通讯、农林水利、城乡电网改造、城市基础设施、推动产业结构升级的固定资产

---

① 赵月枝：《选择新自由主义的困境？——中国传播政治的转型》，《二十一世纪评论》2008年第6期。

投资。实施赤字财政，增加投资，促进消费，刺激需求。消费信贷的规模和范围逐年扩大。

2008 年 11 月国务院出台“十项新政”，提出实行积极的财政政策拉动内需。具体的措施包括着力于扩大政府投资，改革分配格局，加强基础设施建设，增加国内需求，提高低收入群体收入，促进提高消费需求……

2002 年，党的十六大，扩大中等收入者比重的政策第一次被写进报告，国家话语赋予了“中等收入者”阶层合法性，以拉动国民消费能力。

十七大报告指出，要“坚持扩大国内需求特别是消费需求的方针，促进经济由主要依靠投资、出口拉动向消费、投资、出口协调拉动转变”。

十八大报告强调，要“使经济发展更多依靠内需特别是消费需求拉动”，“要牢牢把握扩大内需这一战略基点，加快建立扩大消费需求长效机制，释放居民消费潜力，保持投资合理增长，扩大国内市场规模”。

十九大，习近平指出，中国特色社会主义进入新时代，中国社会主要矛盾已经转化为人民日益增长的美好生活需要和不平衡不充分的发展之间的矛盾，从供给侧结构性改革入手，提升消费质量。

在“领土逻辑”和“资本逻辑”① 的共弈格局下，中国政府针对全球消费资本主义秩序，在政策法规、政府职能方面作出了大量的调整：根据世贸组织的规则，或制定、或废止、修订了一系列法律法规，出台政策措施适应新的政治经济环境，根据市场运作的规则，不断调节政府行为和产业政策。突出的表现在优先开放和发展沿海媒体电讯产业，通过节目互换协议海外落地中国电视产品，将文化产业提升到国家软实力战略层面（图 4 -4），积极改革国内媒介体制，组建培育媒体集团等方面，使国内外媒体资本和跨国公司能够借力传播的影响力，在中国培育适应的生活方式，

① 大卫·哈维在《新帝国主义》一书中阐释的一对重要概念。领土逻辑指固定在空间内的权力，而资本逻辑则是指穿越实体空间的资本积累过程。

开发富裕和中等收入人群消费市场，拉动底层消费。

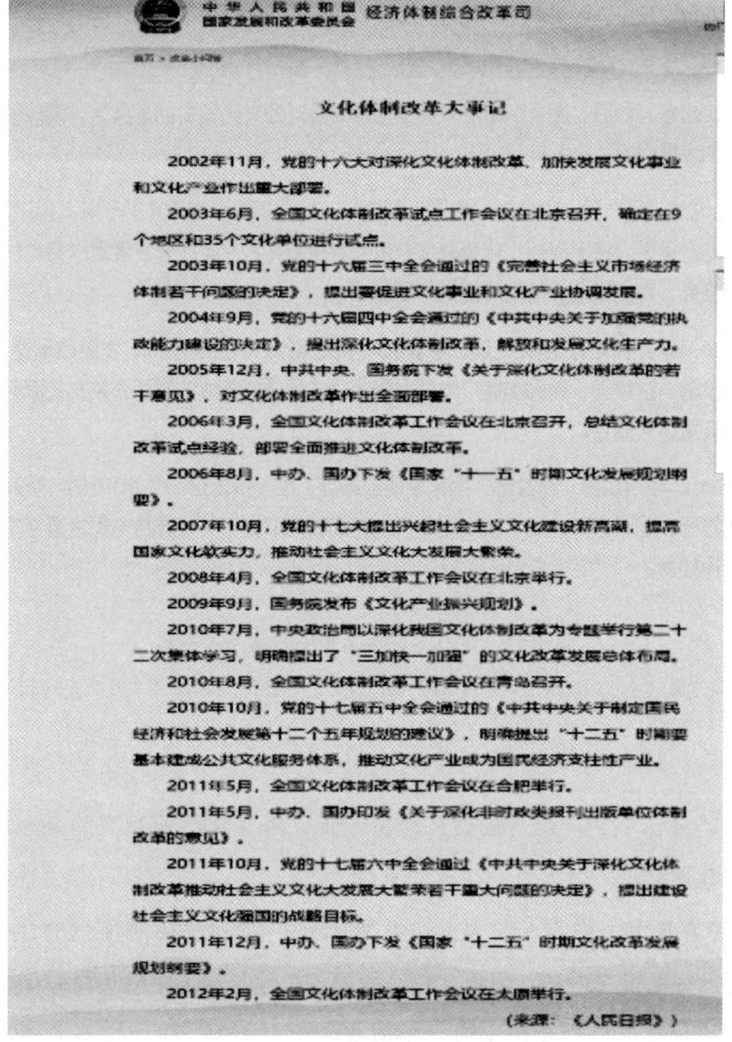

中华人民共和国
国家发展和改革委员会 经济体制综合改革司

文化体制改革大事记

2002年11月，党的十六大对深化文化体制改革、加快发展文化事业和文化产业作出重大部署。

2003年6月，全国文化体制改革试点工作会议在北京召开，确定在9个地区和35个文化单位进行试点。

2003年10月，党的十六届三中全会通过的《完善社会主义市场经济体制若干问题的决定》，提出要促进文化事业和文化产业协调发展。

2004年9月，党的十六届四中全会通过的《中共中央关于加强党的执政能力建设的决定》，提出深化文化体制改革，解放和发展文化生产力。

2005年12月，中共中央、国务院下发《关于深化文化体制改革的若干意见》，对文化体制改革作出全面部署。

2006年3月，全国文化体制改革工作会议在北京召开，总结文化体制改革试点经验，部署全面推进文化体制改革。

2006年8月，中办、国办下发《国家“十一五”时期文化发展规划纲要》。

2007年10月，党的十七大提出兴起社会主义文化建设新高潮，提高国家文化软实力，推动社会主义文化大发展大繁荣。

2008年4月，全国文化体制改革工作会议在北京举行。

2009年9月，国务院发布《文化产业振兴规划》。

2010年7月，中央政治局以深化我国文化体制改革为专题举行第二十二次集体学习，明确提出了“三加快一加强”的文化改革发展总体布局。

2010年8月，全国文化体制改革工作会议在青岛召开。

2010年10月，党的十七届五中全会通过的《中共中央关于制定国民经济和社会发展第十二个五年规划的建议》，明确提出“十二五”时期要基本建成公共文化服务体系，推动文化产业成为国民经济支柱性产业。

2011年5月，全国文化体制改革工作会议在合肥举行。

2011年5月，中办、国办印发《关于深化非时政类报刊出版单位体制改革的意见》。

2011年10月，党的十七届六中全会通过《中共中央关于深化文化体制改革推动社会主义文化大发展大繁荣若干重大问题的决定》，提出建设社会主义文化强国的战略目标。

2011年12月，中办、国办下发《国家“十二五”时期文化改革发展规划纲要》。

2012年2月，全国文化体制改革工作会议在太原举行。

（来源：《人民日报》）

图 4－4 文化体制改革大事记

资料来源：《文化体制改革大事记》，《中华人民共和国国家发展和改革委员会经济体制综合改革司》［2017 年 10 月 12 日］，http：//tgs. ndrc. gov. cn/ggzs/201204/t20120427_ 476149. html。

十八大以来，文化产业发展在继续夯实内力的同时，开始着眼向外发力（图 4－5）。

◆2013年6月5日，中宣部、文化部等9部门联合印发《支持转企改制国有文艺院团改革发展的指导意见》。《意见》就落实和强化对转制院团的政策扶持、促进转制院团自我发展能力建设、加强转制院团改革发展支撑体系建设提出14条政策。

◆2014年3月3日，国务院印发《关于加快发展对外文化贸易的意见》，明确了到2020年的发展目标。

◆2014年3月17日，文化部、中国人民银行、财政部联合发布《关于深入推进文化金融合作的意见》，提出创新文化金融体制机制、创新符合文化产业发展需求特点的金融产品与服务，为文化企业投融资提供体制保障。

◆2014年3月19日，由文化部、中宣部、中央编办、中央文明办、发展改革委、教育部、科技部、财政部、新闻出版广电总局等20家成员单位组成的国家公共文化服务体系建设协调组正式成立。

◆2014年6月19日，财政部、国家发展改革委、国土资源部、住房和城乡建设部、中国人民银行、国家税务总局、新闻出版广电总局联合下发《关于支持电影发展若干经济政策的通知》。

图 4－5 十八大以来文化体制改革大事记

资料来源《十八大以来文化体制改革大事记》，《人民网》（2014 年 8 月 9 日）［2017 年 9 月 21 日］，http：//politics. people. com. cn/n/2014/0809/c1001－25433462. html。

2015 年，“十三五”规划又跨出一步，将文化产业定义为未来的国民经济支柱性产业。

“随着我国人均收入的增长、中等收入人群的崛起，生活美学的个性化消费将出现爆发式增长，使得文化企业的成长性具有无限的想象空间。”[①] 中高收入群体是发展型和精品型文化消费的主要人群，亦是文化产业和媒介关注的主要人群。此外，国家在市场经济建设时期，以消费文化为基础建构新的共识，不断调整国家法定假期、改革休假制度，各种旅游休闲活动、节日话语建构一轮又一轮刺激着国民的消费热情。国家通过对传统节

① 张玉玲、鲁元珍：《2015 年中国文化产业发展报告：“文化＋”蓄势发力》，《光明日报》2015 年 12 月 29 日第 15 期。

假日休假的调整，从主导话语层面积极引导国民的传统文化消费，并在信息、旅游、文化、家庭服务等领域培育新的消费热点，引领消费观念，促进消费质量升级。国家话语与市场机制的相互建构，合法化了消费信息的媒介传播，并为之提供了政治经济空间。

二 国家—社会的关系重构

传统的中国社会以小农经济为基础的，在传统中国社会的“差序格局中，社会关系是逐渐从一个一个人推出的，是私人联系的增加”，[①] 国家是家族的衍生与扩大，血缘、亲缘和社会关系没有分离，是典型的“家国一体”的宗法社会型态。1949 年中华人民共和国成立以后，中国向苏联学习，实行的是计划经济体制和国家全能主义形态，国家权力在资源配置中起着绝对主导作用，社会价值选择、生活方式趋同，社会成员依附于国家权力，国家与社会是一体化的。城市社会和农村社会一起经历了国家对社会改造的基本形式——单位化，国家权力通过单位实施，单位涵盖了经济生产、行政管理与社会管理，社会生活空间被国家垄断，中国国家—社会关系呈现出“强国家，弱社会”模式。改革开放促进了中国社会政治、经济与文化的分离，推动了中国社会的转型和发展，社会领域开始要求脱离政治的控制，社会流动和转型在加快，国家与社会的一体化格局逐步瓦解，个体对国家的依附减弱，社会对资源的配置发挥越来越大的作用。现代化社会结构需要确立国家、市场和公民社会三者之间的平衡关系。改革开放和市场经济体制的逐步确立，不仅仅是经济层面的变革，是社会层面的全方位革新，从机制到观念。中国社会告别了匮乏时代，消费不再围绕生活必需品，不断增加的家庭收入流向了文化消费、旅游休闲、健身保健行业。市场经济体系下产权多元化和新的社会阶层的成长和壮大，对国家和社会的关系产生了深刻的影响。一方面，是国家对于社会

---

① 费孝通：《乡土中国》，北京大学出版社 2012 年版，第 37 页。

生活尤其是在日常生活场域的直接干预渐渐淡出，释放的空间为生活方式的多样性选择提供了空间，市场话语在这个领域中取得主导地位。另一方面，现代国家的管理手段日趋精细化、科学化，也更加隐蔽。国家的社会调控手段在转型，法制化建设以及政府行政的规范化进程，目的在于促进一个自主性和成长性社会的形成：分化和改变国家与社会曾经高度一体的总体性资源，释放社会空间，使社会成长为相对独立的资料来源，新社会阶层的产生和壮大，是媒介消费信息的传播的目标受众群。另一方面，隐蔽的面向在于国家从对日常生活层面媒介的直接干预中渐渐淡出，并不是国家话语影响力式微的表征，媒介消费文化话语，实质上是现代国家发展进程中，为国家继续维持并增强其社会文化领导权的重要通道。

一个值得注意的现象是，20 世纪 90 年代后，中国社会的个体化快速地成长起来，这种个体主义在过去是不成形的，在政治上甚至是不可接受的，如今发挥着重大的影响力，尤其是在消费主义和物质欲望的实践过程中日益彰显出来。而个体主义的成长又是和城市化紧密联系在一起的。改革开放以来，中国的城市化取得了巨大的成就，城市化率从改革开放初期的 38% 达到现在的 56% 左右，也就是说，中国用了 30 年左右的时间，走完了西方 100 多年的历程。[①] 城市化带来了人口的大规模迁移，不少人从基于血缘、地缘的人际网络进入大城市的“陌生人”人际交往模式，摆脱了传统的身份政治进入现代社会重建自我身份认同的进程当中。城市的个体化进程对乡村社会产生了颠覆性的影响力，受到媒介和自身进城工作经历的影响，越来越多的年轻村民有了强烈的个体意识，影响到农村家庭关系的结构性转变，传统的扩展家庭被更小的以更亲密的夫妻关系为主线的核心家庭取代，年轻的村民夫妇搬出与父母同住的家。中国社会个体对隐

① 郑永年：《中国城市化，大城市越来越富，小城市或被榨干》，《凤凰国际智库》（2017 年 3 月 9 日）［2017 年 10 月 10 日］ http：//pit. ifeng. com/a/20170309/50764375_ 0. shtml。

私、独立、自由选择和个人幸福追求的成长与消费主义进入的轨迹在时间线上是契合的。

耐用消费品时代并不仅仅是日常消费的升级，它是一个全新的时代。耐用消费品对基础建设、城市化都有着基本的要求。没有自来水的农村村民无法使用洗衣机，没有基本道路的设施的边远山村购买汽车产生不了基本效用。这就是国家政策层面大力推进基础设施建设，推进城市化进程的一个重要原因。此外，基本消费品时代，或者计划经济时代，需要解决的主要矛盾是人们的“穿衣吃饭”问题，生产决定着消费，几乎不曾产生过大面积的生产过剩危机，而在耐用消费品时代，消费需求取代了生产曾经在经济体系中占据的主导地位，生产过剩危机就发生了。耐用消费品市场的形成需要城市化，需要相应的社会阶层结构，只有国民的实际收入、相关的社会配套制度能够支撑、并且让消费者无后顾之忧地购买耐用消费品的时候，耐用消费品市场才会真正培育发展起来。西方耐用消费品经济形态的最终完成，得益于第二次世界大战以后，西方国家推进城市化，建立消费信贷制度，健全社会保障体系，完善各项基本公共服务政策，以改善民生，帮助国民建立起对于未来生活的良好和稳定预期，促使中产阶级成长壮大为耐用消费品市场的主流消费人群。改革开放和市场经济体系确立进程中，在一些非关乎国计民生的生产领域内，国家计划放手，让市场运作介入，新生的社会空间资本类型的重新分配，改变了社会结构。70 年代末到 80 年代，一批先富者群体产生，他们依靠政策和实业致富，先富者群体头脑灵活，敢于尝鲜，是改革开放后的首批受益者。20 世纪 90 年代以来，新的职业群体和富裕阶层诞生，他们依靠投资眼光和专业能力在社会场域获得较优异的位置。这些最早在中国社会场域积累较大量经济资本的人群，是中国耐用消费品的首批目标市场，也是媒介消费信息的传播的受众基础。2002 年，中共的十六大江泽民“七一讲话”，确认了中国的“新社会阶层”，这个社会阶层形成于改革开放的经济浪潮和建立中国特色社会主义市场经济的变革当中，非公有制经济人士和自由择业的知识分子是主要的组成成分，他们分布在新的经济和社会组织当中，来自民营科技企业、外资企业、中介组织等，他们的职业身份是创业人员、管理技术人员、私营企业主、自由职业人员等，随着时代的变化，“新社会阶层”的内涵和外延也在持续的变动之中。但总体来看，新社会阶层的主要特征是：相当部分是知识分子，职业和身份变动大，聚集了大部分的高收入者，多数是非中共人士，在消费方面有较高的文化资本积累，品位和区分意识强烈，阶层人群规模有不断扩大的趋势，是媒介消费信息传播的积极接触者和行动者。

市场体系中，国家在很多领域退出直接干预，伴随而来的社会自主性的成长，并没有弱化现代国家在社会生活领域的影响力。用葛兰西的“霸权”理论来解释现代国家管控手段的转变和隐蔽性，即是国家在发挥社会控制职能上，从简单的直接干预手段逐步转向更柔性的文化领导权的实现。国家在个体的发展中发挥了重要作用，而且一直通过划定边界和规范管理着个体化进程。早在20世纪50年代，国家就已介入个体化进程。《婚姻法》和家庭改革鼓励青年人和父母长辈进行抗争，土地改革使个体不再依附于家族，而成为国家行政体系中的个体劳动者。进入90年代后，国家倡导的建设“四有”新人变成国家和全球资本共同制造消费者的过程。欧文（Kathleen Erwin）的媒介社会学路径的观察视角很有趣，《电话的沟通与心灵的交流：家庭价值、性和上海咨询热线的政治》（Heart-to-Heart, Phone-to-Phone: Family Values, Sexuality, and the Politics of Shanghai's Advice Hotlines）一文，从热线电话入手，发现中国社会话语，从在公共场合拨打接听，到私人拥有电话的转变中，得到了相当程度的解放，人们在热线电话中谈论性别、家庭价值、健康等从前私密甚至被“忌讳”的话题。但她认为，并不能由此理解中国的公共空间在扩展，应该在热线电话看到消费资本主义和国家现代化议程的汇流，很多热线电话是由公司赞助的，而提供咨询意见和大众教育的很多事党的干部。公众在国家和市场的权力架构内，表达着个体追求和现代性欲望，中国家庭在这个过程中，被国家水到渠成地纳入了促进经济繁荣的政治合法性议程当中。[①] 节俭消费思想一直是中国的传统思想，20 世纪 80 年代中期，节俭依然是国家层面对消费的主流话语，生产然后消费，扩大生产、压缩消费，在再分配体系上，国家政策一直优先投资再生产，这是生产决定消费的经济模式，也正是在这一时期，先富群体的炫耀性消费开始出现在大众视线中。20 世纪 90 年代，市场经济体制的建立改变了这一逻辑，以需求为导向的经济模式中，消费是经济体系的引领，社会再生产的基本推动力，生产方式转型升级的决定性因素，也是推动生产力发展的持续动力。消费理念变革、消费方式升级推动着生产能力的提升，工艺技术的革新和产品创意的迭代。“供给侧改革”，正是从消费质量提升的方面推动生产结构的优化。持续的消费能力对于现代市场经济确立和发展至关重要，市场经济的核心是需求，有了供求关系，才有了市场经济。消费资本主义的全球体系下，消费已经超越了国家的边境范围，在全球范围内被组织。国家主导话语开始发生转向，通过政策引领和媒介传播的话语策略，国家赋予了消费政治上的合法性，消费事关国家发展、经济增长、民生幸福乃至人的全面发展，消费与现代性话语紧密联系在一起，江泽民指出：“与时俱进应该体现在社会的各个方面，包括消费上。”[②] 1992 年，北京市在宣传学习《首都市民文明公约》时，利用双休、节假日上影院、学英语、旅游观光，考取驾照等，作为休闲消费的内容，被提升到城市精神文明建设和现代文明的北京市民身份认同的高度，[③] 休闲文化被提升至国家社会主义精神文明话语高度，获得合法性。随后，各种鼓励公民转变观念，重建休闲和消费理念的措施纷纷出

---

① Erwin, K., *Heart-to-Heart, Phone-to-Phone: Family Values, Sexuality, and the Politics of Shanghai's Advice Hotlines*, D. S. Davies ed, The Consumer Revolution in Urban China, Los Angeles: Berkeley, 2000.

② 李义平：《谁在左右我们的消费观》，《中国网》（2009 年 7 月 30 日）［2010 年 4 月 10 日］，http://www.china.com.cn/fangtan/2009-07/30/content_18236041.htm。

③ Jing Wang, Culture as Leisure and Culture as Capital, *Positions: East Asia Cultures Critique*, 2001, 9 (1).

招，比如周末休息两天，每周 40 小时工作制，年假措施，等等。媒介在此过程中充当了国家意志和民众之间的重要纽带，各种手段祭出，打造舆论，引领文化，成功地将消费者面向与公民政治身份连接，在社会层面上制造新的文化认同，引导社会话语潮流。2006 年，前副总理吴仪参观杭州世界休闲博览会时指出，政府要让休闲成为大众流行的生活方式。2008 年，时任国务院副总理的李克强在政府最高决策层中提出，促进内需对于发展经济至关重要。为了增强消费者购买力，中国政府实施了各种政策刺激消费，如降低银行贷款申请门槛，下调利率来降低居民储蓄的热情等。中国政府还出台了措施刺激农村地区的消费，“家电下乡”政策以政府补贴的形式，集体动员农村居民购买电视机、洗衣机和冰箱等电器。此外，中国政府通过完善各项社会福利，扩大医保范围，提高最低工资标准等措施，刺激居民的消费能力，创造消费者。2016 年 4 月，国家发改委等 24 部委正式下发《关于印发促进消费带动转型升级行动方案的通知》，包括农村消费升级行动、居民住房改善行动、汽车消费促进行动、家政服务扩容提质、体育健身消费活动扩容行动等十项措施，具体措施有切实落实职工带薪休假、加快自家车房车营地建设、培育新兴旅游消费热点、支持乡镇影院建设等。2017 年 4 月 18 日，国家统计局新闻发言人毛盛勇表示，对于“哪些力量推动了经济的增长”这个问题，从需求的角度来看，消费仍然是最大的贡献，消费对经济增长的贡献在一季度达到 77.2%，比上年同期提高了 2.2 个百分点。①

三　国家—市场—不同社会阶层的链接

国家和市场的力量是一种矛盾互动的存在，国家的主体性权力和市场经济体系的结构性力量既在对立中携手并行，又时有交集叠加而汇流的时

① 《首季消费品零售总额增 10% 经济增长贡献率近八成》，《新浪财经》（2017 年 4 月 18 日）［2017 年 10 月 12 日］，http：//finance. sina. com. cn/roll/2017 - 04 - 18/doc - ifyeimzx6740844. shtml。

刻，这种权力形态既能为社会表达提供资源，具有正面能量和创造性质，又在结构层面限定了社会表达的框架，是一种压制和排斥的存在。市场的丛林法则不可避免地拥抱差异，带来制度性的不平等，国家经济层面上产权改革的影响力迅速传导至社会层面，阶级和阶层差异在中国社会复炽，社会集团的利益格局的分化在悄然改变着国家，地方性的抗争运动出现，底层的农工阶级尝试找寻失落的话语权。市场逻辑推动了全球消费资本主义体系的确立，是一种强大的形态。政治、经济的结构性关系中，市场逻辑贯穿，还直接影响到曾被寄托“公共领域”期冀的媒介，与市场、资本的碰撞中，媒介的公共性地界在不断萎缩当中。国家保护着垄断市场，而媒介身处的政治权力控制范畴和市场逻辑，汇流成一种“霸权”合意，遮蔽了媒介作为中介场域的多面向功能，割裂了市场和社会的沟通纽带。社会主义中国面临的巨大挑战是：领土逻辑、资本逻辑和共产主义意识形态的高度冲突。处理协调好三者的关系，国家既需要智慧的顶层设计，确保市场、资本和各方利益集团的均衡态势，又需要通过主权国家框架和话语，如政治、传播、外交、军事实力，强化文化认同。

全球资本主义制度裹挟着消费主义，是现代社会的新“拜物教”，是新的意识形态在中国的滋长。媒介的城市化、现代化和中产阶级话语导向，带来了社会意识层面传统乡土社会和乡村主体性的瓦解，乡村依附于中产阶级和城市消费主义想象。尽管国家在过去很长一段时间以来，在意识形态上赋予工农阶级以优先地位，一直在加大农村基础设施投入，并在收入分配上向底层倾斜，但工农作为国家统治阶级的主体性意识形态和文化身份建构仍是不可避免地在流失。但在另一个维度上，资本全球逐利的强大原始驱动力下，国家又在实践层面迎合着国内外资本的利益，为维持国家在全球经济分工体系中出的比较优势，保持“社会稳定”，或限制底层劳工和农民的话语表达，或降低工资，维持世界工厂的出口导向型经济在国际市场的竞争力。领土逻辑与资本逻辑的矛盾运转中，GDP 增长的驱动下，地方政府很多时候选择为企业背书。2006 年，在兰州举办的“浙商论坛”上，浙江某官员的一句话引起舆论哗然，他在发言中提到，在发展经济上，兰州的领导干部不敢“傍富”。兰州的媒体积极跟进，提倡傍富，富人拥有资本、能力和信息，和他们交朋友，能获得更多招商引资的机会，发展地方经济。这一事件是经济转型期国家和市场复杂关系维度的生动呈现之一。中国的工会立法相对滞后，权力界定模糊，漏洞很多，工会在很多时候身份尴尬，缺乏成为一个自治结构的赋权和资源。在房地产领域，地方权力和开发商资本严格限制了工农的表达权力，强制拆迁过程中，平民百姓在社会场域所能拥有和组织的资本类型和数量，根本无法与政府和资本的力量协商抗衡。一些地方政府甚至直接以行政强制手段阻碍民众自发组织起来的协商和博弈，民众在权益受损时没有正当表达渠道，只能通过上访和暴力抗衡寻找出口。城市化进程中，农民工为城市美丽景观的建设承担了最脏最累的工作，却因经济资本缺乏而无法在他们为之付出辛勤汗水的城市中安身立命，为讨要欠薪而四处奔走，农民工因缺乏文化资本而游离于城市的主流生活之外，工作之外的精神生活缺失，获得感和地位感更是无从谈起，因为缺乏进行社会再生产的资源，农民工二代很多生长于城市，却始终生活在城市“边缘人”意识和环境当中，而在他们的家乡，生存根本的土地在各种名目下被商业化。城市中，下岗失业人群数量庞大，最基本的生活设施得不到保障，在经济转型和结构调整中被市场抛向边缘，更被消费社会所遗忘。市场话语、经济资本对其他场域的聚敛效应，在社会层面产生激荡，社会在此过程中积极寻求与国家互动，以获得话语权。改革遭到来自相对被剥夺感阶层的挑战，抗议活动频发。在公共领域中，工农主体形象局促于公开的政治话语范畴，成为媒体表征中被描述的“他者”，赵月枝指出，“大众媒体有意无意把这个公共领域前面的定语‘资产阶级’去掉了，仿佛这个公共领域的主体就是媒体人和他们所赋予话语权的‘公共知识分子’，最多包括他们所认同的，而且被认为是中国民主主体的‘中产阶级’”。[①] 2018 年伊始，在

① 赵月枝：《选择性新自由主义的困境？——中国传播政治的转型》，《二十一世纪评论》2008 年第 6 期。

北京市城市管理的专项治理行动中，很多长年务工在这座城市、来自贫困地区的人口，被迫离开了这座城市。

与工农阶层在市场经济中的地位下滑形成对照的，是“主流人群”、精英群体形象与诉求的凸显。2006 年，一桩新闻事件成功引起公众的关注：8 月 17 日，云南大山公司及昆明日报、都市时报送了一份大礼给当年考入清华的 32 名新生及其家长，为他们提供包机待遇，从昆明起飞到北京报到入学，同年的 9 月 3 日，同样的待遇又赞助了 33 名考入北大的学生及其家长。包机活动持续了 6 年，大山公司总经理和昆明日报的主编一再强调，他们是通过包机举动，在倡导精英意识。[①][②] 媒介与资本对事件的策划与联盟，在这个事件中一览无余。

精英群体、“新社会阶层”在经济资本积累的过程中，逐步有了政治诉求，在国家政策的制定方面影越来越成为重要的考量因素，政治概念上的“中等收入人群”，媒体概念上的中国“中产阶层”概念，成为市场和社会的宠儿。《精致而精准的购物时代来临》，这是周末画报 2018 年 2 月的一篇报道。“精致”是指购物中心的服务升级，商场内严格控制 PM2.5 和室内各楼层温差，开设美容美体一站式中心，餐厅设迷你高尔夫球场、鸡尾酒吧，“精准”是清晰的目标人群，瞄准“时间宝贵、注重结果”的“中产阶级细分人群”，这个人群的特征是注重生活方式，追求品质。[③] 目前，中国社会的“中产阶层”，根据周晓红的界定，主要的构成成分如下：1978 年以后新生的私营企业家、乡镇企业家、小业主、小商贩，与党和国家有连带关系的党政干部和知识分子，因外资引进而产生的“外企白领”，企业和社会组织的管理者，因高新技术的采用和新行业的出现而产生的高

---

① 《云南 32 清华新生包机赴京上学》，《都市时报》（2006 年 8 月 18 日）［2010 年 4 月 23 日］，http：//news. xinhuanet. com/edu/2006 – 08/18/content_ 4977211. htm。

② 《32 名北大学子今包机进京》，《昆明日报》（2009 年 9 月 7 日）［2010 年 4 月 23 日］，http：//220. 165. 250. 3/news/content. asp？ nid = 1013。

③ 耿川迪：《精致而精准的购物时代来临》，《周末画报》（2018 年 2 月 10 日）［2018 年 2 月 6 日］，http：//www. modernweekly. com/business – 11。

收入群体。[①] 市场策略瞄准的是精英、“主流”群体、中产阶层的消费偏好，国家话语和政策层面对“中产”积极培育，“购房入户”“绿卡政策”“人才优先”等政策使得首先进入大中城市的，大部分都是受过良好教育的人群。

国家—市场—各社会阶层之间的互动博弈进程中，中国的社会分层逐步显现。不同群体和阶层之间，在生活方式、文化品位、住房选择、交通工具的选择方面，出现并有意识地开始建构和维系差异。而在群体内部，归属感和身份认同感逐渐成为一种有意识地行为，阶层意识或群体、亚群体文化出现，精英、中产受到媒介的青睐、大众的追捧，即是这种意识和文化现象的表征。权力场域中的各细分社会群体之间，结盟合作关系逐步建立，经济精英、政治精英和部分文化精英联盟关系显现，这种结盟可能的发展趋势是社会阶层的固化。房地产市场中，可以清晰看到这种关系网的脉络。从另一个维度看，社会分层即是意味着根据所掌握的资本类型和数量，场域内的优势位置和弱势位置显现，处于场域不同位置的人群，在利用社会资源和上升通道上，存在着巨大的机会差异。国家—市场—各社会阶层之间的链接互动，深刻影响着身处此场域架构内的中国媒介体系改革重组方向与进程。

① 周晓红：《中国中产阶层调查》，社会科学文献出版社 2005 年版，第 5—6 页。

第五章 “自主”极结构分析：双重资本追逐下的媒介生产

媒介拟态消费环境场域是一个半自主的场域，具有相对的独立性，有着在分析中不能化约为外部力量的内部运作逻辑，这些外部力量包括国家、市场和社会权力，他们以媒介场域自身特定的运作逻辑为途径，在与内部逻辑的关系中作用于拟态消费环境场域。在这样一个次级场域中，媒介组织孜孜追求着在经济资本和文化资本积累上的目标，逐步市场化进程中依然担负意识形态功能的媒体，呈现出新的传播与话语策略，“新型文化媒介人”在场域中追求差异，获取符号权力，积累文化资本，并努力寻求着文化资本向经济资本的转化，特定阶层的受众拥有一定数量的经济资本，以媒介为中介寻求身份认同和阶层归属。场域中各种行动者的运动轨迹交错的张力网络，呈现出媒介拟态消费环境建构的内部动力机制。

第一节 媒介全球化进程中的中国媒介市场化

20 世纪 80 年代以来，西方媒介通过横向、纵向的兼并扩张，形成了一些大型的媒介集团，最大的六家媒体集团的扩张都是通过多次跨媒体、跨行业兼并，打造了完整的产业链，囊括了所有的媒介形式，从电视、电影、广播，到书籍出版、杂志，一直到多媒体。美国是世界上最大的媒介市场，大体分成三块：本土美国在线时代华纳，迪斯尼和维亚康姆，占三分之一；外国的维旺迪、贝塔斯曼、新闻集团和索尼，占三分之一；剩下的美国媒介占据40%。媒介全球化在某种意义上是媒介的美国化，美国是目前全球唯一真正拥有全球市场的国家，英国在新闻领域和节目创意方面，保持着全球性的影响，其他西欧国家，法国、德国、意大利和西班牙等，传播影响力与美国无法比肩。

早在20世纪80年代，默多克即策略性地在香港布局星空传媒（Star TV），作为进入大陆市场的先声。刺激大型跨国媒介集团进军中国野心的，一是中国庞大的媒介消费市场，二是伴随着中国改革开放政策的实施，进入中国的跨国企业亟须与其扩张战略相适应的媒介传播能力、营销设计服务。跨国媒介集团相比本土市场媒体，有着明显的优势：资本雄厚，多年积累储备的经营和内容创意人才，先进技术的采纳，和跨国公司深厚长期的合作关系，等等。跨国媒介集团从20世纪90年代开始抢滩中国，从合资模式到独资被允许。美国电影协会组织了中国贸易关系委员会，游说国会，要求通过对华贸易法案。20世纪90年代，媒介集团在美国政府的支持下，运用政治手段，努力进入中国市场。从国外来看，美国国际数据集团（International Data Group）、澳洲新闻集团、法国费加罗报等外资媒体纷纷布局中国市场，路透集团（Reuters Group PLC）、迪斯尼、道琼斯（Dow Jones & Company）等国际传媒巨头，也一直关注中国传媒行业，表现出很大的兴趣。他们先从中国加入WTO承诺开放的领域进入，从高收入群体、富裕市场进入，允许3星级以上饭店可以接收境外频道，商业化的住宅区也可接受部分境外频道。跨国公司雇用本地媒介人才，制作本地内容，通过“全球本土化”和“外包”（Glocalization and Outsourcing）模式，与媒介合开子公司，共享利润，共同制作产品，交换产权。

中国的广电业，从行业结构看，从“文化大革命”结束后，一直沿袭1983年“第十一次全国广播电视工作会议”的“四级办广播，四级办电视，四级混合覆盖”方针，广电业实行国有事业体制，宣传工作、事业建设和行业管理“三位一体”，广电行业不能打破行政级别和行政区划的限制。20 世纪 90 年代以来的中国媒介制度变迁，是中国社会转型和变革的一部分，资本力量话语权的增长是其最凸显的表征，这一进程中，曾经分立的政治力量与资本力量，在诸多领域携手合作，资本在推动媒介改革进程中的主导地位逐步彰显。1992 年，国务院办公厅 82 号文件《关于加强广播电视有线网络建设管理的意见》颁布，以此为起点，允许广电行业有线、无线合并经营。1994 年，中国第一家媒介类上市公司东方明珠上市，1996 年，第一家媒介集团广州日报报业集团成立。其后，“广电湘军”湖南广电集团的异军突起，进一步彰显了资本市场对于中国媒介产业发展的推手角色（表 5 - 1）。

表 5 - 1　　中国广播电视业的市场重组

名称	成立时间	构成	总资产（亿元）
湖南广播影视集团	2000 年 12 月 21 日	湖南电台、湖南电视台、节目报、电影制片厂、网络中心、节目中心、音像中心、湖南电广集团公司等	30
山东省广播电视总台	2001 年 1 月 19 日	山东电台、电视台、影视剧制作中心、广电信息网络公司、广视网站、视网联网站、音像出版社等	—
上海文化广播影视集团	2001 年 4 月 20 日	上海电视台（包括上海卫视）、东方电视台、上海人民广播电台、上海东方广播电台、上海每周广播电视报社、东方网络有限公司、东上海国际文化影视公司、广电影视制作有限公司、上海东方明珠股份有限公司（600832）、上海国际会议中心、上海电影电视（集团）公司、上海永乐电影电视（集团）公司、上海影城、上视大楼、国际会议中心、上海大剧院等	142
北京广播影视集团	2001 年 5 月	北京电视台、紫禁城影业公司、北京人民广播电台、北京歌华文化集团、北京歌华有线网络股份有限公司等	50

资料来源：陆晔：《WTO 背景下中国广播电视业的市场重组：特征与矛盾》，《现代传播》2002 年第 2 期。

中央宣传部、国家广电总局、新闻出版署颁布 2001 年第 17 号文件《关于深化新闻出版广播影视业改革的若干意见》，将“实行多媒体兼营”

"跨地区经营"列为改革重点，媒介体制改革以集团化为突破口，着眼于应对加入世贸组织后带来的挑战。2001年年底，中国正式加入世贸组织时，全国已成立报业集团26家、广播电影电视集团8家、出版集团6家、发行集团4家。①

加入WTO后，传媒电信行业很多领域逐步放开，媒介产业也逐步对境外资本让渡了一些边缘领域的产权或部分产权，这些领域分布在非新闻的娱乐产业，包括或合资或独资的影视节目内容生产、广告服务和一些视听产品的发行等（表5－2）。2016年11月，中国第一家跨介质、跨单位、跨业态的全媒体集团"南方财经"诞生，以国际市场为目标，争夺国际财经领域话语权。

表5－2　加入世贸组织后外资在中国传媒和电信行业的影响

部门领域	外国投资程度	政策改变
出版	中	时尚和休闲出版物将允许
广告	中到高	未来三到四年，广告会开放，而后美国可能在中国建立独立的广告分公司
有线电视	中	外国投资有线电视的基础设施（但不是内容）很有可能更容易
电影	中到高	进口好莱坞大片将由10部增加到20部。到2005年，每年将增加到50部，中粪双方平均分享其中20部的利润。外国资本将获许投资或整修中国的电影院，未来的三年里可以最多持有49%的股份。对电影发行（运输、零售和售后服务）的限制会在未来三年里解除，合作生产电影、VCR和VCD将会被允许
资讯科技	中到高	进口半导体、电脑、电脑设备、电信设备和其他资讯科技的关税会在2003年前由现在的13%降到0
电信服务	高	从中国入世起，外资获许持有电信服务公司49%股份，两年内增加到50%
互联网	高	美国公司将获许投资网络公司，也可以在网上提供内容，但必须合法，不能连接到海外的网站上，或转接海外的新闻资讯，股票上市需国家许可

① 胡正荣：《后WTO时代我国媒介产业重组及其资本化结果》，《新闻大学》2003年第3期。

续表

部门领域	外国投资程度	政策改变
新闻印刷	低	进口木材和纸张的关税会在2003年以前的从12%—18%和12%—25%分别降到5%—7.5%
新闻媒介	低	在世贸组织“优惠待遇”的条款下，新闻媒介不向外国开放所有权和操作权
电视	中	投资地方电视可能被允许，但中央台不会被允许。进口的电视仍可以通过旅游旅馆和外国驻中国办事处收看

资料来源：李金铨：《超越西方霸权：传媒与文化中国的现代性》，牛津大学出版社2004年版，第304页。研究者根据手头搜集的清晰度欠佳的复印资料重新整理。

20世纪80年代启动的这场媒介的市场化改革，政策上非意识形态化、娱乐化和平民化内容生产获得许可，经济上媒介不再依赖政府财政拨款，转向依靠市场获得收入进行再生产，中国的媒介集团化并不解决制度问题，未打破原有的政治经济权力结构，换言之，政府对于媒介的控制权并没有被削弱，而只是通过政府主导下的产业重组，给了产业在市场经济环境下更大的生存空间。这场改革的结果，中国的媒介体系是在“一元体制，二元运行”[One System, Two Operation (OSTO)]的架构下来运行的，而媒介为了维持垄断资源的利益，很多时候对这种双轨运行是持欢迎态度的。国家从意识形态控制、信息安全的战略层面调控媒介系统，但在很多时候不再介入媒介组织的日常运作。媒介依然承担着作为党和国家的舆论阵地，维护意识形态方向的功能，同时，有了新的资本积累单位的职能，但媒介信息内容，尤其是新闻内容的生产和传播，仍然受到严密的审查。所以，“一元体制”指国家控制着媒介，媒介忠实地依从国家，换取市场的垄断局面，“二元运作”指媒介既从国家财政中获得拨款，又直接面向市场，运用所掌控的垄断资源，获取广告利润、节目营收等经营性收入，而后者在媒介的企业运作转轨中，已经取代财政拨款，成为媒介的主要收入来源，实际上，一种惯常的操作是，媒介用市场上，或者说从娱乐、产业经营积累的经济资本，来完成意识形态领域内的政治宣传职能，积累文化资本。这是一个政治—资本、管制—放松的博弈过程。研究者在湖南卫视挂职期间，就发现他们在多次会议上提及新闻节目是根本不赚钱的，必须用综艺节目、电视剧的收入来支持。在节目策划、审片、播出的整个流程中，考量最多的就是这两个方面：一方面观众爱不爱看，收视率能否保证，这是经济资本的考量；另一方面，安全播出，中宣部、省委宣传部、广电总局的意见和导向是怎样的，节目对于湖南卫视品牌辐射力、影响力如何，什么人群在收看，这是文化资本的考量。

电视剧《人民的名义》在卫视热播后，卫视总编室的品牌策划部门就迅速作反应（图 5－1）：

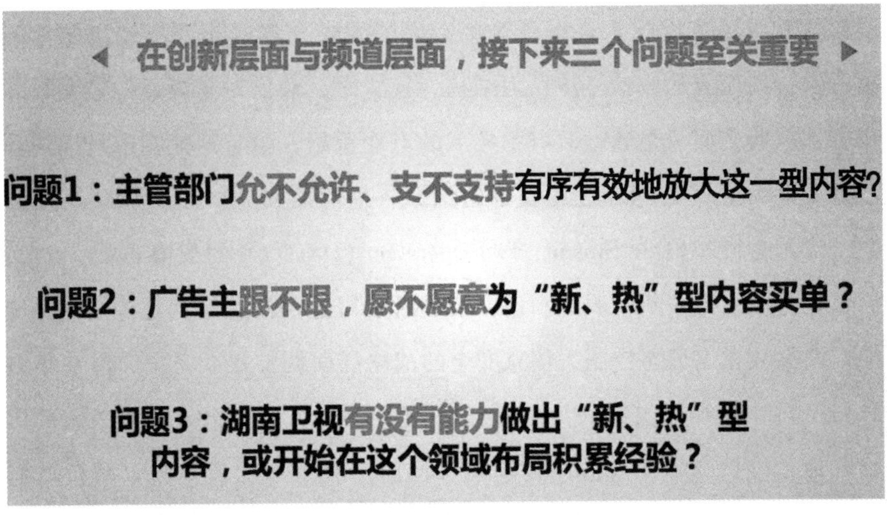

◀ 在创新层面与频道层面，接下来三个问题至关重要 ▶

问题1：主管部门允不允许、支不支持有序有效地放大这一型内容?

问题2：广告主跟不跟，愿不愿意为“新、热”型内容买单？

问题3：湖南卫视有没有能力做出“新、热”型内容，或开始在这个领域布局积累经验？

图 5－1　湖南卫视《人民的名义》研讨会

资料来源：湖南卫视。

从卫视总编室的这份报告内容可以明显看出经济资本和文化资本双重考量的面向。

第二节 媒介组织的文化与经济资本追逐

一 媒体话语表征的阶层区隔

资本化是媒介乐意拥抱的策略。资本化可能带来更大的政治空间，获取更多的经济利益，突破行政区域和行业限制，借助资本力量，政策许可条件下，未来在中国的媒介行业，势必会通过各种形式的兼并收购，诞生几家跨地区、跨行业和跨媒介的大型媒介集团。市场逻辑下的传播体系改革重组，对中国的公众表达产生了深刻的影响。传媒涉水市场以后，伴随着政府的财政拨款逐年减少到可以忽略的份额，跨国传媒公司的巨大挑战如影随形，“走出去”传播中国文化的内在动力和外界期待，使媒介生存的忧患意识进一步强化，媒介明确其收视目标阶层和价值观定位的任务更为迫切。目前，广告是中国媒介的最主要收入来源，各大媒体千方百计争取广告商的青睐，电视台在日常运作中紧盯有效收视率，有效发行量则是报纸杂志的生存之本。目标受众的精准（Positioning）定位在市场竞争中至关重要，目标群体决定着媒体的内容生产和风格选择，广告的投放方式和渠道。赵月枝指出，三类群体在中国传播场域中处于优势位置：跨国公司、国内政治经济精英以及中产阶级，他们主要集中在城市，是国内外广告商最中意的人群。媒介也表达来自大众阶层的声音，但政治控制和经济边缘化的双重机制经常限制着这种表达。①

这是三联生活周刊在2017年年末的一期封面——2017年度生活方式：物质审美（图5-2）。

封面文章的主笔杨璐谈到这组文章的主题是“做一个体面的、有格

① 赵月枝：《中国传播产业与“入世”：一种跨文化政治经济学视角》，《传播与社会：政治经济与文化分析》，中国传媒大学出版社2011年版，第229—242页。

图 5-2　2017 年度生活方式：物质审美

资料来源：《三联生活周刊封面》，《三联生活周刊》2017 年第 51 期。

调的人，做一个不油腻的人的标准是什么？”并且强调审美偏好是“中产阶级认为的好”，以此为出发点，探讨社会阶层和生活品位之间的关系。①

市场化将下层工人和农民及其他弱势群体推出了媒介视线之外，这种遮蔽不仅表现在缺乏表达权上，也表现在知情权的缺失上。媒介不仅呈现，亦遵循资本逻辑，构建着新的社会权力关系，显现出明显的精英主义倾向。涉及弱势群体的报道，缺乏平等的视角，在“向下看”的视角中，表达着对于“他者”命运的愤懑和悲悯，或“人文关怀”，弱势群体的表达以精英群体的形象和话语作为代言渠道，充斥于媒介，如“郎咸平风波”的媒体报道表现。《北京晨报》2004 年 8 月 15 日的一则报道，标题是

① 赵月枝：《中国传播产业与“入世”：一种跨文化政治经济学视角》，《传播与社会：政治经济与文化分析》，中国传媒大学出版社 2011 年版，第 229—242 页。

“郎咸平：我唯一的遗憾就是孤军奋战”，精英一骑独行，而国企工人群众抗争的事实被媒体从话语层面消弭了。[①] 东方卫视的《可凡倾听》《杨澜访谈录》，中央电视台的《面对面》《对话》、上海第一财经的《决策》等精英谈话节目相继创办。界面新闻直接打出中产阶级旗号（图5－3）。注意力争夺的时代，媒体不断推陈出新，包装出令人眼花缭乱的精英人物榜、富豪榜、年度人物等。

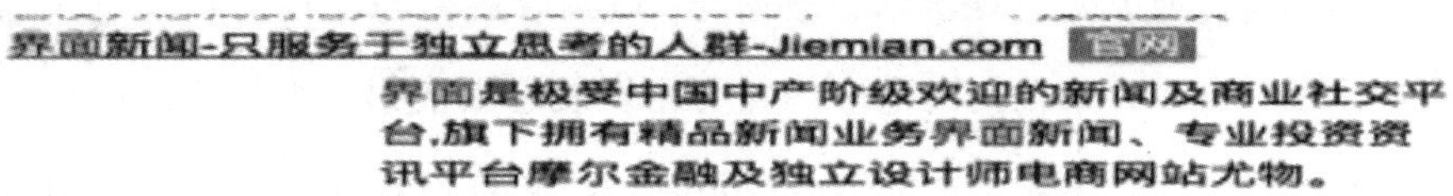

界面新闻-只服务于独立思考的人群-Jiemian.com 官网
界面是极受中国中产阶级欢迎的新闻及商业社交平台,旗下拥有精品新闻业务界面新闻、专业投资资讯平台摩尔金融及独立设计师电商网站尤物。

图5－3 界面新闻打出中产阶级旗号

资料来源：研究者于2018年2月16日，使用百度搜索引擎输入“界面”获得。

对一线的电视业界来说，“市场”与“受众”是非常具体的。这是欢动数据公司为湖南卫视所做的受众群体描述分析（图5－4）：

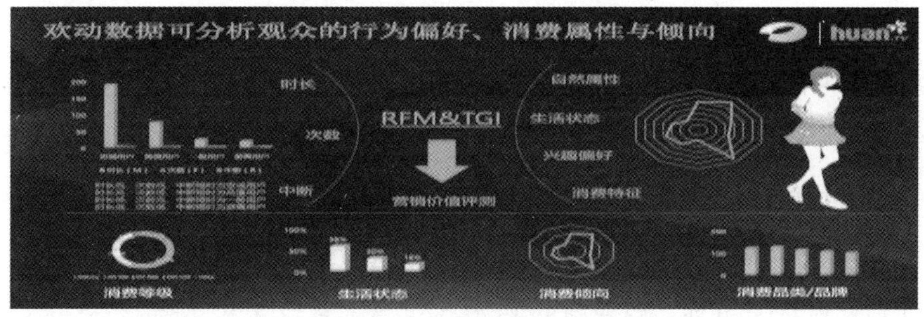

图5－4 欢动数据公司为湖南卫视做的受众群体分析

资料来源：湖南卫视。

中国广视索福瑞媒介研究（CSM）是国内领先的广播电视受众研究机

① 赵月枝：《国家、市场与社会：从全球视野和批判角度审视中国传播与权力的关系》，《传播与社会学刊》2007年第2期。

构，索福瑞推出了全国网和 CSM31 中心城市组测量体系。全国网覆盖面更广，包括二三线城市、城镇与农村地区，然而，广告业界与省级卫视更加看重 CSM31，因为后者的数据更能体现城市消费者阶层的收视趣味。以电视剧为例，电视剧更在乎城市富裕消费者的文化趣味，这一取向和广告商是一致的。在第八届中国文化论坛“电视剧与当代文化”分论坛中，徐晓艳，上海东方传媒集团的制片人，向与会者呈现了东方卫视的都市定位思路，电视剧管理方式的科学化和数据化，以及收视奖与电视人每月收入的直接关联。何文，来自湖南电广传媒文化发展有限公司，他坦言，电视台的彻底商业化，带来对于利润的孜孜追求，政党价值观和“民间”价值观在实际操作中并行，“价值观的混乱”是中国电视进军海外市场最大的阻碍。央视的张洁，负责电视剧的购买和制作，感叹央视一套黄金时段收视率辉煌不再，而省级卫视在市场攻城略地，值得注意的是，“高端”与“低端”的分野，是她在发言中一再强调的关键词——美国的电视收视率表征着受过高等教育的主流人群的趣味与偏好，而中国的收视率反映了文盲、小学和初中群体的口味。[①] 来自电视产制一线的话语表述，明显体现了阶级和阶级意识形态轨迹，这一轨迹与城乡二元社会结构和中—外关系交错在一起显得更加复杂。

消费信息为主要传播内容的媒介中，市场化媒体更将阶层区作为其话语表征和市场竞争策略。售楼广告中，着意强调使用新贵社区、王府花园这类名称，凸显身份识别和归属。新的受众标签，“三高”（高学历、高收入、高消费）群体，“白骨精”（白领、骨干、精英）群体近些年来，“中产阶层”“新中产”概念，不断在媒体中被张扬放大，形象建构日益鲜明，而缺乏市场价值的受众，身影日渐模糊。《中国计算机报》的目标是“筛选有购买力的读者”，《经济观察报》“以

① 《深呼吸 · 热点》，《文汇客户端》［2018 年 2 月 17 日］，WHB. CN. http：//comment. whb. cn/yinpin/list/21222。

中国社会拥有财富、拥有权力、拥有思想、拥有未来的实力阶层为读者对象”。① 媒介内容生产贯穿“产品”理念，吸引目标消费者，这些群体一边被吸引，利用剩余时间购买、消费媒介，一边又被以年龄、职业、收入水平等为指标进行分类打包，卖给了广告商。中国新兴的高收入阶层，是进军中国市场的跨国媒介集团的优选目标受众，致力于为他们提供信息和生活服务。《计算机世界》，是国际数据集团（IDG）与中国信息产业部携手合作的一个案例。《计算机世界》1980年创刊，适逢改革开放伊始，信息经济崛起，满足和培育了国人、新富阶层和后来成长起来的中产阶层对于新科技的好奇与消费需求，此后，各大跨国媒介集团以各种方法打入中国市场，争夺中国城市富裕的新兴阶层。上文提到的桦榭集团外，IDG数据集团不仅在通信、电子领域拥有《网络世界》《电子产品世界》等30余种刊物，在中国还合作出版了《时尚芭莎》《时尚健康》《时尚旅游》等近20本消费类杂志。媒介拟态消费环境中，阶层呈现的失衡似乎是一个注定的结果。

国家的领导阶级，工农主体，成为被描述的“他者”，他们在公共领域中成为缺席者。市场化语境中，“公共领域的主体就是媒体人和他们所赋予话语权的公共知识分子”，最多包括他们所认同的，而且被认为是中国民主主体的“中产阶级”。②

性别表征的话语与消费主义勾连起来。三月是消费类信息传播的“女人月”，国际妇女节在这个月。以下是五本在中国时尚类杂志中占据大市场份额刊物2017年3月的封面（图5－5），“宽肩套装：大女人的柔美攻势”“新女性主义 woman up”。“我支持你选择的自由”“为什么不穿出自己的态度”“穿出女性的力量”，女性主义成为消费信息传达的载体，态度、

① 《经济观察报简介》，《新浪财经》（2005年12月12日）［2010年4月25日］，http：//finance. sina. com. cn/roll/20051212/14022191096. shtml。

② 吕新雨、赵月枝：《中国的现代性、大众传媒与公共性的重构》，《传播与社会学刊》2010年总第12期。

图 5－5　2017 年 3 月中国部分时尚杂志封面

资料来源：中国境内高市场占有率时尚杂志。

力量、主义，依靠时装进行传达。女性主义运动的公民权、平等权、性别平等诉求滑向了后现代女性主义的主张：女性的特质（如美貌和身材）如果运用得宜，不但不是出卖色相，而是对于女性的赋权（Empowerment）。后现代女性主义与消费主义话语存在着天然的高度契合。

市场经济下的“嫩女”和“熟女”话语议题起端于熟知的女性解放话题，其解放内涵却迥异于计划经济时代，在计划经济时代，女性的解放意味着参与公共生活的劳动领域，与西方的女性主义遥相呼应，改革开放后，女性的身体解放被描述为对计划经济体系下女性辛勤劳动的一种补偿，身体从劳动中解放出来获得崇拜，被剥削，并被商品化。

美国的《欲望都市》、中国近期热播的《欢乐颂》都在探讨性别问题，而性别政治的探讨与金钱、消费总是联系在一起。凯瑞和法国男人吉尔（Gille）共度了一个浪漫的夜晚，吉尔留给她 1000 美金和一张“谢谢你”的字条，凯瑞很是迷惑这意味着什么，和她的女伴们一起讨论这件事情。

萨曼莎：金钱是权力，性是权力。所以，用性交换金钱是权力的交换。(Samantha: Money is power. Sex is power. Therefore, getting money for sex is an exchange in power.)

萨曼莎的观点是后现代主义和消费主义的结合表现。

凯瑞婚后总是焦虑着和“大先生”（Mr. Big）从此过着平静的婚姻生活，彼此之间不再有火花，这引发了两人的争吵。之后，大先生送给她一颗大黑钻，为她戴上。

大先生：这算不算一点火花？

凯瑞：超大的火花，你为什么会挑黑钻石？

大先生：因为你与众不同。

与众不同的意义，需要奢华的钻石来承载。

《欢乐颂》中，金钱是衡量匹配与否的重要指标。咖啡店员小蚯蚓和程序男谈恋爱，安迪的男友是富二代和经济资本上居于社会顶层的人士。樊胜美和小老板王柏川的亲密关系中始终贯穿着在上海买房的敏感雷区这个故事张力。

市场化媒体性别表征话语中，时尚、物质被赋予了性别表达和区分的含义，性别表征话语成为消费信息传播的载体。大女人剧忽然间成为一种类型。女性奋斗、独立成为核心卖点，在丛林社会中摸爬滚打的女人，智慧与美貌，手腕与财富，一个都不可或缺。大女人剧乘女性主义呼声在全球范围内的高涨之东风，鼓吹拜物，女主角不管什么人设，有魅力是必备条件。《楚乔传》热播期间，播出方一直以开挂大女主人设设定主角，然而，纵观剧情，大女主是假，实质还是不离“玛丽苏”套路，正如杂志评论所言，“怀抱男神登上人生巅峰”，所谓奋斗、独立不过是玛丽苏要耍脾气，挂着女性主义气质的皮，消费着“霸道总裁爱上我”的老套剧情和受众对于女性主义内核的臆想与自我投射（图 5－6）。

当时尚遇上文化

大女主戏
人设鄙视链
研究报告

图 5－6　大女主戏人设鄙视链研究报告

资料来源：《大女主戏人设鄙视链研究报告》，《红秀》2017 年第 08C 版。

二 市场化媒体追逐文化资本

作为文化产业的重要组成部分，媒介产业生产的产品并非单纯的报纸、杂志等物质形式，它的产品兼具商品和文化属性，具有社会性和半公共品属性，有着明显经济主张之外的规范性职能。媒体与文化产业，换个角度看，是一个持续在进行社会政治经济与文化符号分配与再分配的场域，阶级与社会权力关系在客观与主观两个维度上被重构。

加拿大学者科林·霍金斯（Colin Hoskins）等人指出：“文化产业是那些制造产品或者服务的部门……它们可以在某种程度上表达出社会的生活方式，如通过电影或电视……它们通过声音、影像、文字和图片塑造社会生活的形态，它们提供那些我们思考和交流社会分歧模式时所使用的术语和符号，激发群体识别和认同的渴望，主张但又挑战社会价值观和理想，包括人们在社会变迁中的经历。”① 可见，文化产业不同于其他的商品生产产业，它不仅生产着产品，还同时生产且传播着社会的象征秩序。

媒介产业是更大的文化产业的一部分，它生产着社会意义和社会秩序，传达着一个社会和时代中，经济、社会和文化变迁的重要信息。媒介场域是一个相对独立的半自主的空间，空间内部有其特有的行动者位置分布图，场域有其特定的资本类型和内部张力，需摈弃经济资本决定论的化约分析。例如，新闻专业主义话语，是媒介场域特有的一种文化资本类型，它为媒介场域的行动既提供话语资源，又规范着行动者的边界。媒介对于文化资本的追逐，可以从三个维度来看：累积政治资本、获取社会资本和操控符号资本。

无论社会形态为何，媒介作为意识形态生产的场域，与国家话语历来有着如同双生般的紧密关系。抛开政治视角，即使从新闻专业主义的路线来看，国家也是媒介是最重要的新闻来源，和生产资料提供者。好莱坞与

① Colin Hoskins, Stuart Mcfadyen & Adam Finn, *Global Television and Film: An Introduction to the Economics of the Business*, Oxford: New York, 1997, p. 3.

美国政府的合作始于20世纪初，从为好莱坞征战海外起到重要作用的《韦伯·波莫雷内出口法》出台，到商务部成立电影分部，到第二次世界大战期间好莱坞服务于政府的作战目的，到减税政策，到成立一系列机构，出台法案保护知识产权，等等。日本偷袭珍珠港事件发生后，美国战争情报局特设电影处与好莱坞沟通，拍摄《与祖国同在》（*In Which We Serve*）、《卡萨布兰卡》（*Casablanca*），冷战期间，拍摄《动物农庄》（*Animal Farm*）、《追杀红色十月》（*The Hunt of Red October*）等影片，20世纪90年代的《辛德勒的名单》（*Schindler's List*）、《拯救大兵瑞恩》（*Saving Private Ryan*），与政府的步调亦是保持一致的。21世纪初好莱坞推出的《黑鹰计划》（*Black Hawk Down*），在制作过程中，获得了五角大楼提供的大量第一手素材，包括拍摄过程中，军方提供了最好的飞行员和飞机，以提升影片的真实感和观赏度，与政府的合作为制片方节省了大量成本，亦成功激发了美国民众对反恐战争的支持，为政府的反恐宣传增色不少。担负党和政府的重要舆论阵地职能，是中国媒介体系的历史传统。媒介文化产品生产的风向历来紧跟国家意志，如主旋律电视剧、电影、重要政治经济文化活动的新闻策划活动和集中报道。2014年年底，征得国家新闻出版广电总局电视剧司司长李京盛的同意后，最高人民检察院影视中心邀请政治小说家周梅森创作一部反腐题材电视剧。这是最高人民检察院影视中心同期制作的多部反腐剧之一，另外还有《天网行动2015》《跨国追贪》等。剧本完成后，经历了多轮投资方和发行方撤资，开机前，仍有2000万元资金缺口，制片方和投资方对电视剧通过审查均无把握。湖南卫视以2.2亿元人民币买断该剧5年的台、网分销权和播出权。2017年3月28日，《人民的名义》在湖南卫视开播，其撬动的市场份额和话题热度很快被湖南卫视定义为顶级的“电视事件”，它的火爆和稀缺程度，在湖南卫视自身发展轨迹中，仅2005年的“超级女声”能与之比肩，其他如《还珠格格》《花千骨》等搅动的社会层面和引发的社会关注度，都比不上《人民的名义》（表5－3）。

表 5－3　《人民的名义》在湖南卫视的收视率分析　单位：%

频道		湖南卫视							
地区		全国测量仪				CSM31			
目标		收视率	市场份额	到达率	观众构成	收视率	市场份额	到达率	观众构成
摘要	四岁及以上所有人	3.15	11.00	6.3	100.0	4.01	12.49	7.2	100.0
	男	2.93	10.53	5.9	47.7	3.77	12.21	6.6	48.2
	女	3.37	11.47	6.7	52.3	4.26	12.75	7.9	51.8
	4—23 岁	1.64	8.56	4.3	14.6	1.79	9.97	3.6	9.0
	24—33 岁	3.05	15.88	5.7	15.6	3.31	14.32	5.9	19.2
	34—44 岁	3.35	13.74	6.6	22.2	3.62	13.83	6.6	16.6
	44—54 岁	4.77	12.90	8.6	26.2	5.36	12.97	9.3	27.3
	55 岁以上	3.87	8.35	7.5	25.2	6.07	11.40	10.8	30.0
	小学	2.29	6.51	5.6	14.8	2.47	7.41	5.3	6.3
	初中	2.57	9.01	5.5	30.2	3.39	8.94	6.3	21.2
	高中	3.86	16.15	6.7	27.4	4.46	13.67	7.9	32.1
	大学以上	5.83	25.04	10.2	24.2	4.83	17.93	8.2	38.4
	城域	4.19	15.06	7.6	74.8	4.01	12.49	7.2	100.0
	乡域	1.81	6.12	4.6	25.2	*	*	0.0	*

资料来源：湖南卫视。

播出期间，湖南卫视紧跟社会舆情，着力探讨通过这部剧对于平台形象的影响力（图 5－7）。

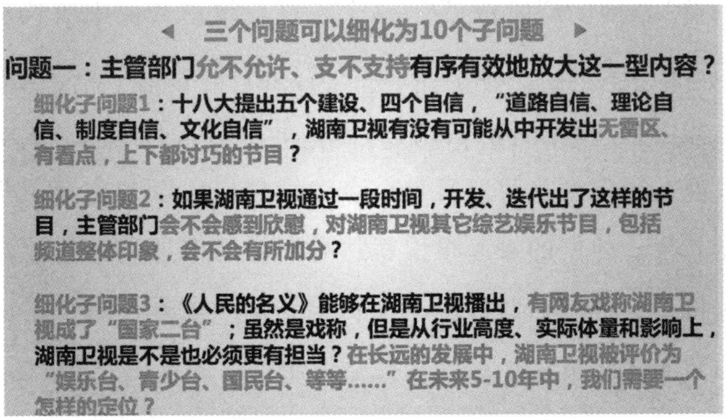

图 5－7　《人民的名义》对湖南卫视的形象影响力分析

资料来源：湖南卫视。

从这份资料可以看出，主管部门对于电视台节目的印象和意见是一个非常重要的考量因素。《人民的名义》由最高检背书，政府在这部剧的审查方面出乎意料地放大了尺度，媒体则在此过程中仔细衡量着经济资本和政治资本的获取。媒介拟态消费环境的建构，追逐经济资本是关键面向，这也折射出以消费拉动经济增长的国家意志在媒介场域运作，媒介体系以主动积极的姿态策略地融入政治话语体系，可以看作在寻求通向体制内话语权的桥梁。

社会资本的数量和类型对媒介的影响力和公信力有着直接的影响，是媒介重要的非物质形态资本，并进而对经济资本的积累产生影响。中华人民共和国成立后，在功能定位上，政治功能是大众媒介主要的功能。媒介服从并服务于国家的意识形态需要。媒介资源完全依赖各级政府，政府提供给媒体运行所需一切资源，包括财政拨款，人才调配、物资提供。媒体着重需要处理的是与政府的关系，整个社会传播系统基本上是单向度的纵向传播。而媒介市场化以来，媒介不再依附政府财政，其生存发展的资源，除经济资源外，包括人才吸引，合作伙伴寻求等资源，均需要来源于市场，社会资本成为媒体获取经济资本的重要因素。那么媒体如何能够获取到最优质的社会资源？喻国明教授认为："一个好的媒介一定要是在社会上支撑这个社会运作的最具有行动能力的这群人所倚重的媒介，西方称为'主流人群'，即中产阶级。"[①] 这个人群在改革开放中成长起来，不同于改革开放初期出现的出身底层，依靠敏锐的经济头脑和吃苦耐劳的发迹者和得益于父母权力和价格双轨制度的干部子女，20 世纪 90 年代以来崛起的中间人群，很多来自政府官员、企业管理层、以专业知识获取报酬的高收入专业人士，他们的崛起很快就将早期闯荡市场的那些教育程度很低的人群边缘化了，他们在经济资本的积累到达一定规模后，迫切地需要彰显和积累他们的文化资本，在这个社会发出自己的声音。《中国新闻周刊》

① 李遥：《媒介影响力之惑》，《广告大观》2008 年第 11 期。

的口号是"影响有影响力的人"①,"《*Vista* 看天下》是中国期刊市场上面向高消费人群的新闻类杂志,内容涵盖时政、财经、社会、科技、文化、时尚、娱乐等领域……"② 肖珺,在她的博士论文中,对 20 世纪 80 年代以来,BBC 的发展困局、CCTV 广告标的连年创新高的案例,进行了深入研究,呈现出社会资本在媒介发展中的脉络:BBC 与撒切尔政府中的一些人物保持着良好关系,这些人物影响着政策走向,从而维护了某种势力的均衡,保护了公共服务广播体系的相对独立性,CCTV 则是凭借其良好的公信力和独特体制环境下的社会影响力,在电视媒体发展的黄金时代,广告招标额逐年攀新高。在当前中国的政治经济环境下,全球消费资本主义体系影响日益深入,媒介从娱乐、消费入手,是明智的现实选择。迎合新兴的、富有购买潜力社会阶层的信息需求,是在中产、精英人群中迅速获得影响力的途径。这些阶层代表着中国未来一段时间的主流趋势所在,他们是引爆消费热点的最佳节点,引领着社会的文化潮流,他们的教育经历、成长背景,在消费主义文化生长中培育起来的品味,和媒介构建出的一个个文化表意体系都是契合的,媒介将自身建构为新社会阶层的文化的代言人,着意打造合宜的市场定位,在此过程中积累优质社会资本。

符号资本是一种象征资本,符号系统建立在包含和排除的基本逻辑之上,所有的符号系统都遵循这个分类逻辑,通过包含和对抗生产意义。操纵符号资本,对意义进行社会性建构和锁定,这种象征性实践,是媒介的天然职能,生存之本。媒介通过符号传播生产着社会的知觉框架,产生对立与区隔。符号资本的拥有者将意义传递给其他人,又通过掩盖作为自己力量基础的权力关系而把意义合法地传递出去,具有"创造世界的力量"。③ 可以从法国社会学家布尔迪厄 1989 年发表的对农村"单身汉"研究看出符号对于社会巨大的影响力。在法国,城市化和自由市场的观念影响了农

---

① 《中国新闻周刊主页》[2010 年 4 月 27 日],http://www.chinanewsweek.com.cn/。

② 《*Vista* 看天下》[2017 年 10 月 16 日],http://www.vistastory.com/a/201406/224.html。

③ [美] 戴维·斯沃茨:《文化与权力》,陶东风译,上海译文出版社 2006 年版,第 103 页。

村的婚恋观，农村的婚姻体制从受到传统保护向“自由交换”的婚姻体制过渡，在新体制下，农民的儿子若娶到妻子，娶到的是农民的女儿，而农民的女儿更多地选择了嫁给非农民家庭的儿子。先前在农村中有地产家庭的长子，在旧的婚姻体系中是有一定优势的，现在却需要适应新的婚嫁规则：依靠自身的财产，自身的符号资本，跳舞、打扮，与女孩搭讪的能力，来赢得伴侣，这使很多人沦为了单身汉。结果就是：除了对农民的示威镇压，法国没有使用任何国家暴力，就在30年的时间里消灭了大半农村人口，而苏联采用的是粗暴的清除手段。这就是城市生活方式标签的巨大威力。今天的中国，“城市生活方式”符号是媒介中频频出现的意象，他们是体面的工作，现代的办公环境，优雅的生活方式，是汽车、海滩休闲、奢侈品、鸡尾酒……各类符号的叠加。

性别支配是一种典型的符号操纵和垄断，通过认识和误识的双重行为完成符号资本的积累，这种认识和误识行为，又超出社会个体意识和意愿的控制。清洁品牌、厨房用品多以女性为主角，汽车广告则是男性驰骋于广袤天地的舞台。江苏卫视的《非诚勿扰》节目，主持人或嘉宾对“女”博士身份刻意强调或品论，并且安排特意留出舞台上的5号位置长期作为女博士相亲专属号台。这些“特别关照”的符码表意为男权体系下的女博士相亲提供了丰富的社会谈资。女博士在这个节目中似乎刻意颠覆着传统观念上的刻板印象，强调女博士也是平常女人，积极展现出美丽、贤惠或颠覆性的美艳、爱好玩乐形象，女博士被贴上各种标签供大众消费，提高节目制作方的收视率。性别支配这种符号资本，它并非强力消除人们对性别多元化的质疑与反抗，而是以看似自然的方式，消灭大众对其他可能性所本应有的想象。人们在这个过程中，不经意丧失的，是反抗的意识，而不是能力。“区隔”策略是符号资本行使权力的典型路径。媒体通过区隔，对符号资本进行操控。人为地将商品附加上不同的意义，并创造出差序格局，听什么音乐，看什么电视节目，去什么场合消费，消费什么，彰显的是趣味、生活方式和社会阶层。大量的研究结果表明，媒介总是倾向于为政治与经济的权力拥有者服务，而不是提供对世界的批判和另类解说。①

媒介场域受制于更大的社会场域的权力机制，媒介场域内又有它特定的资本类型以及由此决定的生存逻辑。媒介场域吸引行动者的“利益”和“幻象”的基础在于受众的存在，喜新厌旧是媒介受众的固有天性，媒介需要不停生产和锁定新的意义来吸引住受众，媒介不仅要去表达他们的欲望，更要努力地去创造新的欲望，媒介不断地制造出新的标签、概念吸引受众的注意力，延缓受众转换频道的时间，激起受众对报纸、杂志和其他类型信息服务的消费动力。所以，追求时尚话语是媒介的内在基因，② 从这个角度看，无论新闻、广告，还是影视剧，都具有时尚话语的特性，总是在追逐着新的东西。媒介将它在观众看不到的地方锁定的符号关系，以自然化的方式，传播给受众，比如，钻石、玫瑰花象征着爱情，这些切近受众日常世俗生活的消费话语，最容易迅速传播。20 世纪 90 年代以来，关于生活方式和身份建构的层出不穷的新意象，在媒介拟态消费环境场域中被建构起来，这些意象的共同点，是延续着中国人未竟的现代性梦想和追求，在媒介技术和资本动力双重推手的全球化语境下，它们又给中国人提供了关于西方现代性的想象。

第三节 “新型文化媒介人”的场域轨迹

这是微信公众号 Enjoy 生活方式平台上的一篇推介文章：

气温好似在一夜之间回暖，面对来势汹汹的春困，你打着哈欠，抱怨生活一成不变？还是计划享受如何生活，搞事情？

上海，洋宅，厨房，一场关于美食烹饪与家庭手作的春日料理旅程正被悄悄孕育。没有厨房美食，如何歌颂生活？管家老师与德国美诺 Miele，等待与挚爱生活的人兑现美食之约！

① Denis McQuail, *Mass Communication Theory*, Thousand Oaks, CA: Sage, 1994, p. 62.

② 参见潘知常、林玮《潘多拉的魔盒：大众传媒作为世界》，《新闻与传播研究》2001 年第 4 期。

活动时间：2017 年 4 月 18 日 15：00—16：30

活动地点：上海市石门一路 82 号美诺之家 Miele House

挚爱导师：沪上知名美食达人 @ 管家的日子

招募人数：10 人

活动费用：368 元/人

料理课程的挚爱导师，是入选《安邸》杂志评选出五年来 100 位文化精英，搜狐生活频道 100 位有品位的人之一的管家老师——一位欣赏美食，懂得美食的生活美学家。

他善于用生活美学结交同好，拥有自己的设计公司和烹饪工作室，烧得一手本帮好菜。

管家私人订制的面，每次只产一吨，每月只产一次，每次一抢而空，是货真价实的“一面难求”。他求质不求量，有口皆碑，受到美食家蔡澜、作家沈宏非、跨界创作人欧阳应霁等人的倾情推荐。

料理课程开设在出自范文照大师手笔的上海历史老建筑中。古色古香的上海大宅与美诺之家全开放豪华厨房，复古与现代的激情碰撞。此外，课程还会全程采用德国顶级奢华厨电，和高品质应季新鲜食材。

挚爱生活的你，可以在料理课程中享用到一应俱全的烹饪工具和配套服务团队，这是唯 ENJOY 尊享的美妙体验。

此次课程采用的豪华厨电，均来自百年家电品牌德国美诺 Miele。

1899 年，两位刚满三十岁的德国人怀着同样的梦想与追求，转动起那台精致的奶油分离器，许下了恒美的承诺——德国美诺 Miele。凭着“不断超越”的坚定信念和非凡的艺术魅力，德国美诺 Miele 的每件产品都超越了家电的范畴，被视为经久不衰、超乎想象的“艺术品”，享有“电器中的劳斯莱斯”的美誉多次获得 iF 和 Red Dot 等多项国际设计大奖。

对于很多喜欢德国美诺 Miele 的人来说，德国美诺 Miele 不仅仅是一个知名电器品牌，更是领先科技、高质量以及美好生活方式的代名词。

料理课程过程中，管家老师将在现场倾情教给大家自己最擅长的美味菜肴。

梅子性温、味甘、酸，化痰止咳；酒酿鱼香甜醇美、肉质营养丰富，是春日的一道鲜美菜肴。

羊肚菌有“素中之荤”的美称，味道鲜美，功能与“冬虫夏草”相同，有益肠胃、助消化补脑提神。

丝瓜活血解毒，还有抗过敏、美容之效，很适合春季食用。

此外，你还将得到 Miele 管家老师的专享纪念伴手礼——可遇不可求的管家招牌手工面。

因为日程繁忙而无法参加活动？别担心，我们为无法前来的你也准备了些小礼物哦：搜索关注“德国美诺 Miele”官方微信号，了解更多精致优雅的生活方式。4 月 14—17 日招募期间，我们将从每日新关注的粉丝中抽取 2 位幸运者，赠送“MIELE × MOLESKINE”限量版笔记本一本。

这是亚马逊网站上蔡澜的部分书籍：

以上案例呈现了媒介拟态消费环境场域当中，一类行动者的运动轨迹，这个群体伴随生活方式传播崛起壮大，在媒介消费空间的建构中发挥着巨大的影响力，即前文提到的专家群体，他们为媒介的生活方式提供内

容，锚定调性，布尔迪厄称这个群体为“新型知识分子”，费瑟斯通以“新型文化媒介人”[①] 指称——提供符号产品生产与服务的新型小资产者和知识分子。这些人伴随着文化产业的勃兴而出现成长，主要的生产工具是符号，主要的工作内容是生产、推介文化商品，他们生存的行业包括新闻媒介、广告行业、设计行业、时尚业等，市场取向的消费文化职业是共同的特征，也有一部分栖身于有限生产场域，运用有限生产场域的资源从事规模场域的生产。这类行动者有两个特征：其一，他们自身在社会场域身处的位置，正是在新兴社会阶层的框架内，无论是媒介从业人员，还是广告从业者，或是学术场域内的知识分子；其二，这个群体自身的惯习、利益诉求，与市场经济中的现代性逻辑完美契合，他们推向市场的，正是自身的秉性和生活方式，这正是他们活跃于这个场域最大的利益和幻象，在累积文化资本的同时，也在为这个正在扩张的社会群体累积文化资本，使他们的主张获得社会场域的合法化。中国社会的新型文化媒介人，乘改革开放之东风萌生，在全球化的现代性进程中接受教育，得到历练。市场化进程中，更多的社会资源从国家板块释放出来，新型文化媒介人，相较于他们的先行者，得以在体制内外，获得了更宽广的活动空间，更多元的表达渠道。媒介拟态消费环境场域内，更大场域内的权力的宏观结构，次一级的媒介场域的日常操作逻辑，通过这样一个新兴群体特定的兴趣被反射，[②][③] 新型文化媒介人主要位居社会场域中的文化资本较多的位置，在此过程中，新型文化媒介人，寻求将自身的文化资本在规模生产场域转化为经济资本，或是以文化资本与经济资本的力量抗衡，但又在争夺话语权的过程中，向由经济资本决定的权力场域一极靠近。也只有在与媒介拟态消

① ［英］迈克·费瑟斯通：《消费文化与后现代主义》，刘精明译，译林出版社 2000 年版，第 66—67 页。

② 贺建平：《西方媒介权力批判》，重庆出版社 2004 年版，第 121 页。

③ 布尔迪厄认为，在现代社会，文化生产场域可被划分为“有限生产场域”和“规模生产场域”，“有限生产场域”是为其他生产者生产的场域，如学术场域、前卫艺术与音乐，“规模生产场域”经济资本所占比例高于文化资本，是为大众消费而生产的场域，如大众娱乐。

费环境场域的关系中，新型文化媒介人的符号资本才得以存在，并且发生作用。

传统的党的新闻话语场域之外，媒介从业人员在规模生产场域努力寻求更多的机会，获得机制认可。中产崛起，消费美好的时代，2016 年的创业热点在内容创业，最优秀并且成体系的内容，集中在以南方系为代表的专业选手中。《外滩画报》前主编，徐沪生，在离开后，创办了“一条”公众号，每天一条视频，用做杂志的方式做视频，镜头缓慢，强调布景摆设，选题采用中产阶级人物为主角，表现特定的某一类生活方式，关注生活，潮流，文艺。于困困，曾任《三联生活周刊》文化记者、《GQ 智族》主笔、《商业周刊中文版》主笔，《纽约时报》中文网副总编，2015 年辞去媒体工作，创办“玲珑沙龙”，一个以女性兴趣为主题的移动社区，提供给受过良好教育，又有自己个性的中产女青年，让她们可以在这样一个方便的平台上，围绕感兴趣的话题自由沟通，生产内容价值。咪蒙，脱离《南方都市报》后，创办了公众号“咪蒙”，以一二线城市的青年男女，尤其是女性受众为主，关注女性成长、两性关系、职场话题，措辞大胆，风格犀利，微信公众号粉丝超过 600 万。张伟，曾担任《冰点周刊》《GQ 智族》的副主编，被粉丝称作“文艺教主”，2016 年创办了女性消费社区“桃花岛”，提供分享日本潮流品牌购买、穿搭经验交流的平台。更早些时候，媒体从业人员就开始在体制之外，行使话语权。光线传媒的王长田，凭借其公司生产的《娱乐现场》《海外娱乐现场》蜚声业界，刘勇在《媒体中国》一书以他作为开篇人物，是其专业成就获得认可的重要标志之一。杨澜，从央视《正大综艺》到《杨澜视线》《杨澜访谈录》，到历史文化主题的“阳光卫视”，到《天下女人》栏目，杨澜在体制内外都获得了成功，她是名主持、投资人，作家等，集多种身份于一身。在大众文化视域中，杨澜睿智知性，被奉为现代女性楷模。2016 年 12 月 6 日，环球风尚年度盛典，杨澜被授予“风尚领秀”人物，此次活动由人民网、环球时报、环球网和《环球 TIME》新闻客户端联合主办。以表彰其凭借自身影响力，向全社会释放公益与时尚的跨界力量。[①] 更早些时候，2010 年，杨澜与加拿大女歌手席琳·迪翁联手创办高端定制珠宝品牌“Lan”，担任创意指导，2007 年，杨澜与娱乐圈的舒淇等一线女星一齐当选十几家媒体联合举办“中国最美 50 女人”，且名列榜首。[②] 体制内的媒体从业者，将知名度延伸到消费文化领域，曾子墨、董卿、周涛等女主播，凭借在这个场域积累的文化资本为晋身之阶，嫁入豪门。她们的故事又成为娱乐媒体的生产资源，供大众消费。媒介名流们热衷写作各类畅销书，投身商业文化偶像制造活动，争夺媒介话语权力。媒介名流在专业领域的辉煌成就，就是他们最大的文化资本，公众人物自带热搜特质，他们是展示名流生活方式的最佳代言人和传播通道。

市场化媒介是新型文化媒介人转型的一扇大门，他们经此从有限生产场域转向规模生产场域，实现文化资本向经济资本的转换是这种转型的主要利益和幻象。从学术场域分化而来的新型文化媒介人，走出象牙塔，运用他们对于经典的独特话语权，在新的时代背景下，解构和再建构历史和传统文化资源，消解经典与通俗泾渭分明的传统区隔，将历史资源转化为速食文化，提供大众娱乐。长期在知识生产中处于权威垄断地位的学者，成为“电视学者”“新明星学者”、市场知识分子。以当代语言重读《论语》经典，以现代视角解读三国故事，《百家讲坛》等节目“让专家、学者为百姓服务”[③] 的栏目宗旨，让于丹、易中天等一大批有限场域的学者，带着他们学术生产的成果，走向大众和市场。聚光灯下的学者们，经过媒体的精心包装，神态从容，气质精英，迥异于 20 世纪 80 年代大众印象中的启蒙知识分子，肢体上的局促，生活上的拮据，已成为曾经。商业影视

① 《环球风尚盛典圆满落幕杨澜、陆川等被授予风尚领秀》，《环球网》（2016 年 12 月 7 日）[2017 年 10 月 18 日]，http：//fashion. huanqiu. com/fashioncharity/wirecopy/2016 - 12/9785723. html。

② 《“中国最美 50 女人”揭晓　杨澜夺魁李宇春落榜》，《网易娱乐》（2007 年 7 月 17 日）[2010 年 4 月 30 日]，http：//ent. 163. com/07/0717/08/3JJD9QDT00031H2L. html。

③ 《百家讲坛》[2017 年 5 月 10 日]，http：//www. cctv. com/program/bjjt/01/。

剧的编剧有历史学家的身影，时尚刊物的专栏是社会学家、心理学家的领域、护肤品牌邀请皮肤科医生代言，养生节目的特邀嘉宾是各类保健专家。香港中文大学的冯应谦教授，在“冯应谦专栏：物语潮”中，是这么来探讨学术和潮流的关系的：

> 要认识社会文化、政治经济，不可不涉猎潮流。事先声明，本人并非设计师，也不可算是“潮人”（也许在教授中是比较潮），自从不知多年前的某一天，因太瘦关系，没法买到合适西装上班，于是自己决定尝试设计自己合适的衣着，于是就从一个象牙塔的研究文化学者，去实验衣着，创造文化。学术就如潮流，也须不断求新、改变，我每天也抱同一态度看学术、看潮流，学术也许 = 潮流。［物语潮］一个不是介绍流行时装的时尚专栏，简单来说，这专栏不是什么 Trendy-world，只是作者对于时尚、潮流、型格、美等的文化观察，有批判文化意味，但也流露自己对潮物的沉溺。[①]

在这个专栏的《冯应谦：当牛仔遇到绅士》一文中，他将英伦品牌的风格与英国在乱世中仍能屹立不倒、英镑维持强势、伦敦楼市上升，与英伦时装的力量感、安然稳重联系起来，英伦时装是英国坚持一己作风，在压力下不改变的表征。

2017 年，第二届生活榜发布会在苏州花间堂[②]举办，主题是“学术大咖与生活榜的相遇”，[③] 生活榜联合暨南大学生活方式研究院，爱奇艺、今

① 《冯应谦专栏：物语潮》，《端传媒》［2017 年 5 月 10 日］，https：//theinitium. com/article/20150805-culture-column。

② 花间堂 2009 年诞生于丽江，以独具特色的花间美学，融入每一地人文和历史传承，将高端精品酒店的服务理念与地方民居、民俗等人文特色完美融合的设计理念，成为国内文化民宿领域的领军品牌。

③ 生活军师司马乐，生活榜发布会之虎啸龙吟，学术大咖与生活榜的相遇，生活榜 Life，微信公众号（ID：KnowYour Life）。

日头条、腾讯家居与新浪时尚四大战略合作群体举办了这次发布会，其主旨在“以数据的名义解读生活方式，从体验的角度回应物质繁盛时代的行业革新”。媒介拟态消费环境场域内，媒体、向规模生产领域转型的文化机构和行动者，产业力量汇聚的轨迹清晰呈现。

新型文化媒介的主体，还是文化产业孕育的直接以此产业为生存依托的人群。从他们在场域运动的轨迹来看，首要条件是进入本科以上大学接收正规的高等教育，积累一定的专业知识，具备一定的文化资本和社会资本，同时在人生的较早时期，在全球化语境中成长，接触并体验西式现代性生活方式，他们中很多人有海外生活体验，观念上中西文化混杂，拥抱多元性。他们进入媒介消费空间生产场域后，现代性话语是他们主要的文化资本和生产工具，以此为框架，他们不断引领中国社会转型期生活方式的创新，定义全球消费资本主义体系下的“品质生活”的维度、呈现神话光环。这个群体以巨大的创新力量在推动着消费信息的传播，和新的社会和阶层身份认同的锻造。鲍德里亚以非常直白的语言指出，消费是一种道德，一种沟通体系，一种含义秩序，一种无意识的纪律，[①]“消费社会是进行消费培训，进行面向消费的社会驯化的社会”，[②] 布尔迪厄的惯习研究，也显示了品位偏好、审美趣味的代际继承性和影响力。中华人民共和国成立以后计划经济时代的中国，重视生产而贬抑消费，作为党和国家的意识形态机器，媒介在消费方面，灌输的是围绕生产服务的理念，[③]“新三年，旧三年，缝缝补补又三年”是早期消费理念的概念浓缩，和受众日常世俗生活密切相关的商品服务及其信息都是缺失的。中国社会在这样一个背景下进入全球消费资本主义体系，在品位偏好上的承继脉络被打断，

① ［法］让·鲍德里亚：《消费社会》，刘成富、全志刚译，南京大学出版社 2008 年版，第 60、78 页。

② 同上。

③ ［法］布尔迪厄：《〈区分〉导言》，罗钢、王中忱：《消费文化读本》，中国社会科学出版社 2003 年版，第 41—50 页。

对于新的异域文化又充满了好奇心。中国社会整体上，需要在成长中摸索学习工业时代的消费和生活方式，打造适应时代变化的新的消费理念。中国市场经济体系建立，以消费拉动内需的经济政策中，在西方消费文化冲击下，传统的消费观念经历着蜕变，代际消费文化冲突明显。正是在这样的历史背景和现实语境下，新型文化媒介人所拥有的文化资本，才拥有了流转的张力网，在媒介拟态消费环境场域中争夺对于符号生产的主导权，引领消费文化走向，进而和经济资本发生置换。上文提及的媒介形形色色的文化声讨，正是呈现了新型文化媒介人争夺媒介消费空间话语权的脉络，这种努力的利益和幻象之所在，就是将文化资本转化为经济资本，或寻求与之相抗衡。新型文化媒介人，以文字为经，影像为纬，编织各种消费意象，将社会按照全新的“品味丛”（Constellation of Tastes）①指标进行分类，赋予某些品位丛以符号优先性，促进社会消费的升级和向上流动。这个群体是西式消费时尚最富激情的传播者，他们以西方社会阶层为参考体系，将国内的新兴社会阶层与之进行对应，拟定各种消费戒律，大力推崇。同时，在“品味丛”的指标体系里，经济资本丰富，文化资本贫乏的消费方式遭到贬抑。2017 年 6 月 26 日出版的《三联生活周刊》上推出的一篇文章，《新·中产阶级鄙视链 你栽在哪一环了?》，“当大多数人还在通往中产阶级的大道上奔跑，所谓的中产阶级已经开始内部分化了，一篇名为《成都小区里的阶级斗争》用 50 万元人民币画了一条线，家庭收入过线的，不仅自己是精英，子女未来也是精英，家庭年收入没过线的，不好意思，你没有资格跟过线的住同一个小区，你的孩子没有资格享受优质的教育资源”，文章提供了 6 种鄙视链，健身鄙视链：私人教练 > 健身房 > 健身 APP，电影鄙视链：文艺片 > 好莱坞大片 > 国产青春片 > 国产恐怖片……②更早些时候，以新锐观

① ［英］麦克·费瑟斯通：《消费文化与后现代主义》，刘精明译，译林出版社 2005 年版，第 127 页。

② 《新·中产阶级鄙视链，你载在哪一环了?》，《第一财经周刊》2017 年第 6 期。

点而著称的新周刊，在《被误读的消费与全球化时代新文盲》这样一篇文章中，观点鲜明地表达了这个群体的主张。该文以不甚友好的笔调，列举了国人对于情人节、星巴克、中产等西方生活时尚的39个认识误区，并正本清源，指出其历史脉络和正统内涵，对西方消费文化缺乏体验和理解的中国受众，被定义为全球化时代的“新文盲”而遭受无情的批判。[①] 2018年，三联生活周刊再度刊文《阶层焦虑：谁在信仰“鄙视链”?》。[②] 吴晓波，履历辉煌，复旦大学新闻系的高才生，在哈佛大学做过访问学者，“蓝狮子”财经图书出版人，互联网财经社群“吴晓波频道”的创始人，上海交通大学、暨南大学EMBA课程教授。“吴晓波频道”是上海巴九灵文化传播有限公司的运营主体，国内第一档专业财经脱口秀，面向中产阶级及积极向上的年轻人，涵括微信公众订阅号、书友会等互动形式。吴晓波本人，被媒体评价为“凭借向中产阶级贩卖生活方式赚得亿万身价”的人。[③] 通过一系列文章和节目，吴秀波传递着“屌丝”和“中产”的区别，“新锐中产”，“新中产阶层消费观”，坦言自己为中产代言。《时尚芭莎》的主编苏芒在《时尚的江湖》中的表达更加直接大胆：“我一向是赞美时装的，正如我一直赞赏物欲。”[④] 吴晓波在写作这本书的序言时有风格犀利的点评：“这是非常刺眼的一句话，很咬牙切齿。在此之前，我只看到亨利·卢斯用这样的口吻赞美过新闻自由，孟德斯鸠用这样的口吻呼唤过法的精神，丘吉尔用这样的口吻肯定过民主体制。”[⑤]

布尔迪厄曾列出了文化资本的三种存在形式：身体和精神上的“惯

---

① 《新周刊：被误读的消费与全球化时代新文盲》，《新浪网》（2007年2月15日）［2010年5月1日］，http：//news. sina. com. cn/c/2007－07－02/152913357793. shtml。

② 《阶层焦虑：谁在信仰“鄙视链”?》，《三联生活周刊》2018年第14期。

③ 吴晓波：《凭借向中产阶级贩卖生活方式赚得亿万身家》，《搜狐财经》（2017年2月22日）［2017年10月21日］，http：//www. sohu. com/a/126962087_ 256559。

④ 苏芒：《时尚的江湖》，中信出版社2011年版，第14页。

⑤ 吴晓波：《凭借向中产阶级贩卖生活方式赚得亿万身家》，《搜狐财经》（2017年2月22日）［2017年10月21日］，http：//www. sohu. com/a/126962087_ 256559。

习”的形式，文化商品的形式，机构化的形式。[①②] 消费信息传播在早期专注于商品的形式，将意义附加于具体的商品形态之上，政府、市场、媒介组织从机构层面确认了消费拉动内需，休闲文化的合法性，新型文化媒介人则是主要从身体和精神层面，从“惯习”维度展示和培育场域行动者的性情倾向。此外，从场域的同构性维度来观察，相同的等级模式和冲突模式，会从一个场域到另一个场域得到再生产，正是习性的实践逻辑，将跨场域的潜在关系联系起来。居于文化资本一极的生产者，大多居于中国社会的中间阶层，和受众场域内的接收者存在着某种同构性。新兴文化媒体人在文化场域追求自己的利益时，同时在社会阶层结构中生产出同构的结果。

第四节 媒介场域与受众场域的同构生产

媒介拟态消费环境场域中，生产者和受众存在着跨场域的同构性。媒介场域理论认为，在媒介的两个利益体系（生产者和受众）之间存在着既定的默契，“一方只需对皈依者进行布道”。[③] 布尔迪厄简明扼要地指出，符号暴力就是“在一个社会行动者本身合谋的基础上，施加在他身上的暴力”。[④] 大量的社会文化脉络下的受众研究结果表明，受众并非早前预想中的“沙发土豆”，他们的媒介使用受到特定社会结构和文化特性的影响，具有主动性和选择性，是一个与媒介文化互动，赋予意义的过程。受众并非被场域力量拉扯的“粒子”，他们是资本的承载者，运用自身的资本数

---

① Pierre Bourdieu, The Forms of Captital, Marxists Internet Archive, [2017-10-22], https://www.marxists.org/reference/subject/philosophy/works/fr/bourdieu-forms-capital.htm.

② First Published: Bourdieu, P. The forms of capital, In J. Richardson ed. *Handbook of Theory and Research for the Sociology of Education*, New York: Greenwood, 1986, pp. 241-258.

③ ［美］罗德尼·本森：《比较语境中的场域理论：媒介研究的新范式》，《新闻与传播研究》2003 年第 1 期。

④ ［法］布尔迪厄、［美］华康德：《反思社会学导引》，李猛、李康译，商务印书馆 2015 年版，第 205 页。

量和类型确定他们的运动轨迹和场域内占据的位置。场域是一个关系系统，这些关系系统又独立于关系所规定的人群。一方面，媒介在拟态消费环境场域内，生产消费的符号秩序，着意建构理想的受众群体，另一方面，社会变迁和技术变迁带来受众需求的变化，受众对消费信息从被动接收转为主动获取甚至成为内容生产者，媒介拟态消费环境场域在发生着结构性的变化。

一　个体身份的消费建构路径

工业革命之前，人们生活于各自的阶层秩序里，服装款式、面料、颜色互不混淆。工业革命在全球层面增强了社会的流动性，金钱让人跳出原生阶层，新的社会形态需要新的坐标。中华人民共和国成立以来很长一段时间里，中国的个人身份通过政治话语建构。改革开放、市场经济体系建立，传统向现代社会加速转型的过程中，基于血缘、地缘的身份建构方式被“陌生人”社会交往模式替代，个体的地位被凸显出来，个体主义在中国社会迅速成长起来，社会地位和个人认同的建构更具开放性和复杂性。个体主义文化中，个体是最重要的文化单元，强调个人动机、个人成就，尊重个人决策。个人身份认同的问题凸显出来，个人自身成为社会形象建构过程中的独立品牌。个体主义和消费主义的精神内核存在着很大程度上的呼应，伴随着新自由主义在全球范围内对金融体系和商场地位的推崇，消费主义在全球范围内的盛行，取而代之以更客观的产品消费能力来表明个体的身份，上行社会心态中，人人都有出类拔萃的愿望，这种愿望，通过物质，或者以各种方式折合换算后的物质来呈现。消费是一个社会建构的过程，社会地位关系和结构在此不断被重新定义和建构，齐美尔（Georg Simmel）是第一个提出用消费主义替代宗教的人，“我消费故我在”。

这是三联生活周刊的一期封面：新零售时代——你的消费塑造了你（图5－8）。

图 5-8　新零售时代——你的消费塑造了你

资料来源：《三联生活周刊》2017 年第 45 期。

个人身份的消费建构路径沿着三个方向展开：生理认同，主要包括性别、年龄、体型；社会认同，地位、身份和角色；文化认同，主要在生活道德哲学层面上展开。这三个方向并不是泾渭分明的，存在着重叠和交叉。

生理认同，美的标准是瘦，年轻，肌肉，线条。瘦是自律的表征，是T 台模特带来的审美标准；年轻，是被普遍推崇的价值；肌肉和线条，是自律的体现。亚洲女孩的皮肤要白，而欧美人在夏天将皮肤晒成自然纯正的古铜色，是中产阶级有时间和有经济资本的象征，说明你是在海滩上花费时间成本晒出来的，如果在古铜色调中掺入橘色调，是工人阶层在专门的灯下面晒出来。男性气质和女性气质，有它传统通行的标准，也有随时代变迁的轨迹。个人通过这一系列文化投射在生理上的指标确立自己与他人的相对位置。

社会认同，主要通过阶层话语的认同与区隔，通过消费的方式划分阶层，识别树立个体在社会的身份和角色。法国当代著名思想家布尔迪厄，将他的场域理论运用于消费分析，提出了著名的“习性”和“区隔”理论，从品位和消费层面区分不同的阶级。“分类系统……因此是群体之间斗争的赌注”,① 他探索了从饮食衣着等日常世俗生活的偏好到精致的审美趣味中，如何体现了一种潜在的包含与排除的逻辑，布尔迪厄关注群体的产生和再生产，认为争夺符号再现的斗争就是争夺社会身份的过程。消费者“品位”差异代表着习性的差异，阶级的区分。布尔迪厄认为，消费不仅表征着经济资本的差异，更是一种社会与文化实践，与出身和教育密切相关，“没有什么物质遗产不同时是一种文化遗产的”。② 区分阶级生活方式的指标，并不仅限于经济资本的数量，还包括选择对经济资本如何支配、花销。经济资本数量处于同一水平的人群，消费选择特征可能存在很大差异，由此生活方式表现出不同的形式。在传统的阶层、血缘、地缘关系界限被打破后，以消费方式界定地位群体，建立认同和区隔，成为最简单直接的方式。凡勃伦关注有闲阶级的“炫耀性消费”，探讨这种消费的阶层标示意义，而这种消费的后来者总是源于较低社会经济地位阶级，这种模仿使后来者的生活方式也具有“炫耀性消费”的一些因素。与布尔迪厄不同的是，凡勃伦认为阶级标示是有意识生产的，而布尔迪厄认为是“习性”带来了阶级差异。中国国民的消费已经具备了身份认同意识，特别是那些拥有较高经济资本和文化资本的人，更倾向于通过消费维持和建构身份。流行的高频网络词“逼格”，“装逼”，正是这一身份认同意识的直接而通俗的反映。

---

① ［法］皮埃尔·布尔迪厄：《区分：判断力的社会批判》下册，刘晖译，商务印书馆 2015 年版，第 754 页。

② 同上书，第 84 页。

文化认同，主要在消费的道德、伦理哲学层面上展开，从这个意义上来说，和西方近年来新兴的一个为公众和学界关注的领域内涵联系紧密，即消费政治（Political Consumerism）。20 世纪 90 年代中期以来，欧美的工会与消费者、人权组织、学生及宗教组织联合发起了全球性的“反血汗工厂运动”（Anti－Sweatshop Movement）。这项运动借助消费者和媒体的力量，以著名的品牌公司为批判对象，要求公司承担“公司社会责任”（Corporate Social Responsibility，CSR），在全球性生产体系中制定“公司行为守则”（Corporate Codes of Conduct），促进社会公正、平等。反血汗工厂运动号召消费者抵制不道德生产方式的购买，主张劳工权益，即是消费伦理和道德主张的彰显。另一种文化认同方兴未艾：绿色消费，珍惜地球资源，2015 年 9 月，英国国宝级品牌维维安·韦斯特伍德（Vivienne Westwood）的设计师 Vivienne Westwood 就曾驾着坦克跑到首相卡梅伦私人住宅外示威，抗议使用“液压破碎法”开采页岩气。2017 伦敦秋冬男装周，男女装合并后的品牌首秀，环保依然是主题，这位特立独行，关切社会责任的设计师，借机再次呼吁人们不要逃避政治，倡导为绿色经济行动起来。“问责政府，民主投票”的信息用手写体印在了秀票上，看起来更像是街头游行的宣传册，在 T 台上，模特们戴着纸质的王冠，象征节能减排。消费主义的文化认同在很多时候与自由、民主的政治诉求联系起来，消费彰显着个人的主张，香奈儿极简主义的包装和山茶花 logo 设计是自由独立又优雅的自我认同宣言，穿着安德玛（Under Armour）健身是追求品质的个人形象表征。在中东、以色列地区的新自由主义改革进程中，消费更是与推动国家和平进程联系起来，与国家现代性的国际形象，中东社会的世俗化进程联系起来，消费不仅仅是物质消耗，承载了身份建构认同的重要意义。

正是在这样一种意义上，杰哈里（Sut Jhally）指出商品兼具使用意义和符号意义，人类的行为也具有这两种属性：“在当代资本主义社会里，人们通过消费财消费来确定自身的社会和个人意义……消费也是个仪式的过程。”[①] 复杂的媒介图景倾向于塑造一种以消费为导向的公民主体，这个公民主体倾向消费主义和中产阶级生活方式，从媒体新闻、再现到公民维权，都将权利和消费联系起来，“好的消费者是好公民”这类话语模式以累积、遍在的形式传播，强化着个体身份的消费建构路径。

二 媒介与受众相互建构

这是2016年的一组数据：第一季度，最终消费支出对经济增长的贡献率为84.7%，[②] 全年最终消费支出对经济贡献率达64.6%；[③] 信用卡累计发卡量超过1.50亿张，人均拥有量0.11张，较上年同期增加42.9%；[④] 更早些时候的数据，2009年第一季度末的央行报告就已显示，全国应偿信贷总额为人民币1658.6亿元，较2008年同期增长率高达87.6%。[⑤]

消费增长的基础是国民收入持续较快增长，以上数据显示，消费理念对消费增长的促进功不可没，消费转型升级和不断改善的消费环境，也是重要的因素。各项住房和汽车等耐用消费品的刺激政策纷纷出台，为启动农村市场，推出了“家电下乡”政策，对符合条件的农村家电购买给予一定的财政补贴，激活农村购买力。消费拉动经济的政策效用明显，2017年，中央一号文件出台，聚焦农业供给侧改革，进一步撬动农村消费潜力。

“新三年，旧三年，缝缝补补又三年”的消费文化阶段成为曾经的

---

① ［美］苏特·杰哈里：《广告符码：消费社会中的政治经济学和拜物现象》，马姗姗译，中国人民大学出版社2004年版，第7页。

② 统计局：《一季度消费支出对经济贡献率达84.7%》，《凤凰财经》（2016年5月30日）［2017年11月2日］，http：//finance. ifeng. com/a/20160530/14441563_ 0. shtml。

③ 发改委：《2016年最终消费支出对经济增长贡献率超六成》，《新浪财经》（2017年2月15日）［2018年11月22日］，http：//finance. sina. com. cn/stock/t/2017 -02 -15/doc-ifyamkra 7567337. shtml。

④ 陈序：《消费行为的改变往往在一夜之间》，《凤凰网》（2009年6月25日）［2018年2月2日］，http：//finance. ifeng. com/news/opinion/fhzl/20090625/840305. shtml。

⑤ 《中美消费观念正在发生转变》，《第一金融网》（2009年6月30日）［2010年5月4日］，http：//www. afinance. cn/lc/shlc/xftd/200906/209225. html。

记忆，新的消费理念和消费模式被培育建构起来。新的社会认同基于消费群体相似的消费方式而建构，辨识同类的标示发生重要变化，从以前的体制内外身份、地域、职业向消费方式转变，各种微信消费群、品牌微博号、车友会、会员俱乐部，成为寻找身份认同的新平台，使用者通过社交平台找到自己的同类。消费文化的新进者对于商品和服务信息，存有迫切地需求。以下数据中，可以读解到打开国门后，刚刚接触消费文化的受众对消费类资讯的旺盛需求：2004 年推出的一份“中国最具广告价值的报纸期刊 25 强”榜单中，排在前 10 位的，有 8 份是消费时尚类杂志（表 5－4）。

表 5－4　2004 年中国最具广告价值的报纸期刊 25 强（前 10 位）

名次	媒体名称	广告价值得分	类型	2004 年上半年广告（万元）
1	《北京晚报》	94. 39	都市报	68786
2	《时尚伊人》	88. 45	时尚/服饰	14616
3	《瑞丽服饰美容》	84. 94	时尚/服饰	6920
4	《广州日报》	74. 71	都市报	80006
5	《都市丽人》	88. 59	时尚/服饰	6506
6	《瑞丽伊人风尚》	67. 05	时尚/服饰	6505
7	《世界时装之苑》	57. 99	时尚/服饰	11600
8	《汽车之友》	50. 90	汽车	1753
9	《微型计算机》	58. 39	IT	2373
10	《电脑爱好者》	53. 87	IT	1016

资料来源：《“中国最具广告价值的报纸期刊 25 强”推出》，《人民网》（2004 年 11 月 15 日）[2017 年 11 月 7 日]，http：//www. people. com. cn/GB/14677/14737/22036/2987844. html。

这是一份 2004 年 1—10 月国内主要的时尚类杂志的广告额，总计 16. 81 亿元，占比杂志广告市场总量将近四成。这当中，《时尚》系列和《瑞丽》系列的版权合作模式时尚杂志，广告营收为当中翘楚。拥有全国最大规模期刊发行体系的《瑞丽》系，进入中国市场以来，多年一直保持着年营收增长 50% 以上的良好成绩。一份针对《*Elle* 世界时装之苑》、《*Haper's Bazaar* 时尚芭莎》《*In style* 优家画报》《*Vogue* 服饰美容》《*Allure*》

和《Glamour》杂志2009—2013年广告收入的调查研究显示，除*Glamour*和*Haper's Bazaar*曾出现广告收入下滑或零增长外，其他几家杂志的广告营收一直在增长，特别是《*In style*优家画报》和《*Vogue*服饰美容》，对广告商的吸引力持续看好。几年以后的今天，虽然消费时尚类杂志报纸发行量出现下滑，时尚品牌投入杂志的广告额却是持续上升，导致发行量下滑或停刊的一个重要原因是，对消费信息的需求和获取分流到了互联网空间。微信上名列前茅的时尚公众号，推送一条广告，大致收取5万—15万元的一个费用。热门的公号，头条广告价格能达到20万—30万元，小团队运作，2—3人，广告收入一年可高达1000—2000万元，[①] “冷笑话精选”，这个微博大V，2014年创收近2000万元，全部为广告收入，Papi酱凭借网络短视频迅速走红，一期节目的广告费拍出了2200万的天价。[②] 消费的阶层特性区分，伴随着收入和教育分化趋势，日益凸显，群体消费边界出现。在中国过去20多年急剧发生的社会上行流动中，中产阶级成员中有65%的人出身于工人或农民家庭，57%的人在获得中产阶级地位前从事蓝领职业，影响到集体阶级特征和阶级意识的形成，[③] 在这样一种背景下，消费成为阶层个人身份建构和地位彰显的重要手段。房地产改革和教育改革都促使了社会差别的产生。

李培林、张翼在重庆市抽取了1251个有效样本，以恩格尔系数作为收入消费测算指标，对消费分层数据进行分析，发现居于中上消费水平的为17.7%，中等水平为22%，中下水平为19.7%，中等消费水平之和达54.9%。[④] 2007年对6000名中国购物者的调查表明，超过40%的受访者称，购物是

---

① 《评论：中国“网红”时代的媒体生态圈》，《BBC中文网》（2016年5月16日）［2017年11月16日］，http：//www. bbc. com/zhongwen/simp/china/2016/05/160531_ china_ internet。

② 《当我们谈论网红时，网红在谈论什么》，《界面新闻》（2016年11月9日）［2017年12月5日］，http：//m. jiemian. com/article/948217. html。

③ 李成编著：《中产中国：超越经济转型的新兴中国中产阶级》，许效礼、王祥钢译，上海译文出版社2013年版，第26页。

④ 郁方：《中国的中产阶级与他们的消费文化》，《学说连线》（2004年12月7日）［2010年5月4日］，http：//www. xslx. com/htm/jjlc/lljj/2004－12－07－17882. htm。

他们最喜爱的业余休闲之一，中国消费者每周花在购物上的时间为9.8个小时，而这个数据在美国是3.6个小时。[①] 新兴的高收入阶层追逐“地位商品”，媒介拟态消费环境场域当中，受众对身份认同的建构具备自觉意识，他们主动调用自身所拥有的资本类型和数量，打造自身生活方式。改革开放初期富裕起来的人群，利用双轨制机会，通过政策致富、实业致富，积累了雄厚的经济资本，但文化资本薄弱，在消费方式方面，挥金如土的炫耀性消费行为是彰显地位的主要方式，包括奢侈的婚葬排场，昂贵而浪费的餐饮，包养“二奶”的生活方式等。20世纪90年代以来，一个“精英群体”开始出现，他们积累资本的途径和先富起来的这一部分人群有差异，他们的成员包括国有企业的中高管理层、民营企业家、外企管理者，他们在市场经济中获得成功，部分将政治资本成功转化为经济资本的政府官员也属于这个群体，他们是中国三十年来社会经济和文化发展的最新锐力量，经济和文化资本丰厚，消费能力强劲。他们身处一个知识、科技、人才、信息这些生产要素迅速推动社会发展的时代，新兴的中间阶层依靠投资和知识产权致富，这些阶层接受过良好正规的大学教育，与早期新富阶层的消费心态相比，从商品实用性关注转移到对商品符号价值、心理愉悦感的偏好，运用各种象征意义标示身份和品位。比如，中产的案头上，摆一支普通的水性书写笔，和使用“凌美”“派克”金笔作为书写工具，对他们而言，传达的符号意义是不可以相提并论的。中国日益深度地融入全球化进程，新兴的中间阶层对于提升个人形象、品位，为事业发展助力有迫切需求，年轻的“新中产”们热衷于生活质量的提升。图5-9是两本杂志《瑞丽服饰美容》和《瑞丽伊人风尚》的内容构成图，来源于在长期占据中国消费时尚类杂志第一宝座的瑞丽系旗下，是该系列下市场份额最大的两本女性杂志。

---

① Wai-Chan Chan and Anne Tse, The consumer trap: retailers need to adapt to entice fickle Chinese shoppers into their stores, McKinsey & Company, [2017-11-16], https://www.mckinsey.com/search?q=consumer%20trap.

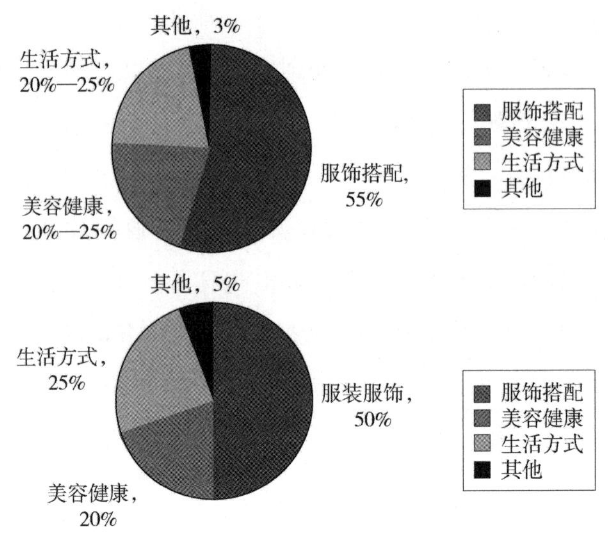

图 5－9　《瑞丽服饰美容》和《瑞丽伊人风尚》内容构成

资料来源：《关于瑞丽》，《瑞丽女性网》［2010 年 5 月 6 日］，http：//www. rayli. com. cn/static/about/about050117_ 01. htm。

中国当前的消费潮流由媒体所打造的“精英”和“中产”人群引领，带来了文化资本场域内地位的提升，身份的“区隔”意识生长，是他们表达自身存在的重要特征。这一群体的生活方式，目前处于模仿和形成阶段，媒介的策略是在某些方面迎合、同时有意识地在消费趣味和理念价值上进行引领，让受众在媒介拟态消费环境场域中，辨识自己的位置，获得心理上的接近感、信息获取的成就感和提升的幸福感。这个场域对于非目标受众群体来说，尽管资本积累缺乏，吸引力依旧强劲，因为它提供了一种便捷的“橱窗购物”途径，非目标受众消费着文字影像空间，在这个场域积累消费文化资本，一方面追求更多经济资本的积累，一方面在自身拥有的经济资本条件下，有意识地打造愿景生活方式。

从图 5－10《瑞丽服饰美容》读者构成分布图来看，因其是一本女性杂志，性别方面的因素剔除，来自城市年青女性占比六成，《瑞丽服饰美容》有两成读者是“大学生”，属城市年轻女性的后备队伍，《瑞丽伊人风

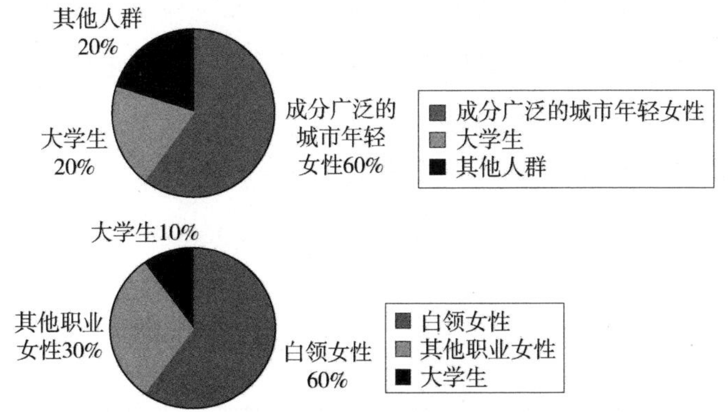

图 5－10 《瑞丽服饰美容》和《瑞丽伊人风尚》读者构成分布

资料来源：《关于瑞丽》，《瑞丽女性网》［2010 年 5 月 6 日］，http：//www. rayli. com. cn/static/about/about050117_ 01. htm。

尚》有三成读者属“其他职业女性”，具有一定的经济和文化资本，一成“大学生”，数据显示，经济资本暂时处于劣势的其他职业女性、大学生，在读者构成上，亦人数可观，这些群体在场域中积累经济资本和文化资本数量，努力跻身目标受众群。

《欢乐颂》《我的前半生》的超高收视率和话题热度，是媒介与受众场域同构性的典型表征。安迪和贺涵是新中产阶层价值观念的典型代表。安迪，孤儿，被美国父母领养，哥伦比亚商学院毕业，回国前的华尔街高管，高效严谨的工作状态，注重逻辑，保守主义者，每天跑步。这和马克斯·韦伯（Max Weber）的《新教伦理与资本主义精神》（*The Protestant Ethic and the Spirit of Capitalism*）对中产阶级的描述是一致的，英国中产阶级的主要成员平时注意锻炼，谨慎克制，富有进取心和坚韧意志，依靠智力和辛勤劳动获取高收入和社会地位，贺涵与唐晶的生活方式，和对罗子君的职场教育，可以说是新中产认同的教科书。花几万块钱买一条鱼切最好的几片吃，在上海顶级的餐厅里谈工作，培养自己 360 度无死角的职场技能，“路要一步一步往前走，苦要一口一口吃，经验要一点一点积累，抽筋剥皮才能脱胎换骨”，安迪和唐晶的着装品位亦受到观众的热捧，这些展现中产生活方式的电视剧，既切中了成长中的中国中产和新中产的切肤之痛，又是这个人群和希冀跻身这个人群的参照体系，因而获得了高收视率，高收视率又进一步促动此类电视剧的生产和制作。

第六章 场域传播个案：媒介拟态消费环境的中介和聚敛效应

布尔迪厄的场域理论，是一种组织原则，以经济资本与文化资本的交叉结构为基本框架，它组织着场域内部，也界定了场域之间的相对位置，不同场域在互动中逐渐确立边界。立体化的媒介拟态消费环境增强了消费信息在各场域的影响力，媒介在现代社会的中介角色，使得“消费精英”空间在不同场域间产生一种聚敛，聚敛产生的引力场将其他场域拉近位于更大的权力场域，向经济资本靠近，消费信息确立的原则、风格及其影响，浸润到其他领域，成为一种通行的经济和社会信念。在媒介拟态消费环境建构的消费话语下，经济场域对新闻场域的影响有了更自然、快捷的传导通道，传统意义上的硬新闻领域有了更多的软性因素，通过硬新闻，经济场域进一步传导对政治场域的影响。媒介拟态消费环境将远方的生活带入受众日常生活空间，以一种持续的状态收编受众的意识形态。拟态消费环境所建构的“消费精英”空间与受众的日常交织缠绕，媒介特定社会知识的生产，对于不同的受众群体和社会阶层而言，有着不同的文化内涵和现实意义，其所带来的冲击，值得关注。

第一节 新闻场域：向商业极迁移

媒介拟态消费环境的聚敛效应，使得新闻场域越来越受到商业极的影响，媒介以市场为基础，游走于政治场域与消费休闲事业当中。题材较为严肃、着重于思想性、指导性和知识性的财经与政治新闻一改其严肃面目，亦抹上了娱乐、时尚的色彩，在依然受到政治场域规制的同时，日益受到商业极力量的影响，逐步向经济场域方向迁移。在新闻、娱乐、消费之间，逐渐形成了一个庞杂的概念群，轻新闻（Newszak）、快乐谈话（HappyTalk）等，小报化（Tabloidization）、软新闻（Softnews）、信息娱乐（Infotainment）等，新技术环境中不断涌现的新概念，如新闻游戏（Newsgame）、沉浸式新闻（Immersive Journalism）等。

作为国家台，中央电视台一向以端庄大气、张扬主流意识形态的风格著称，在其频道体系中，距离商业极最近的财经频道，几度改版都给人全新的观看感受，频道定位清新、时尚、国际化的节目风格，体现鲜明的财经内涵，视野高端精英。以《环球财经连线》栏目为例，该栏目以国际化的视野为特色和追求，以五大洲地域架构节目框架，坚持以中国视野报道阐释全球财经资讯，力争将枯燥的财经数据变得有趣，为观众打造一档有温度的高品质节目。从节目的基本调性、主持人的选择打造到节目内容编排设置方面，颠覆财经新闻严肃庄重的一贯印象。签约评论员也着意传达全球化和专业、精英的气息，他们来自意大利前总理，摩根士丹利亚洲区主席斯蒂芬·罗奇、欧盟委员会前主席罗马诺·普罗迪，知名学者，频道大力宣传彭博财经、路透社、道琼斯、标准普尔、巴克莱银行、波士顿咨询集团全球合作伙伴，以打造其国家化形象。

在主持人的选择打造方面，央视财经频道人士表示，通过对主持人的包装与定位，旨在体现出专业化与全球化的新闻追求，她们中有路透社的洋美女，也有央视万里挑一的海归双语主持，还有实现冷静转身的当家主持人。①“财经 + 英文 + 美貌”，是财经频道遴选主播的标杆。该栏目早期

① 《探秘央视财经主持“变脸”路透社“洋美女”亮相》，《中国网》（2009 年 8 月 26 日）［2010 年 5 月 10 日］，http：//www. china. com. cn/economic/txt/2009 - 08/26/content_ 18401114. htm。

的明星主持人芮成钢，阳光、新锐，一口流利的英文。主持人章艳，被一再强调的书香门第出生，英伦留学背景，喜欢骑马的精英生活方式，背后是央视寻求主持人和节目气质契合的努力。谢颖颖，形象和播报风格与央视财经频道的国际化路线吻合，代表了中国财经新闻全球化时代新的审美偏好。

节目用“旅行”的概念打造内容编排方式，来自五大洲、跨越12个时区的财经资讯，娱乐性、可消费性兼备，内容编排上轮番编排展示，是该节目的一大亮点。令人神往的国外旅游胜地美景、吃喝玩乐资讯，常被穿插于节目之中。新闻节目模仿影视娱乐节目样式，配置主题曲的形式也很新颖，主题曲《连接》歌词和旋律动感（图6－1）：

图6－1　常石磊《连接》

资料来源：常石磊：《连接》，《网易云音乐》［2018年2月4日］，https：//music.163. com/#/song? id = 27853599& userid = 325794384&from = timeline。

词曲作者及演唱者常石磊，是北京奥运会开幕式音乐创作团队核心成员之一，中英文双语的歌词表现，华尔街、悉尼、南非等空间意象，编织了维系北京与世界，东方与西方对话的纽带，这是属于精英们空间感知和体验，TeaTime（下午茶时间）、打折季、世界杯门票、昂贵的酒店，是经常出现在时尚资讯里的关键词，激发无数消费的憧憬。节目结尾，是旅行风光推介和展示。

作为权力博弈的展台，政治新闻一向给人刻板严肃的印象。媒介消费话语渗透下的政治人物，其消费活动被媒介高度关注。2016 年 G20 杭州峰会，媒体竞相追逐元首们下榻的酒店，详尽报道，“全副地暖、顶尖卫浴 Joerger、Kingkoil 床垫、美国 Peavey 音响系统、新西兰手工精织羊毛地毯、土耳其进口的珍稀清水玉……”① 《周末画报》详细展示了历届 G20 峰会上各国领导人的精致小礼物，英国为各国准备的巧克力、茶巾、蜡烛，加拿大准备的北极熊摆件，中国为各国领导人准备的丝绸制品，被装在红木盒子里……②五星级酒店“南部小屋”内饰奢华，频繁受到国际会议的青睐。媒介详细展示各国首脑们的顶尖生活。在“南部小屋”，餐厅陈列着意大利顶级跑车，“一间最普通的客房每晚要价 332 英镑（约合人民币 3323 元）。客房内的家具全部以棕木色为主，桌椅、灯饰、墙纸都是维多利亚时代的精品。卧具皆为纯手工制作，连灯罩也是手工绣花拼成的……”“每个房间都配有全球定位通信服务；在床上就能举行远程电视会议；枕头绵软无比，是由最新的棉质纤维制成；轻点触摸屏上的温控列表，房间就能根据日照和湿度自动变换一整天的温度……”③

马克龙（Emmanuel Macron）竞选法国总统期间和就任后，媒体关注

① 《高奢大牌 &Local 精品争相盛放，且看 2016 杭城受宠指数再迎新高》，《界面新闻》（2017 年 8 月 16 日）［2017 年 12 月 9 日］，http：//www. jiemian. com/article/578258. html。

② 《G20 史上最会送礼领导人》，《周末画报》（2016 年 9 月 9 日）［2017 年 12 月 16 日］，http：//www. modernweekly. com/hots/17107。

③ 《走进 G20 峰会政要下榻处苏格兰小镇酒店》，《网易新闻》（2009 年 3 月 24 日）［2017 年 12 月 22 日］，http：//news. 163. com/09/0324/16/556DU4B3000120GU. html。

的焦点一直是“小鲜肉”与比他大 24 岁女人之间的忘年恋，在百度输入“马克龙”进行搜索，共有 8 条记录，三条来自百度：一条是“百度百科”，对马克龙进行介绍，一条是“百度图片”，是马克龙在各种场合的相关图片，另一条来自模糊查找的结果“马卡龙”的百度百科，对这种法式甜点进行介绍，其余 5 条全部是专门报道或涉及马克龙与其妻的内容。新闻标题如下：搜狐财经的“深八法国新总统——39 岁小鲜肉马克龙的‘真面目’”，腾讯《大家》的专栏文章“马克龙的忘年婚恋也算是少数派”，来自凤凰资讯的“法国新科总统马克龙，他的人生到底开了什么挂”，网易新闻的“马克龙：我们可能不正常，但这样的夫妻是存在的”，凤凰新闻的“组图：法国总统最热候选人马克龙和大他 24 岁的妻子”，搜狐新闻的“马克龙谈年长 24 岁妻子：没有她，我无法成为自己”。① 马克龙夫妇成为媒介的消费客体。

此外，不难发现这样一个现象：人们淡化甚至隐去了政治新闻中女性政治人物投身的各项社会事业所做出的贡献，沿袭传统的父权制观察框架，将注意力放置在衣着妆容和私生活领域，将她们贴上时尚消费代言人的标签。考察第一夫人们在媒介中出现的报道，报道重心的变化使我们意识到，媒介拟态消费环境场域在新闻场域向商业极靠拢的过程中产生了聚敛效应。第一夫人的形象建构在传统的政治新闻中报道中，其家庭价值和在社会公共事业中的影响力是重要的新闻要素。芭芭拉·布什（Barbara Bush），美国老布什总统夫人，在媒介传播中，是具有家庭价值观的传统女性形象，而具有知名律师和法学博士学位双重“含金量”，十足身份的米歇尔·奥巴马（Michelle LaVaughn Obama）夫人，却在当今媒介场域中，成为流行文化的宠儿，媒介所热衷的，是其时尚风格。用搜索引擎输入“米歇尔·奥巴马”，弹出来的都是“美国第一夫人米歇尔挑战电臀热舞”“米歇尔·奥巴马的裙子”“揭秘米歇·尔奥巴马的穿衣哲学”这一类的网页标题。

---

① 2017 年 8 月 16 日，以关键词“马克龙”搜索的结果。

全球金融危机的严峻形势下，2009年的G20峰会在伦敦举行，世界经济市场的稳定问题亟待商榷。各国第一夫人也齐聚，迅速成了各大媒体的焦点。媒介近距离捕捉她们的妆饰，本国顶尖设计师精心设计的礼服，由第一夫人们担当最佳代言人，曝光于媒体镜头前，一个致力于经济复苏话题讨论的论坛，在媒介的消费主义话语建构下，化身为一场衣香鬓影的舞会影像。在百度搜索引擎，输入关键词“G20峰会 第一夫人”，首页9条新闻的标题内容：“G20峰会 第一夫人 百度图片”、“历届G20峰会的另一道风景：第一夫人们”“G20峰会各国第一夫人的风采大比拼”①等，无一不在品头论足这些女性政治人物的时尚功力，第一夫人在会议期间的各种非正式会面，柔性外交，公益活动退居其后。随后的北约60周年峰会，媒介津津乐道对与会的美国第一夫人米歇尔·奥巴马和法国第一夫人卡拉·布吕尼（Carla Bruni）评头论足，对比两人的着装、品牌。2018年的达沃斯论坛，媒体又将关注点放在了美国第一夫人受特朗普绯闻影响，不再陪同出行的新闻上。越来越多靓丽的第一夫人们出现在新闻媒体和政治新闻当中，稀释了传统政治场域的肃穆印象。特朗普夫人梅拉尼娅（Melania Trump），加拿大总理特鲁多（Justin Trudeau）等。21世纪的现代社会，似乎远去又隐现的王室贵族，其奢华和神秘感是绝佳的新闻素材，英国王妃梅根·马克尔（MeghanMarkle）、西班牙王妃莱蒂西娅（Letizia Ortiz Rocasolano）、卢森堡王妃等，都是媒体眼中高价值的新闻素材，重大新闻事件发生时，媒体的目光追逐着她们，经常在报道中忽略新闻事件本身，而将关注焦点放在她们的着装上，“第一夫人”们成为消费主义时代新的时尚偶像，贵族出生，精英教育，时装品位，精美饰物，共同构建了美好的“上流社会”天堂图景。

第一夫人们真正的社会职能，如社会公益行为，及她们作为独立个体在自身领域内所取得的成就，被五光十色的消费图景遮蔽。中国第一夫人

① 2018年6月18日，用关键词“G20峰会第一夫人”搜索结果。

彭丽媛，享受国务院“政府津贴”待遇，是中国的第一位民族声乐硕士，国家一级演员，人民解放军文职干部，正军级待遇，解放军艺术学院院长，中国音乐学院客座教授，北京大学、上海师范大学兼职教授。这些身份，以及她在关“艾”行动中，联合国高级别教育会议、对智障儿童的关爱等公益活动中的贡献，相比对她衣饰的关注，则被淡化了。G20 峰会期间，各国元首共商经济政策时，第一夫人们行程安排也很紧凑。在英国首相夫人布朗的陪同下，奥巴马夫人米歇尔参观访问了位于伦敦西部的一个癌症患者护理中心，这个护理中心一直接受着布朗夫人的资助。米歇尔与布吕尼在“抗艾滋病行动中”携手合作。米歇尔个人有着辉煌的职业生涯，甚至盖过了曾经的奥巴马，她曾是一名成功的律师，担任过芝加哥市长的助手，1993 年出任一家非牟利机构的执行董事，1996 年离职时为该机构筹得足以维持 12 年运作的款项，2005 年担任芝加哥大学医疗中心副董事长，[①] 在奥巴马参加总统竞选期间，她担任竞选团队的指挥官。西班牙王妃莱蒂西娅曾任职于西班牙国家电视台，是知名的新闻主播，职业生涯辉煌非凡。2000 年，莱蒂西娅获得西班牙记协“30 岁以下最佳记者”奖章一枚，2001 年，她领着摄像记者冲入 9·11 双子塔废墟，2002 年，又获得西班牙电视工作者金奖。[②] 莱蒂西亚对公益事业的关注与支持，高雅得体的外交礼仪都为她西班牙王妃的身份加分不少，极大地增强了民众认同感，提升了西班牙王室的声誉。阿根廷第一夫人朱莉安娜·阿瓦达（Juliana Awada），因得体而独特的个人着装风格成为时尚杂志封面的宠儿。她也是商界的精英，在纺织服饰家族企业的光环下长大，从未懈怠，童年和青少年时期便是各大时装周的常客，十几年国际双语学校的学习使她成功进入牛津大学英语专业，毕业回国不仅做模特宣传家族品牌，还亲自操刀

① 《米歇尔·拉沃恩·奥巴马》，《百度百科》［2010 年 5 月 16 日］，http：//baike. baidu. com/view/1975069. htm。

② 《各国王室婚礼面面观》，《天涯》［2010 年 5 月 16 日］，http：//www. tieku. org/270416/72. html。

做设计。这位被《你好》（*Hola*!）杂志评为2016年“最优雅第一夫人”，曾为丈夫毛利西奥·马克里（Mauricio Macri）赢得总统选举加分不少，成了吸引全球目光的阿根廷总统夫人。

政治新闻兼具时尚引力。总统首相们的任职大典、国际峰会等重大事件选址优美，华冠丽服，媲美于任何世界顶级名牌时装秀场。时尚同时成为政治人物接近大众、表达政见的新手段。奥巴马政府的种族观念，被米歇尔以选择少数族裔服装设计师的作品的方式表达。2009年，米歇尔·奥巴马穿着华裔设计师杰森吴（Jason Wu）的作品参加奥巴马的就职舞会，2017年，她再一次穿着吴的作品参加奥巴马的告别演说。时尚，承载着政治态度，政治通过时尚符号进行传播。一位金融学教授统计了米歇尔2008—2009年的189次公开亮相，这当中出现最多的品牌是：Diane von Furstenberg（DVF）、Naeem Khan、J. Crew、Michael Kors、CK、Nina Ricci、Gap等。[①] 这和奥巴马倡导的美国梦，还有他的平民出身又是高度契合的。媒体甚至将政治新闻与时尚报道的模糊的界限以“时尚政治学”为题，进行报道。

图6-2是Vogue时尚网关于第一夫人形象的分析报道。“第一夫人的穿衣之道是为角色而穿，而不是为穿而穿。因此，她们每天早晨起来该搭配什么衣服，绝对是一个政治声明。她们是如何使用时尚，则可以透露她们所处的社会和国家的信息。因此，时尚在政治零和博弈中肯定会继续被用作一种秘密武器。”周末画报报道了对《权力着装：第一夫人，女政治家和时尚》一书作者罗勃扬（Robb Young）的访谈，有趣的是，报道介绍罗勃的身份为“英国时尚记者，同时为《金融时报》和*Vogue*杂志撰写专栏”,[②] 这种身份和访谈内容，似乎是对经济通过消费场域传导对新闻场域

---

① 《Really？政治圈也有自己的时尚经？》，《搜狐时尚》［2017年12月21日］，http：//www.sohu.com/a/123863478_526435。

② 《“时尚，政治博弈的秘密武器”》，（2013年4月6日）［2017年9月25日］，http：//www.modernweekly.com/hots/6961。

影响力的绝佳注解。

图 6－2　Vogue 时尚网关于第一夫人形象的分析报道

资料来源：*Vogue* 时尚网。

媒体不是这场风潮内的唯一积极行动者，英国首相夫人莎拉·布朗定期更新其社交媒体状态，布吕尼在其博客上声称，在时尚品位上，美国第一夫人米歇尔以及西班牙王妃莱蒂西亚是她最大的对手。[①]

① 《布吕尼开个人网站 称奥巴马夫人是“劲敌”》，《人民网》（2009 年 11 月 1 日）［2010 年 5 月 17 日］，http：//media. people. com. cn/GB/10295723. html。

第二节　电影场域：武侠电影的文化与结构转型

武侠电影是中国特有的民族电影类型，承载着独特的文化意涵和中国人的生活理念。武侠电影的文化和结构转型，实质上是在全球化背景下，中国社会深刻变革下，混杂着现代性追求、市场话语和快感消费逻辑的过程和型态。在这个过程中，武侠电影承载的文化差异被商品化，既生产了民族认同和区域认同，又与资本的逻辑达成了一致。跨国媒介工业寄生于可牟利的文化差异当中，其产品彰显的是跨国媒介对市场体系和消费主义的推崇，而背后的真正推手，是新自由主义意识形态。

一　武侠电影传播的文化转型

中国武侠电影的文化转型，是在既想坚持在地的类型理念，并积极融入当下的受众品位偏好，又在票房压力下努力证明自身商业价值，更要在国际化的舞台上占有自己的一席之地等诸多因素的共同促推下进行的。

（一）艺术风格：从平民文化到布尔乔亚武侠

中国源远流长的武侠故事传统是成人的童话。侠客们或忧国忧民，除暴安良，劫富济贫，或浪迹天涯，快意恩仇，豪气干云，这些故事是民间意识的折射，可以理解为弱势群体的精神寄托——通过武侠作品抒发心中块垒，宣泄社会情绪。武侠文化一直被视为通俗文化，港台的武侠电影与电视剧一直引领着武侠文化传播潮流。从张彻的硬汉片到李小龙的功夫片到徐克经典的“黄飞鸿”系列，以及《射雕英雄传》《倚天屠龙记》等经典武侠故事的一再翻拍，经典的桥段、造型、对白、取景等，都充满着浓郁的港台市民趣味和平民生活气息，与真实情感及文化审视的关联较弱，更关注感官层次的刺激。《卧虎藏龙》一片的导演李安这样评价武侠片：“……我恨它的粗糙、不登大雅之堂。老实讲，真的不算什么好东西。它好，好在它的野；坏，坏在它的俗……”①

《卧虎藏龙》的野心在于拍摄一部具有人文气息的武打片，让武侠片进入西方主流类型电影行列。导演李安坦言在他的想象中，“儒侠、美人的侠义世界，……是很布尔乔亚品位的”。② 在艺术风格和审美趣味上，摆脱旧有武侠片浓厚的商业气息，代之以“艺术片＋商业片”的风格，武戏文拍，从服装及造型设计、布景到对白等，都充满着浓郁的布尔乔亚品位。比如，玉娇龙扮黑衣蒙面人时蒙面的那块三角巾，分寸拿捏就颇费周章，眉毛、眼线、空间大小都经过反复斟酌，力求正好将演员的小瓜子脸和本身的神韵之美体现出来。竹林戏从勘景到机位设置等，都经过周密计划，反复比较，吊着钢丝的周润发一袭白袍挺立于翠竹林之巅，被导演一再要求体现玉树临风之美感，“要有儒侠之气度和品位”。该片的武术指导袁和平不堪其烦，曾直接问李安：“你到底是要打还是要意境？是要跑远路去拍山水，还是要花时间打？”③《英雄》一片中，张艺谋发挥其擅长的光影、摄像的长处，漫天黄叶飞舞中，身着红袍的如月、飞雪打斗非常写意，视觉冲击感强烈。《一代宗师》中，宫二和叶问的酒楼打斗戏，情愫涌动，配乐优美，很多观众戏称：“与其说他们在比武，不如说在调情。”④《刺客聂隐娘》更是精雕细琢，唯美且充满哲思。这些和之前张彻、李小龙的影片风格有强烈反差。

（二）价值取向：从家国观念的“侠之大者”到个人主义和女性主义的追求

武侠电影中的侠客形象分为两类：一类侠客忧国忧民，除暴安良，劫富济贫，一类狂放不羁，快意恩仇，豪气干云，人物性格大都单一，但家

① 李安：《古典侠义，水墨中国》，《新浪影音娱乐》（2007 年 10 月 30 日）［2018 年 1 月 3 日］，http：//ent. sina. com. cn/m/c/2007－10－30/02041769239. shtml。

② 张靓蓓：《十年一觉电影梦：李安传》，中信出版社 2013 年版，第 279 页。

③ 同上书，第 341 页。

④ 《〈一代宗师〉：如洋葱，得一层一层剥》，《腾讯娱乐》（2013 年 1 月 7 日）［2018 年 1 月 5 日］，http：//ent. qq. com/a/20130107/000073. html。

国观念始终是侠客形象脉络，从张彻的阳刚硬汉形象到徐克的黄飞鸿系列，重承诺，轻生死，充满着个人英雄主义的浪漫气息。自《卧虎藏龙》中的李慕白、玉娇龙到《一代宗师》中的叶问、宫二至彭于晏版的《黄飞鸿之英雄有梦》中反英雄类型的黄飞鸿形象，西方的心理分析方法被更多地运用于人物刻画，侠客形象经历了从“神”到“人”的转变，如李慕白临终之前终于舍了修道，释放出压抑良久的俗世之爱：“宁做七天七夜的野鬼”，陪伴在俞秀莲身边。彭于晏版的黄飞鸿逛妓院，形象更接近黑帮老大。这些武侠电影中，人物内心的冲突、挣扎甚至妥协被展示出来，从传统的家国情怀到现代布尔乔亚式理性个体侠客形象，甚至叛逆的非传统英雄的塑造，更符合全球中产阶级的审美取向。

价值取向的另外一个重大变化是女性主义。在以往的武侠片中，女性多为点缀，且剧情结构经常是多位女性追随一位男性侠客。《卧虎藏龙》中的玉娇龙、俞秀莲、碧眼狐狸，《一代宗师》中的宫二、《十面埋伏》中的盲女，《英雄》中的飞雪、《师父》中的师娘，倔强、独立，她们是既拥有传统意义上美丽外表、又拥有自我与权力的新型女性。《卧虎藏龙》片中玉娇龙酒楼打斗的那一段吟诗，是武侠电影中女性主义的宣言：“潇洒人间一剑仙，青冥宝剑胜龙泉，任凭李俞江南鹤，都要低头求我怜……”

（三）叙事模式：从民族化类型到全球传播的“非领土化”策略

“非领土化”（deterritorialization）概念由阿帕杜莱较早提出来，用以描述全球化进程中我们赖以生存的地方与文化实践、体验和认同感之间的关系转型，“非领土化”的中心特征是削弱或消解文化和领土之间的联系。[①]《卧虎藏龙》的成功，振奋了武侠片的信心，《英雄》《一代宗师》《七剑》等影片对奥斯卡奖项野心勃勃，试图以西方手法拍摄中国民族类型的武侠片，获取西方市场和评论的认同。

① Arjun Appadurai, Disjuncture and difference in the global cultural economy, Meenakshi Gigi Durham and Douglas M. Keller. eds., *Media and cultural studies key works*, London: Blackwell publishing, 2006, pp. 584 - 601.

故事讲述方面，采用易为西方受众接受的故事结构。《卧虎藏龙》中倒叙和拼贴的使用，第一场打斗前长达十五分钟的陈述铺垫，迥异于传统的武侠片故事结构，目的是向西方受众勾勒出武侠世界的概貌。《七剑》套用黑泽明《七武士》的故事结构，大量运用多线跳跃和段落悬念手法。《黄飞鸿之英雄有梦》中，黑帮卧底，蝙蝠侠，X－man式的有缺陷和弱点的西方"超级英雄"情节元素的运用，将传统的心怀家国的浪漫侠客，变得更激进和暴烈。电影主角们既有道家闭关退隐的出世思想，又有儒家将社会责任、道德规范集于一身的入世哲学，但同时又被以西方心理分析手法展现内心情欲，形成有趣的故事张力。

对白方面，中西杂陈，《卧虎藏龙》中的侦探戏对白大量运用西方辩驳、推理、抽丝剥茧的方法，像玉夫人、俞秀莲谈论陕甘捕头被杀事件的一问一答，李慕白问俞秀莲有关碧眼狐狸时的问答。情戏中，玉娇龙和罗小虎在山洞互诉衷肠的文艺腔：小时候，有一天夜里，我看见天上落下千万颗星星。我想，它们都落到哪儿去了呢？是编剧美国人詹姆斯用英文写的。《英雄》中无名与秦王的长篇对白、《一代宗师》中的对白都借鉴了西方戏剧的手法。

二　武侠电影传播的结构转型

文化转型的背后是结构性力量的改变，筹资模式、工作方式、宣传发行模式的改变，既为中国武侠电影进军好莱坞提供了新的资源，也架构了电影的基本样貌。

（一）从直接投资到海外预售募集资金

《卧虎藏龙》采用的预售版权募集资金的方式是好莱坞的通行模式，后来为国内的武侠电影所效仿。这种方式与好莱坞投资不同，投资人不会直接拿出一笔钱拍片，而是先向海外的发行公司预售若干年的放映版权，然后拿着预售合约，由保险公司做担保，向银行贷款，再成立专门的公司生产影片。《卧虎藏龙》的制片公司由徐立功、江志强、李安、哥伦比亚电影公司亚洲分公司和北京的两家电影公司组成，贷款银行在巴黎，担保公司在洛杉矶。[①]《英雄》的制片方有北京新画面公司、香港安乐影片公司，剧本还在修改阶段时，美国片商的预购便开到了2500万美金。[②]《一代宗师》《黄飞鸿之英雄有梦》等影片均效仿此模式，这成为后来国产武侠电影筹资通行模式。

（二）团队成员背景从单一走向多元

武侠影片的国际视野需要多元文化的支撑。从资金筹措渠道的拓展到两岸三地的跨地域合作，再到多国多边合作逐渐成为常规模式。《卧虎藏龙》的编剧有来自台湾的蔡国荣、王蕙玲，来自美国的詹姆斯·夏慕斯和游走中西两种文化之间的李安。剧本的写作是一个来回激荡的过程，中英文稿来来回回地反复修改，力图在保留武侠这种民族类型电影特色的同时，解决好文化翻译的问题。武术指导、舞美设计来自香港，谭盾为影片作曲，西洋乐器大提琴配乐和京剧鼓点杂陈，录音是两个美国人，演员来自两岸三地，整个团队被称为“梦之队”。紧随其后的《英雄》班底保留了李安“梦之队”的很多成员，演员阵容强大，启用了在好莱坞认知度高的李连杰、张曼玉。《七剑》配乐来自日本的川井宪次，《剑雨》的服装设计来自日本的和田惠美，《一代宗师》《黄飞鸿之英雄有梦》从演员阵容到后期制作，团队成员都呈现多元化特征。

（三）引入西片宣传发行模式

采用好莱坞大制作电影的“高概念”（High Concept）方式，投入大笔营销与宣传成本。《卧虎藏龙》亚洲上片及宣传方式都是西片做法：参加主要影展，举行记者会、做大型媒体专访。发行公司包括索尼经典电影

---

① Huaiting Wu, Joseph Man Chan, Globalizing Chinese martial arts cinema: the global-local alliance and the production of crouching tiger, hidden dragon, Media, *Culture & Society*, Vol. 29, No. 2, 2007.

② 《〈英雄〉欲盖〈卧虎藏龙〉》(2002)，《人民网》(2002年2月8日)［2018年1月10日］，http://www.people.com.cn/GB/paper1787/5448/563320.html。

(Sony Pictures Classics)、哥伦比亚三星环球电影发行公司（Columbia Tristar Film Distributors international)、好机器环球公司（Good Machine International)。在台湾上片时，预告片以英文旁白在院线放映，导演李安想改成中文，但当地发行商认为不需要改，就是要用好莱坞影片的宣传方式才能吸引观众。《一代宗师》从戛纳到北美，大规模的宣传攻势一直持续。章子怡连轴转地在 Good Morning America、Screen Slam、Extra 等新闻、综艺节目亮相，韦恩斯坦还找来大牌脱口秀女王奥普拉·温弗里在自己的社交网站上大力推荐这部影片，并邀请著名导演马丁·斯科塞斯担任《一代宗师》在美国的出品人。《一代宗师》和《黄飞鸿之英雄有梦》的两款国际海报（图6－3、图6－4)，在类型定位的信息传递方面很有意味：梁朝伟黑衫白礼帽、彭于晏长辫飞扬，有中国传统功夫气韵，但海报整体黑酷的格调，融合了科幻片《黑客帝国》(The Matrix）和美国黑帮片的元素，打造面向国际的“旧瓶装新酒”。

图6－3　《一代宗师》的国际海报

资料来源：中新网。

图 6－4　《黄飞鸿之英雄有梦》国际海报

资料来源：时光网。

三　新亚洲电影，好莱坞的“缺席”与“在场”

伴随着区域化市场的兴起，文化逆向流动的问题逐步进入主流视野。运用西方手法拍摄中国的武侠电影，《卧虎藏龙》《英雄》《一代宗师》在北美市场的成功，使得武术在西方终于从次文化进入主流文化。与之同时，印度的宝莱坞和拉美电视剧（Telenovela）等，也在向周边地区和北美输出。面对这种文化的逆向流动，许多评论者和学者发出了文化逆向流动的喝彩，将其视为对文化帝国主义的挑战或者说文化帝国主义的终结。从海外票房和获奖来看，中国武侠电影的逆袭似乎是又一例证，而中国武侠电影，其实处于更大框架下的“新亚洲电影”的认同诉求之下。新亚洲电影，不仅是指经济结构面向上的，也包括了电影文化和美学，并关涉亚洲文化和亚洲认同的建构或重构。在市场目标上，新亚洲电影不仅瞄准亚洲市场，也具有进军全球市场的更大企图心和操作架构。《无极》《墨攻》《七剑》是近年来将亚洲跨国合作的操作规模和商业手法推上高峰的几部电影。这几部电影，投资均超过 1500 万美元。在相关宣传文字方面，不约而同地直接使用“亚洲”或“亚洲电影”概念。《无极》强调，工作团队与演员组合是“亚洲最强阵容”，并以“亚洲电影零时差”的方式，让《无极》在美国电影市场上映。《墨攻》官网则称该片是“亚洲精英大团结”。三部电影的工作团队其实有相当的重叠性。例如，《七剑》和《墨攻》都采用了相同的日本配乐家川井宪次和香港武术指导董玮，而《无极》则明显地复制《卧虎藏龙》团队，聘用了相同的摄影指导鲍德熹和美术指导叶锦添。鉴于中国庞大的电影市场，中国成为新亚洲电影的中心。

然而，考察亚洲电影背后的结构因素，从筹资模式到生产方式、营销发行，好莱坞的影响无处不在。另一部引起普遍文化关注的电影，《贫民窟里的百万富翁》通过预售筹资，制作人希望这部电影能复制《卧虎藏龙》在全球市场上的神话。这部电影讲述的是印度贫民窟的故事，电影改编自印度小说，电影的所有拍摄工作在印度进行，团队班底都是印度人。然而，更仔细的分析发现，团队部门的负责人绝大部分来自英国，其北美和印度的发行渠道与华纳影业和福克斯探照灯（Fox Searchlight）关联紧密，英国、爱尔兰和法国的发行权在百代电影公司（Pathé）手上。来自韩国的数据表明，韩国影视业在区域市场获得成功，20世纪90年代以来，韩国从美国直接进口文化产品在下降，但是，从国外进口节目的比例2002年比上年度增加22.8%，2003年度在2002年基础上又增长11.8%，而这些增长主要来自西方国家。[①] 韩国与美国在节目进出口方面存在着巨大的贸易逆差：美国的节目占据韩国进口节目77.8%，而韩国节目仅占美国国内进口节目的0.4%。[②] 2012年中国电影年产量700多部，销往海外的影片共计75部，其中合拍片46部，比例高达61.33%，海外票房及销售总收入为10.63亿元，不到国内票房的10%，比2011年海外营销额

---

① Dal Yong Jin, Reinterpretation of cultural imperialism: emerging domestic market vs. continuing US dominance, *Media, Culture & Society*, Vol. 29, No. 2, 2007, pp. 753 - 771.

② Ibid.

20.24 亿元同比减少 48%。[①] 2013 年，中国电影国内票房达到创纪录的 217 亿元，而海外票房仅 14 亿元，还不及国内票房的零头，与 2013 年进口影片在中国创下的 90 亿元票房相比，中国电影的出口数据显示出较大的差距。[②] 中国电影可以进入的市场主要在东南亚新加坡、泰国、马来西亚等地，而其他重要的世界电影市场，如法国、美国、印度、英国、意大利等地，罕有中国电影发行。《卧虎藏龙》《功夫》的成功，很重要的一个原因，是得到好莱坞视其同为美产大片的强力推广，《英雄》则由时为迪士尼旗下子公司的米拉麦克斯为其提供发行渠道，而迪斯尼当时正计划在港、沪两地兴建迪斯尼乐园，政治与文化领域的资本交织转换浮现。

与此同时，通过直接投资、合资企业与节目合作形式，西方的跨国公司逐步成为亚洲文化产业当中颇具影响力的结构力量。在文化产品的直接输出之外，全球资本通过文化产业持续施加影响，进而对一国的生活方式、组织结构、价值观念乃至人际关系产生影响。《卧虎藏龙：青冥宝剑》这部“中国武侠”片由美国韦恩斯坦国际影业公司、中国电影集团公司联合出品，汇集了来自世界各地的 700 多位精英，他们操着 20 种语言，为同一个“江湖”努力，导演袁和平来自香港，称这种趋势为“武侠牛仔化”或者“牛仔武侠化”。[③]

商业成功的渴望导致某些固有的“成功法则”的标准出现了，李安的《卧虎藏龙》正是新世纪武侠电影的标杆，跨国资本通过对电影工业的结构性影响，将商业主义引入了中国的武侠电影和电影产业，私人企业在中国电影市场的份额、资本规模、生产能力等方面已经远远超过国有资本，

① 《中国电影出口呈下降趋势，国内市场火爆国外试水失败》，《新华网》（2014 年 4 月 13 日）[2018 年 2 月 12 日]，http://news.xinhuanet.com/video/2014-04/13/c_126385336.htm。

② 同上。

③ 《〈卧虎藏龙〉压轴贺岁，国际团队打造微观武侠》，《搜狐网》（2016 年 12 月 23 日）[2018 年 2 月 12 日]，http://mt.sohu.com/20160120/n435224671.shtml。

而市场在电影资源配置中的主导作用也已经基本实现。中国武侠电影的转型是消费资本主义从经济场域拓展到文化场域，在电影乃至媒介产业、文化产业的表现之一。

第三节 日常生活场域:受众日常生活的变迁

“日常生活”进入学术研究领域并受到研究者们关注，源于列菲弗尔。在列菲弗尔看来，循环反复、单一的日常生活，蕴含着深度意味，体现着个人小事偶然性的同时，也反映着社会背景的时代特点，它是各类社会活动和关系的作用场所和集结中心，贯穿于日常生活的宏观政治经济结构影响在其中得以发挥。媒介拟态消费环境所建构的“消费精英”空间，是受众现实生存环境的一部分，它将现代性的生活方式渗入受众日常生活的肌理之中，使受众的消费经验被媒介中介化，并经由媒介消费空间的中介而建立起跨地域、国界的消费认同，重构了受众场域的日常生活经验。

一 流动的现代性：代际消费理念差异

1840 年，现代性在中国社会开始生长，进入 20 世纪，标志着中国两千多年的封建专制统治结束的 1911 年辛亥革命，和震颤了儒家文化为本位的传统文化和封建宗法制度的 1919 年“五四”远动，本质都是在前赴后继切实践行建设现代性国家。20 世纪 90 年代出现的各种媒介文本中，大量的新兴阶层的建构和形象勾勒纷纷涌现，成为中国现代化进程中对于现代性想象的重要组成部分，最终以“流动的现代性”形式在媒介消费空间向受众呈现。流动的现代性是鲍曼晚年提出的一个重要概念，用来从细微处关切个体化、贫穷和生活政治，并对全球化中的政治、经济和消费主义进行批判。鲍曼认为，“流动”的特性属于液体和气体，流体在空间维度没有固定的外形，在时间维度缺乏持久性。在鲍曼的眼中，流动的现代性，是私人化、个体化的。① 鲍曼强调，流动的现代性更多的意味着流动的生活方式，也就是人们的生活政治，而不是从一个整体的社会的流动性运动来论，这种流动让人无法控制，具有强迫性，生活政治不仅塑造了社会生活的定律和戒度，还增进了社会系统的稳定性。流动的现代性的间隙中，时间与空间关系不断变化，速度在时间的跑道上占据突出领先优势，于是物理空间的意义被解构。此外，立法者、传道士、规范制定者或者导师身份，被视为固态现代性时期的象征权威，进入流动的现代性期间大部分由楷模来得到体认。“权威不再发号施令，他们只是一味地去迎合作出选择的人，并说服和引诱他们。”②

广告商用四种真实或经验形态引诱我们：亲切私密，如同一位密友邀请你和她们一起，在舒适的家中，惬意的咖啡厅，闲适的度假地，体贴周到，分享消费秘密，解决私人问题；温馨家庭，受众受邀参加聚餐、婚礼等场合，广告以家庭成员的眼光取景，营造身临其境的感觉，让受众目睹问题发生，如家庭一员般，参与提供解决方案；活力自由，乘快艇、热气球、滑翔机，纵马奔腾，自在适意，主体投射的摄影方式让我们变成行动的参与者，我们代入式地凌虚驭风，凌波微步，感受海洋扑面而来的清凉，或骄阳似火的酣畅；成功奋进，搭乘私人飞机，在私人会客室与大人物见面，汽车、手表、豪宅，是身份的象征，永远为美好的生活和自己保持着精力充沛、光鲜亮丽。

媒介拟态消费环境邀请受众参与消费空间，受众在自然化的状态下将各种拟象融入日常生活。媒介拟态消费环境建构的“消费精英”空间，成为生活政治的呈现手段。这种空间以流动的介质媒介存在，媒介消费空间依据受众是否与媒介产生接触、接触的频率自由的被选择开启或关闭。这个流动的空间在消费信息的密集度、分布结构、受众的选择性接触的影响

① ［英］齐格蒙特·鲍曼：《流动的现代性》，欧阳景根译，上海三联书店 2002 年版，第 11—12 页。

② 同上书，第 88 页。

下，形态不断发生变化。媒介拟态消费环境突破了现实生活中物质空间的限制，消费的社会地点和物质地点被分离开来，五光十色的消费场景得以融汇。正是这个流动的空间的存在，为各类以现代性为标榜的消费和生活方式传播提供了便捷条件。先进的传播技术汇集了多元地方人群的知识与经验，彼此构筑了在地人群的生活消费空间。媒介拟态消费环境携带着其他地方与人群的知识与经验，动摇了长者在代际传承过程中长期的权威地位，信息垄断被打破。代际传承的传统经验规律中，上一辈往往授予下一代对生活的见解经验、基本的生存技巧与能力，以及认可的生活方式，充当着新生代一辈的社会化过程的把关人，代际间经验传承者角色，从而保持了消费传统的连续性。处于转型期的中国社会，媒介在传统社会向现代生活的过渡期中，撕裂了代际传统延续的纽带，上一代与下一代间的消费理念由此发生激烈冲突。

陈昕对华北三个村庄进行了深度访谈。结果显示，代际之间的消费观念和方式差异显著，新的消费理念和生活方式相对于传统生活方式的越轨、逐渐扩散到获取认同，媒介的传播、城乡交流等途径在其合法性进程中作用巨大。① 诱人的多样消费场景满布于各种融合媒介，为受众开辟了想象力空间和更多生活方式参考选择，激发了受众的参与欲望。消费达人和时尚教科书文本的大量传播，媒介塑造的各类生活榜样取代了来自长辈权威经验。影视剧中韩国、美国及欧美发达国家家居生活的细节展示等，成了受众对现代性生活的追求的标准模型和参照物。尤其是家庭伦理剧和他类消费媒介经常展示高于普通家庭生活水平的耐用消费品，更是成为大部分家庭生活追求的愿景。

北青网青年论坛上一位家庭主妇发布帖子，陈述自己买超大冰箱源于对韩式现代生活的推崇②：

---

① 陈昕：《救赎与消费》，江苏人民出版社 2003 年版，第 203—210 页。

② 《生活就是要像韩剧那样》，《北青网》（2009 年 10 月 9 日）［2010 年 5 月 30 日］，http：//bbs. ynet. com/viewthread. php？id = 915489。

生活就是要像韩剧那样。

到过我家的主妇，不出意外，会惊呼一声：你家冰箱这么大呀！……

原因无他，只为彼时，我正沉溺于韩剧中的经典美食场景不能自拔，心心念念地期待着，能像韩剧中那样，做出令人垂涎的美食点缀自家的生活……

韩剧里不是每家都有一台超大的冰箱吗，于是，我决定从买冰箱开始我的韩剧生活理念……

藤竹晓对人口超过5万人的日本城市家庭进行调查，数据显示，20世纪50—70年代，促使日本人购买洗衣机、电冰箱、扫除机等耐用消费的动机，很大程度上，正是来自美国电视节目中美式生活方式的拉动。① 柯克·约翰逊（Kirk Johnson）花费了8个月时间，在印度两村庄进行了民族志调查，结果显示，媒介消费信息传播对村民产生了显著影响，村民们向研究者索要电视上做广告的药品，一位丧偶的母亲向研究者倾诉，她的孩子总向她索要在电视上看到的东西，而那些在她的支付能力以外，村里的年轻女人们一边观看电视，一边评论演员的服饰，她们明确表达经常梦想拥有电视上的漂亮纱丽。② 媒介为受众陆续制造出生活模范，恰似生活中的一位好友的口吻，向受众倾囊传授他们美好而隐秘的生活感受，被赋予现代、优质、健康的意义，吸引受众不自觉地参与行动。

二　替代性参与跨国阶层认同

媒介拟态消费环境让处于伦敦、巴黎、东京、纽约的人们生活在同一片媒介消费时空，受众的日常生活被全球化的生活方式模板所渗透，而媒

① ［日］藤竹晓：《电视社会学》，蔡林海译，安徽文艺出版社1987年版，第46—57页。

② ［美］柯克·约翰逊：《电视与乡村社会变迁：对印度两村庄的民族志调查》，展明辉、张金玺译，中国人民大学出版社2005年版，第174—175页。

介为中介建构的跨国经验景象令国际性的中产阶层流连忘返。同时，本土的消费精英站在西方消费主义立场处理着与在地文化的关系，与缺乏支付能力的国内受众关系疏离，以消费为连接，中产阶层与精英建立起全球化时代下的跨国阶层认同。

媒介进入全球传播时代，群体与地域的连接性已被消解，处于不同现实时空中的人群却得以享有共同体的感知。媒体构造全球形象，编织欲望，建构了全球“消费共同体”。媒介操弄着欲望符码，生产着人们对于世界的想象，制造全球性的消费秩序，传递着“代理的快感”。[①] 发展迅速的媒介传播，让“想象”充满魅力，我们以何种方式想象这个世界，影响着我们如何理解自身，提供着我们形成身份认同的资源。[②] 较早使用“非领土化”这一学术概念来表达全球化进程中，个体安身立命的地域，和认同感、体悟，文化实践之间关系变迁及转型的理论家之一，是阿帕杜莱（Arjun Appadurai）。后继研究学者有费瑟斯通、加西亚·坎克里尼（Garcia Canclini）和约翰·汤姆林森等。汤姆林森对于非领土化相关的中心限定性的特征的理解，即是解构或者弱化平常饱含生机的文化与民族国家领土的关联。在阿帕杜莱看来，非领土化代表着世界主要力量之一，它凝练出媒体、科技、金融、人种和意识形态图景的基本特征——彼此分离而非均衡流动于全球范围内。非领土化不仅是全球文化形态出现差异和断裂特征的最初诱因，还是放弃用地理隔阂来判断、区分人群的关键因素。而在这一全球化的进程中，媒体图景处于这五种图景的中心位置，折射、传播和阐释着其他图景，中介、传递着“代理的快感”[③]。

① ［美］阿尔君·阿帕杜莱：《现代游戏：印度板球的非殖民化》，罗钢、王中忱《消费文化读本》，中国社会科学出版社 2003 年版，第 367 页。

② Arjun Appadurai，Modernity at Large：Cultural Dimensions of Globalization，《阿帕杜莱个人网站》［2010 年 5 月 25 日］，http：//www. appadurai. com/publications_ modernity. htm。

③ ［美］阿尔君·阿帕杜莱：《现代游戏：印度板球的非殖民化》，罗钢、王中忱《消费文化读本》，中国社会科学出版社 2003 年版，第 367 页。

跨国资本进入中国传媒业，从经济层面直接作用于社会阶层构建，从文化层面影响着新兴社会阶层的文化资本积累，作用于社会文化意识形态层面。为夺取中国新兴富裕阶层，各方以跨国资本为背景支撑的消费类媒介竞争焦灼。在国家对新闻出版物把控严峻的背景下，各种版权通力合作，都市的消费精英依然能最大程度地享用消费文化世界的果实。融汇全球品位和中国元素的中国消费媒介，总体上属于全球消费文化中的一部分，为受众提供富有中国特色的全球性精英和中产阶层文化趣味，使散落在巴黎、纽约、东京和上海、广州的消费精英们，相对于彼此国内贫困群体，拥有较多的默契与共同话语，借助媒体的替代性参与，构筑出跨越疆界的阶层认同。阿伯克龙比（Abercrombie）与朗斯特（Longhurst）的观展/表演范式（Spectacle/Performance Paradigm）对此做出了理论阐释。此范式关注受众对媒介的积极的接触行为，以及由此而来的自我形象塑造和确认，主张由于日常生活被大量媒介影像填充，人人皆成观展的受众，人人又都在运用媒介文本进行表演，通过表演寻找和形成自我的身份认同感。[①] 中国新的身份认同过程与全球消费资本主义推进浪潮紧密相关，在媒介型构的消费空间中，在社会变革中取得优势位置的中国新兴社会阶层得以实现和全球消费精英的沟通对话。

英语、欧洲、美式生活、新的媒介消费方式，媒介文化产品和消费市场上，这些元素排列组合，提供着人们对另一种生活的美好想象，它们在一定意义上与新兴阶层对现代化生活的期待契合，生产了一种全球化的文化迷思。美剧迷、英剧迷，在观看精彩的故事的同时，同时获得了现代化和全球化的双重体验，如中产阶级和极力努力迈进中产门槛的中国受众把《绝望的主妇》奉为模范中产指南和教材。[②] 在天涯论坛一处题为《女人为

---

① 史丹：《非主流群体的自我建构——以观展/表演范式为框架》，《当代青年研究》2009年第7期。

② 《电影给中产们画群像》，《瑞丽女性网》（2008年1月24日）［2010年5月25日］，http：//www. rayli. com. cn/0P10/2008 -01 -24/L0P10101001_ 285826_ 1. html。

什么爱欲望都市》的讨论区，粉丝留言阐述其理由（图6－5）。

当然了，让我们印象最深的还有她对名牌衣服鞋子的迷恋。几乎到了上瘾的程度！Valentino,Gucci,Prada,D&G,Chanel,虽然这些顶级的名牌产品是我们望尘莫及的，不过我们倒是可以在片子里不付一分钱便过足了眼瘾。虽然我们不可能天天穿这样的衣服，它们只能偶尔才能派上用场，不过我们仍然对此狂爱至死。因为，在我们的眼里，它们可不仅仅是把一些昂贵的布料随便拼合而成这么简单，它们内在折射出的是一种生活的方式，是我们对完美生活的追求，甚至可以说是我们对神仙般生活的渴望。

图6－5　女人为什么爱《欲望都市》

资料来源：《女人为什么爱》，《欲望都市》（2005年3月24日）[2016年8月9日]，http：//bbs. tianya. cn/post-funinfo－30608－1. shtml。

据统计，2016年国内上映进口片93部，贡献票房超190亿元，占全年票房的41.8%，几乎撑起了中国电影票房的半壁江山。[①] 好莱坞等一系列进口大片被城市的中间阶层与全球中产人群看作可以互相沟通的文化产品，亦是彰显其全球文化资本和趣味的名片，并在观赏中行使全球文化权利。

此外，在时尚杂志呈现的精英与中产阶层的生活方式的，美国的中产生活图景被成长中的精英群体和中产阶层视若圭臬。定位高端、售价昂贵的时尚杂志，以西方精致中产生活与现代性的生活方式为内容核心，在中国市场销售火爆，而且迅速成为期刊行业佼佼者，印证了中国受众与其高频度的积极主动的选择性接触。选择性的文字和影像表达，构造出中产阶级与全球精英的共享观念。身为消费精英的读者，追随着媒介以一种全球化的视野去感受生活，享受着去普吉岛浮潜、与纯净无瑕的自然世界亲密接触，去巴黎看埃菲尔铁塔，站在国际旅行者的角度来观赏自己的国家，这里有着悠然诗意的田园乡村生活，淳朴可爱的稚嫩孩童，神秘传统的奇风异俗，不掺杂一丝恶意生活的杂质和污染，受众以游客的身份在自己国

① 《2017年进口配额或将变动　中国电影将何去何从?》，《搜狐网》（2017年1月13日）[2018年1月16日]，http：//www. sohu. com/a/124204644_ 495149。

家匆匆而过。各类消费媒介尤其是《时尚》为主系列杂志推动了社会阶层的划分方式，更多形成参考西方化的阶层概念和生活方式区分阶层的社会心理的偏向。国内正在成长的中间阶层相对于国家和权威学界给出的“中产”标准界定数据或方式，更加认可被广泛推崇的美式中产生活模式——车、狗、房和国外度假。2015 年，最新一份关于北亚地区（中国大陆、中国香港、中国台湾和韩国）的中产阶级调查则显示，中国大陆自认为是中产的家庭月收入在 45202 元（合 6858 美元），即月收入 4.5 万元，年收入在 50 万元以上为中产阶级。[①]

被受众认可的意见领袖，对消费文化有着敏锐的嗅觉，这类人主要出生于 20 世纪七八十年代，有一定的经济能力，受教育程度较高，并和时尚杂志合作密切，在媒介或现实生活中体验和完美的推荐着消费类媒介生活方式。他们在消费中与全世界跨地域的群体共享和体认着全球化与现代化生活观念，从中获得阶层归属感，同时为彼此提供了充满可能性和现代性的精致生活空间。浏览时尚杂志，观看时尚类节目，这类受众倾心于并极其认可全球化品牌，具有很高的辨识度。时尚杂志、有影响力的公众号，经常是此类消费精英现身说法的最佳平台，用优美的辞藻调动感官，感性表达商品的意义。“美丽达人，品牌 PR 金燕泡澡时使用 MUJI 的软毛刷、L’ociant 的薰衣草泡泡浴，Banyantree 的精油，EmmeGreens 的天然蜂蜡香精油……”[②] 在这篇泡浴体验的分享文章里，三位被称为美丽达人的意见领袖，共同的特征是工作体面，收入丰厚，属于社会的中上阶层，且在介绍泡浴经验时，无一人提及国产品牌。

三　媒介消费空间中介的社会关系和数字劳动

卡斯特尔曾经断言，互联网编织着我们的生活，已经成为我们的生活

① 《中国中产阶级财富达 7.34 万亿美元　2016 年中产阶级最新标准》，《新浪新闻》（2016 年 5 月 18 日）［2018 年 1 月 23 日］，http：//news.cngold.com.cn/20160518d1903n70484692.html。

② 《美丽泡澡　性感沐浴》，《时尚》2010 年第 1 期。

结构。套用卡斯特尔的论断，消费信息传播编织着日常生活，成为社交关系的基础结构之一。

“美女们的败家群”是研究者所在的小区建立的一个群，研究者被邻居拉入该群，观察到这个群由小区的一位业主建立，这位业主在小区内开了一家小型的少儿英语、艺术培训机构。首先进群的是学生的妈妈们，集中在25—40岁的群体，群主建立该群最初的目的是加强和家长们的联系，拓展维护小区市场，在这个过程中，有意识地投妈妈们所好，运用自身资源，拉了很多的海外代购进入群里面，这些海外代购通过群主聘请的有留学背景的英语和艺术老师而认识，多是海外留学的学生。在这个群里面，“美女们”通过分享消费经验、一起拼单购买互动，从线上互动到建立线下人际关系。这是几张随机截取的日常聊天内容（图6－6）：

图6－6　“美女们的败家群”聊天截图

资料来源：研究者手机采集。

此外，根据观察和访谈了解到，这个群又进一步分化为若干更小的群，进行更频繁和更亲密的互动，购物、聚餐、女性生活方式分享，是群聊的主要内容。由微信群所建立的消费空间，成为新的社交方式，新型人际关系的纽带和桥梁。

微信公众号和微博大 V，官网在更大范围内建构着新的以消费为纽带的人际交往。下面截取了三张以美容、时装为主要推送内容的微信公众号“于小戈”，在推送了一款家用美容仪后，跟帖的交流（图 6－7）：

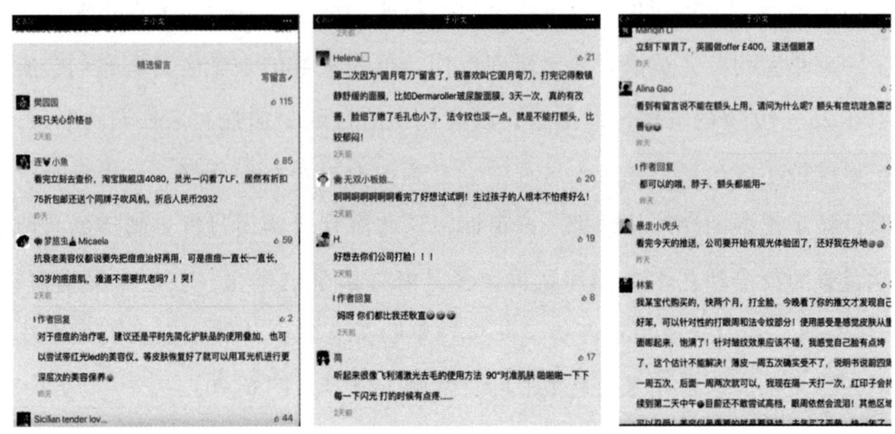

图 6－7　微信公众号“于小戈”跟帖的交流

资料来源：研究者手机采集。

公众号的关注者同时又是相关内容的生产者和信息的传播者。再来看看官方微博的表现。

Vogue 的官方微博上，李易峰出席 Ralph Lauren 的一套天鹅绒西装照（图 6－8）被发布出来，转发数 12319 条，评论数 3975 条，7884 条点赞，评论下的讨论除情绪互相呼应外，又有新的照片贴出，丰富了信息量。

达拉斯·斯麦兹（Dallas Walker Smythe）曾经在他的“受众商品论”（Audience Commodity）里指出，媒介售卖的真正产品并不是媒介内容，新闻、电视剧只是吸引受众使用媒介的手段，媒介生产的真正商品是依据年龄、性别、购买力进行量度，卖给广告商的受众，受众无偿地奉献出了时间和注意力。到了 Web 2.0 时代的网络社会，受众并非被动地奉献出时间，他们成为“产消者”（Prosumer），消费的同时，也生产着网络社会所需的“信息资本”（卡斯特尔，2000），由此，泰拉诺瓦（Tiziana Terrano-

图 6－8　李易峰出席 Ralph Lauren 的天鹅绒西装照

资料来源：Vogue 官方微博。

va）最早提出了“数字劳动”的概念，指向更为贬值的知识劳动，以投入感情和收获满足为特征的网上免费劳动正是“数字经济创造价值的基础”。① 由微信跟帖、大 V 和官方微博等元素所共同型构起来的新型循环再生产模式，内容生产和消费界限模糊。于媒介生产而言，是一个吸引受众注意力的过程，于受众而言，是一种主动参与的心理愉悦过程。在上一章对于媒介与受众场域的同构性探讨中，媒介还处于“布道”的地位，受众“皈依”，新媒体环境下，将分析的触角延伸日常生活领域后，更多的意涵浮现出来，受众向“产消者”的过渡，是互联网技术特征带来的社会结构变化的一部分，数字劳动共同体在日常生活场域的形成，为媒介拟态消费环境建构提供了更多的现实合理性和空间。消费者主体的建构与公民建构过程等同起来，以消费为导向的公民主体的特点呈现，这一过程中的数字劳动所模糊的生产和消费界限，让媒介广告内容呈现“节目化”趋势。广告不再直接推销产品，商品信息和其他内容混杂，培育与产品有关的生活

① Terranova T., Free Labor: Producing Culture for the Digital Economy, *Social Text*, 2000, 18 (2). [2018－01－05], http://web.mit.edu/schock/www/docs/18.2terranova.pdf.

方式，以及发展与受众的情感互动是最重要的目标。

四　拟态消费环境的环境化与日常生活的转型

在藤竹晓看来，尽管媒介建构的“拟态环境”不同于现实环境，然而现实生活中人们大多按照媒介所提示的信息来对待和作用于自然客观环境，因此实践作用的现实环境便越发倾向于“拟态环境”的特点，这就是“拟态环境的环境化”。[①] 在经典著作《舆论学》一书中，李普曼借用柏拉图的“囚徒寓言”指出，很多时候，我们犹如被困的囚徒，了解的只是真实的影像，我们不能直接了解我们生活的环境，但是“无论我们认定其为真实的图景到底是怎么样的，我们往往都把它们当作现实环境本身来对待”。[②] 有前人的研究指出，大部分时候人们把对媒介经验的接触变成对出入或在其中移动某种空间的想象，这种体验与真实空间的接触颇为相像，并且此类想象地图在某种程度上与很多心理地图一致有着错误，可是仍在日常生活中的常识范围内，能够运作良好。[③] 拟态消费环境具有拟态环境的次环境特点和属性，一样具备环境化的力量，人们无意识倾向于视拟态消费环境为现实消费环境。媒介拟态消费环境所塑造的“消费精英”空间，在受众日常生活播撒现代化和全球化观念，辐射到生活中个人化习惯方式，再造了日常生活范围的观念和行为构成层次。中国主动的改革开放与现代化建设本质上是一场从内部对自我日常生活世界的认知与实践性的批判和转型，而来自外部对传统日常生活的批判源于全球化浪潮的来临，媒介拟态消费环境推动了日常生活走向现代化和全球化，更是内外批判的重要机制和建构者。

媒介拟态消费环境用现代生活范式代替了传统制度的位置。作为一种为最广泛受众呈现大量消费信息和焕然一新的生活观念的拟态消费环境，

① 郭庆光：《传播学教程》，中国人民大学出版社 1999 年版，第 127 页。

② ［美］沃尔特·李普曼：《舆论学》，林珊译，华夏出版社 1989 年版，第 4 页。

③ Larsen，p.，*Imaginary Spaces：Television，Technology and Everyday Consciousness*，转引自卢岚兰《阅听人与日常生活》，五南图书出版股份有限公司 2007 年版，第 40 页。

不仅向受众传递以何种方式去体验消费与休闲的乐趣，以及怎样让自己在紧张的工作后心理调适，而且契合了受众的心灵审美和物质要求。一方面，媒介为受众构建出一个寻求自我的平台，让受众脱离经久不变的轨道和身心的束缚，使反身性的个体在实现自我表达时找到模范标准和参照系，让各类非主流群体效仿主导的消费时尚，进一步加强自我型构。如果说受众在媒介拟态消费环境以消费的方式确认自我身份，找到自身在社会场域的位置，与他人建立关系，那么大的方面来看无意中促进了受众社会化进程。班杜拉（Albert Bandura）的社会学习理论（Social Learning Theory），观察到人们从传媒中学习穿着新款时装，约会举止，以及树立规范的性别行为模式。[①] 另一方面，在某种程度上，媒介拟态消费环境带动了市场意识的发展，提高了城市的魅力，加速了农村现代化、中国社会城镇化与市场化节奏。来自中国社科院的黄平、陈昕对华北三个村庄做了抽样调查，结果显示，人们的生活方式被消费品和媒介呈现的设定的日常消费内容影响。显示的调查结果中，当今中国，在一台电视机的助力下，哪怕是遥远荒废的山村，天南海北、异国他乡正在发生的事情亦能感同身受。曾经的农村人的闲聊、打牌和睡大觉的闲余时光被收看电视机前的广告、电视剧和新闻所代替，而这恰是“肥皂剧”和广告商的期待目标的实现。农村居民由此开始把实现“现代化”为奋斗目标，而购买耐用消费品的风靡，建房装修热潮的兴起，服饰、发型的审美标准要求更精致都是其外在表现。[②] 同时，媒介拟态消费环境还是帮助进城务工者在代际传递过程中融入城市生活的不可或缺的传导机制。

此外，混杂的媒介消费信息造就了在地空间与全球空间的杂列，导致全球化转型发生在受众的日常生活领域范围。全球化不是流行的腔调，或

① ［美］沃纳·赛佛林、小詹姆斯·坦卡德：《传播理论：起源、方法与应用》，郭镇之等译，华夏出版社 2000 年版，第 305 页。

② 陈昕、黄平：《消费主义文化在中国社会的出现》，《中国社会学网》（2010 年 4 月 21 日）［2010 年 6 月 1 日］，http：//www. sociology. cass. cn/shxw/shll/t20030826_ 0870. htm。

者一类新的观念，而是蜕变成我们自身的文化经验，此类经验本质伴随着信息和资本的跨疆域过程发生的新的化学反应，外在成品就是商品。商品依托电子媒体平台与不同国家的受众建立联系，在跨国家地域的传送链飞快地流入全球，借助高端时尚消费美学包装的吸引力在全球所向披靡，最终吸收了地文化机制下出现在各地消费者的日常生活中。我们在私人的住处，打开苹果电脑追着最新一集的美剧，穿着耐克球鞋夜跑，吃着肯德基全家桶，通过商品消费，不经意间融入全球化。

全球化与个人日常真实生活日益密切，令人关注和忧虑。在媒介拟态消费环境的建构中，一方面，"西方"被受众当作现代化的一类表达方式，另一方面还是普世价值的象征。受众对被新生活方式包装严实的影视剧痴迷和迷失在海量消费信息无法自拔的现象，令众多学者担忧其对本土文化的冲击与解构。在大部分人看来，单一、同质的全球化打着"美国化""西方化"与"消费主义文化"的名号，借助整合的方式，借力消费主义文化浪潮和媒介全球化在世界各地风生水起。

从另一角度来看，全球化空间的混杂性模糊了中心与边缘的界限，寓意着文化帝国主义理论力量的弱化，一类指示着全球文化走向的代表即将诞生——不纯粹东方亦非纯西方的"第三种文化"。客观来看，用传统的"同质化"或"异质化"的二元思维来定义日常生活的型构方式已不合实际。西方影视节目和生活方式在全球各地的风靡有着文化同质化的趋势，但是换个角度，站在本土立场来看，全球化消费信息和消费方式在当地有着新的诠释和新的变化，推动着当地日常生活形态的混杂化。同时，陈韬文对境内外电视节目接收情况的研究表明，从整体来看，全球化时代，民族国家依然在各个方面保持着强大的影响力，民族身份的建构是多方力量的结果，在稳定的宗教、血缘和历史关系维持下，变动缓慢。[①] 当然，这

① 陈韬文：《电视全球化与文化认同：亚洲背景下的理论思考》，郭镇之《全球化与文化间传播》，北京广播学院出版社 2004 年版，第 45 页。

和特定的“第三种文化”在某些人群中的“播撒”（Dissemination）现象并存。德里达的这个概念，非常具象地呈现“第三种文化”的碎片化传播状态。安东尼·方（Anthony Fung）的研究显示，受众群体对于媒介文化产品的消费偏好上，存在明显的阶层区隔。比如，西方流行音乐在全球的传播，主要市场在都市青年阶层/群体中，又结合了不同的本土化方式，黑人的 Hip-hop 音乐通过与在地文化混杂，以 J-pop 形式扩散于日本，以 K-pop 形式流转于韩国；西方消费主义文化，在全世界城市中产阶层中蔓延，但在与本土的结合中，又具备相异的形态。[①] 又如，中国新兴阶层对于美式中产生活方式的痴迷。受众中群体化、阶层化的“第三种文化”印证了汤姆林森的“世界意义”不仅在现实生活中存在，还在影响着中国民众日常生活参与全球化的进程。

① Anthony Fung, Intra-Asian Cultural Flow: Cultural Homologies in Hong Kong and Japanese Television Soap Operas, *Journal of Broadcasting & Electronic Media*, Vol. 51, No. 2, 2007.

第七章　从消费政治到生活政治：媒介拟态消费环境和社会失谐

“政治”的含义是什么？存在着狭义和广义的区分。狭义上的政治指国家政府范畴内的决策过程，广义上的政治则是用以解决趣味对立和价值观抵触上的争论和冲突的任何决策方式。①

第一节　消费的政治意涵

旧有的“消费主义”观察模式，源于对大众消费社会精英主义学究气的批评，已经很难回应社会消费的变化。韦伯式对于没心没肺享乐主义和马尔库塞的被强制消费的“单向度的人”，对于当今的现状而言，已经不是最佳的分析工具了，消费认同和民主参与、文化身份、性别政治等社会问题越来越交织在一起。这是莱恩·汤姆斯（Lyn Thomas）在其著作中勾画的一张图（图 7－1），呈现消费维系整个社会运转的意义，它提供着个体安全感、公平感、抚慰感，亦运用叙述、符号、商品承担着社会维系、整合、认同、可持续发展的重任。

消费带来的平等理念，成为草根阶层争取公民权利的利器，阿拉伯国

① ［英］安东尼·吉登斯：《现代性与自我认同》，赵旭东、方文译，生活·读书·新知三联书店 1998 年版，第 265 页。

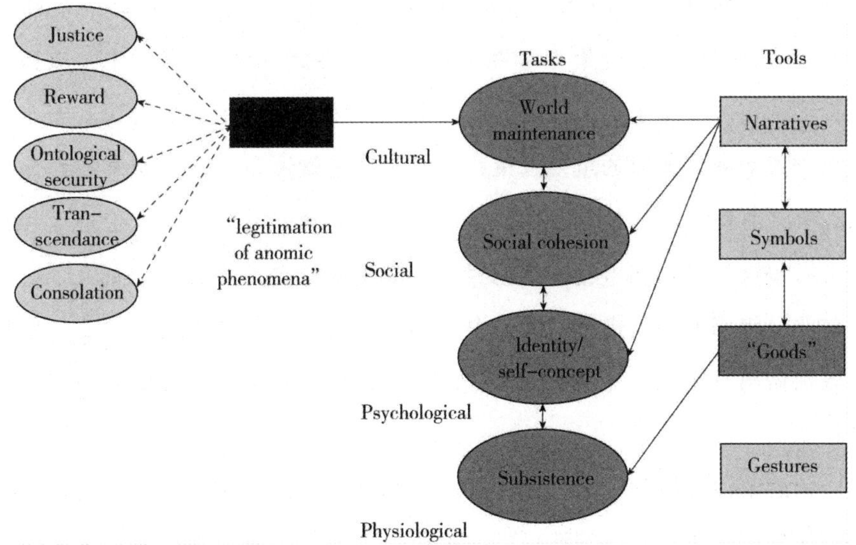

图 7－1　消费在社会运转中的角色

资料来源：Lyn Thomas, *Religion*, *Consumerism and Sustainability*: *Paradise Lost*?, New York: Palgrave Macmillan, 2011, p. 26。

家的世俗化进程和消费紧密连接，非裔美国人反歧视的斗争，就非常有效地运用了公民身份和消费合流的新趋势，主张他们在大众消费社会分享利益的权利。在中国社会转型期，消费主义和个体意识的成长，现代化理念紧密关联。消费成了一种政治形式和载体，含义广泛，且处于迅速的变化进程当中。

“消费政治”（Political Consumerism）是近年来兴起的一个新的概念，在这里，公民、消费者和政治行动者将市场作为政治角力场，试图通过市场选择途径解决全球问题。① 这个概念比较新，但是消费政治作为一种现象却是由来已久。美国大革命时期的“波士顿倾茶事件”，中国历次的“国货购买运动”，是早期的表现形式，历史研究显示，市场是政治行动主

① Dietlind Stolle, Michele Micheletti, *Political Consumerism*, Cambridage: Cambridage Universtiy Press, 2013, pp. 2－3.

义的场域。19 世纪晚期，美国人开始将消费认同视为政治行动的基础，[①]妇女、边缘群体、年轻人群早在 1900 年的“白色商标”运动中，就运用他们的购买力终止了美国国内的血汗工厂。1960 年，消费者健康和安全权益保护成为联邦政府的重要政策，肯尼迪政府就颁布了《消费者权益保护法》。[②]“消费政治，就是对生产者和产品的选择，有着改变在伦理上和政治上有争议的机构和市场实践的目标，他们的选择基于公平、正义，以及一些非经济因素原则进行，关注个人和家庭的福祉，对公司和政府的伦理和政治做出肯定或否定的评估。”战后的消费者运动已经演变成一种全民的运动。

消费政治发展到今天，消费者从来没有像现在这样浓厚的环保意识，他们比以前更关心自己的选择可能给环境造成的影响。他们思考洗手间的废水去了哪里，喝一杯干净的水时，会虑及塑料的有毒成分可能会透过喉咙进入身体的问题。思考碳足迹如影随形，带着一种忧虑感和紧迫感。而另一方面，媒体和社会又不停地推动着我们无法停止或是控制的不断加速的过度消费冲动。时尚行业就是其中最鲜明的例子之一。高端大牌举着环保大旗一面在高歌猛进，一面又生产着只适合一次性消费的昂贵时装。快时尚则满足着平民对于大牌仰慕而无法企及的消费欲望。麦肯锡 2016 年发布的一份报告显示，全球服装生产量在 2000—2014 年翻了一番，首次达到 1000 亿件——这个数字相当于全世界每个人平均 14 件衣服。相应地，消费者平均每年购买的服装数量也增加了 60%，而这些衣服中，几乎有 3/5 在生产出来后的一年之内，最终都会作为垃圾被焚烧或填埋，不管是哪种类型的服装，我们现在保留这些衣服的时间，只相当于 15 年前的大约一半。在世界人口增长的同时，服装的产量也在增加，但它们的寿命却

① Meg Jacob, State of the Field: the Politics of Consumption, *Reviews in American History*, Vol. 39, No. 3, September 2011.

② Dietlind Stolle, Michele Micheletti, *Political Consumerism*, Cambridage: Cambridage Universtiy Press, 2013, pp. 2 – 3.

更短了。[①]

个体身份的消费建构路径让媒介消费信息的传播陷入了某种悖论。和之前女性主义和消费主义之间的逻辑雷同，媒体和品牌举着环保大旗，到底是态度的表达，还是新的营销手段，很难泾渭分明。然而，与诸多新闻媒体热衷探讨、品牌大力宣扬的绿色消费意识形成鲜明对比的是，研究者随机翻阅了2016—2017年11月的二十余本杂志，惊讶地发现：没有一篇主题报道是倡导环保的（表7－1）。

表7－1　2016—2017年11月部分样本杂志

杂志名称	刊期
《男人装》	2016年4月
《伊周 Femina》	2016年11月
《瑞丽伊人风尚》	2016年9月
《悦己 Self》	2016年3月
《红秀 Grazia》	2016年4月
《时尚芭莎 Bazaar》	2017年1月
《*Elle* 世界时装之苑》	2017年7月
《Vogue 服饰与美容》	2017年11月
《时尚 Cosmopolitan》	2016年2月
《嘉人 Marie Claire》	2017年11月

资料来源：研究者整理。

涉及环境、自然的问题，只是广告说服的一种手段，自然与快乐、健康、奢宠联系起来，赋予产品以迷人的光环（图7－2、图7－3）。

绿色消费主义很多时候还是纸上谈兵，是新形式的“生态拜物主义”，拟态消费环境鼓励人们用“买”的方式通向环境保护主义，是一种吊诡。很多的媒体鼓励绿色消费，然而都只是停留在概念层面，媒体很少认真地提供关于什么是绿色消费的实用资讯。

① 《消费会让生活更美好吗?》，《周末画报》（2017年10月23日）［2018年2月1日］，http：//style. modernweekly. com/fashion/26301。

图 7-2　香奈儿护肤品广告

资料来源：《香奈儿护肤品广告》，《*Elle* 世界时装之苑》2017 年第 4 期。

图 7-3　一边享乐 一边环保

资料来源：《一边享乐一边环保》，《嘉人 *Marie Claire*》2017 年第 11 期。

因而，在中国现阶段探讨消费政治，主要的观察切入点还是在社会整合、分化、认同层面上展开探讨更能回应现实。

第二节　中国社会转型期的消费政治

中国入世的受益者主要是城市的中产阶级、服务业和外资企业，农民和工人被市场排除在外，媒介构筑了赵月枝一个全民“消费者天堂”，而政府为穷人和弱势群体提供的就业、教育和医疗保险的安全网非常脆弱，新自由主义的市场崇尚的是“丛林法则”，政府逐步向城市工商和专业阶层靠拢，工人和农民跌落到社会结构底层，农民的收入在 1997 年开始急剧下降，90 年代末的国企改革使得国企职工人数从 1997 年的 7000 万人迅速下降至 2005 年的 3700 万人。[①] 2016 年，官方宣布，预计有 130 万煤炭系统职工和 50 万钢铁系统职工下岗。2016—2017 年，供给侧改革计划削减中国煤炭、钢铁、电解铝、水泥和玻璃行业 30% 的职位。这意味着，这五大行业 1000 万工人中，有 300 万工人下岗。[②]

中国媒介拟态消费环境建构过程，实质上是一种合目的性的知识生产，媒介呈现的信息空间并非现实的比例模型，媒介的幸福生活镜像，很多时候和中国本土的脉络脱离，和资本逻辑契合，消费信息的日常告知服务功能衰退，消费信息的审美趣味值在增加，却不解答任何实际问题。现实的中国社会消费环境，呈现出断裂的样貌，一边是受到诱惑，快速步入消费社会的消费精英群体，一边是消费欲望与资本拥有量提供的可能之间，虽然存在矛盾，但仍是消费文化的热情参与者。媒介镜像与社会现实，及现实不同社会群体之间的双重裂隙之间，社会失谐由此产生。

---

① 《中国经济中的“僵尸企业”》，《精选 2016，展望 2017——英国〈金融时报〉编辑精选集英国〈金融时报〉出品》，《浙版数媒》Loc 124 of 5918。

② 《政府将出资 1000 亿安置钢铁煤炭业 180 万职工》，《界面新闻》（2016 年 2 月 29 日）［2018 年 2 月 3 日］，http：//www. jiemian. com/article/555699. html。

一 幸福的镜像：特定社会知识的生产

现实，知识社会学赋予的定义是，一种“独立于我们自己意志之外的现象”。而知识，是一种“真实的、拥有特定特质的现象”。知识社会学的关注点在于，一个社会中，什么样的东西被视作是理所当然的知识？特定时间内，什么类型的知识会在社会中得到生产，取决于社会各种力量的角力，它观察处理所有“知识”到“现实”的过程中，社会建构如何发生作用。[①] 媒介拟态消费环境当中，包含着特定意义的消费信息在这个场域流转，成为人们日常生活环境的一部分，对主观现实和客观现实产生影响。福柯将经由社会建构过程的“知识”视为一种权力，和独立于我们意志之外的“现实”区分开来。媒介拟态消费环境所建构的“消费精英”空间，正是这样一个生产特定知识的场域。这种生产主要从三个维度展开：消费社会的拟态图景展示、“中产”的单面向建构和消费信息功能的衰退。各类精心包装的、刺激欲望的消费信息，以知识面貌出现，为受众提供关于现代性的认知框架，影响着人们对社会现实的感知和判断，并最终在决策和行动层面产生影响。

20 世纪 90 年代末期，中国启动国内消费市场，以应对内需不足问题。主要政策是，改革住房、教育和医疗体系，迫使人们增加消费支出。中国加速融入全球化的进程，打开了消费主义文化的潘多拉魔盒。中国媒介的影像版图被纳入了国际消费产业链条，媒介拟态消费环境的建构嵌入了更大的社会转型进程，生产着契合时代齿轮的知识，赋予特定人群以权力，中介着社会各场域的相互影响。在《消费主义文化在中国社会的出现》一文中，中国社科院的陈昕和黄平，以“消费主义指标”体系，对京津两地居民进行调研，研究结果显示，中国尚处于逐步进入消费社会的阶段。[②]

① ［美］彼得·伯格、［美］托马斯·卢克曼：《现实的社会构建》，汪涌译，北京大学出版社 2009 年版，第 1—3 页。

② 陈昕、黄平：《消费主义文化在中国社会的出现》，《中国社会学网》（2010 年 4 月 21 日）［2010 年 6 月 3 日］，http：//www. sociology. cass. cn/shxw/shll/t20030826_ 0870. htm。

这个论断，与当时中国媒介建构的拟态消费环境并置来看，可以发现媒介信息环境的显著超前状态。相较于中国的本土现实语境，媒介表现距离法国思想家让·鲍德里亚所描绘的消费社会更接近，与西方媒体的镜像同质化程度更高。西方成熟消费社会的图景呈现在中国媒介拟态消费环境中，消费主义倾向是这个信息空间明显的气质特征，它不断提供经由消费而获得的利益和幻象，不断制造新的欲望需求，消费与幸福被画上了等号，成为解决一切问题的万能神药。幸福生活被简单地化约为物质化和世俗化，商品为生活加上标签，填写注脚。现代生活的意义隐喻通过商品的符号价值实现，品牌成为幸福生活的指标体系，开“捷豹”座驾的人比开“东风雪铁龙”的人要快乐。身体本身成为商品，消费欲望的陈列橱窗，健身的健康追求目标被置换，“你的身材，就是你的阶层”，[①] 对待身体的不同消费方式，体现的是你是否有闲暇和经济实力。媒介拟态消费环境当中，时代精神的表征是远离现实脉络的消费景观和一掷千金的快乐任性。强大的技术创新能力和持续的内容生产能力，让媒介在世俗消费场域制造共识和同意，鼓励人们通过这种途径获取幸福感。

媒介拟态消费环境当中，跃动的是“中产”阶层的文字和影像。媒介上最光鲜的形象从革命英雄、生产英雄忽然转变为各类高格调的专业人士，医生、律师最受青睐，成功的商人，淡定从容，精致的白领，进退得宜。“中产”成为一种类型化的内容生产，类型化的知识传播。他们的媒介意象是，工作时西装革履，高智商高效率，出入各种光鲜场所，生活中品位独特会，从容自信，包容多元，交谈中娴熟操弄着专业词汇和西文，社交圈广泛有质素。媒介这样一种中产建构的维度很单一。这种单一首先表现在关于中产阶层一厢情愿的理想叙事。前文已提及，中国社会的中产和准中产阶层面临着巨大的生活压力，住房、教育、医疗是他们从成长伊始就面临的巨大挑战。这种压力面向被媒介遮蔽或淡化。他们的下行趋势

① FashionTrip，微信公众号（ID：kaishi09）。

也是热议的话题，中产在社会场域想要进一步向权力场域靠近很艰难，但往下滑落却很容易。“中产沦陷”“中产阶层的无产化”“中产和赤贫之间，只差一个ICU”等议题，经常以某个新闻事件为触动，不时进入公众视野。客观来看，媒介的“中产”热情之外，严谨的社会学分析对于中国中产阶层是否成型存在争议。中国社科院对中国社会的结构研究显示，中国并没有形成橄榄形社会，媒介所热衷打造地“中产”阶层，实际上在社会结构中占比23%左右，这个数据显然属于社会的中上层，是城市“精英”阶层的代表。[①] 这样一个数据，仍然遭遇到很多质疑的声音，认为是偏高的。对于中产社会的通行界定是：一个社会有60%—70%的人口或家庭被包括在当中。美国这个数据是80%。对于中国社会七成以上的人口来说，媒介呈现的中产社会图景，是遥远的镜像，是特定的社会知识生产，或是一种符号权力。单一面向的第二个表现是，消费面向似乎成为中产面貌的唯一特征。从国家话语层面到实践层面，中产阶层的经济意义在于消费潜力巨大，是促进消费和拉动内需的生力军，在政治意义上中产阶层是社会的稳定器。然而媒介当中，中国的中产阶层在政治诉求和文化表达上形象模糊，中产作为社会成长、进入成熟稳定状态的标识的面向退隐，中产阶层，是一个社会维系政治民主的中坚力量，这样的抗争意义被忽略，消费，经济资本，成为中产的唯一面貌，光鲜的外表下，是单薄的“精致利己主义”理念，陶醉于个人优雅情趣小天地中的媒介影像。

媒介拟态消费环境场域，存在着奇怪的悖论。一方面，消费信息的基本功能，对于消费世界不确定性消除的功能在衰退，面对着大量汹涌而至的信息量，日常生活对于信息的基本需求却得不到满足，媒介的传播重点不在实效性，更多的时候，媒介发挥的是橱窗功能，以时尚为运作手法，

---

① 社科院：《中国23%人口跨入中产阶层》，《网易新闻》（2010年2月1日）[2010年6月5日]，http://news.163.com/10/0201/16/5UEV0627000120GU.html。

呈现梦想，展示被定义的生活方式，环保时尚要吃有机沙拉，健康时尚要去健身房锻炼形体，看画展是中产文化品位的展示，消费信息传播以生活态度和意义标签为目标。媒介的护肤品信息，扑面而来的是品牌的高贵出身、传奇历史、惊艳效果、精致包装，但产品成分、个体适用性及新科技运用可能存在的风险方面的知识，却鲜少传播。另一方面，信息的呈现脱离受众日常生活脉络，很多信息犹如嵌入的飞地，与本土社会文化环境脱节，对于大部分受众来说，实际效用为零。媒介充满激情制造着日新月异的概念，不断制造新的热议话题，提供遐想、刺激消费欲望。宴会礼服、庄园下午茶、春日赛马、古堡品酒，这些文字、图片和影像，所呈现的理想化、阶层区隔明显的生活方式，对绝大部分受众而言，如同镜花水月，停留于一种梦想、图景或预言的意义，最多是或然性的现实。在潮水般涌来的关乎名流、精英和理想化的中产的信息海洋里，充斥着的，却是回答不了太多实际问题的信息内容，农民受众在这个场域里，获得不了也发布不了急需的农业信息，政府的官方渠道狭窄的信息通道外，农业消费信息更多地依赖人际传播，弱势群体也有他们的消费信息需求，媒介提供给他们的信息服务非常有限，他们经常有意无意地被媒介置于很难被注意到的边缘地带，对他们真实的生存状态缺乏切近的关注，英国诗人柯勒律治（Samuel Taylor Coleridge）的“到处是水，却没有一滴水可以喝”（Water, Water, Everywhere, Nor any Drop to Drink）的诗句，用以描述消费信息传播的现实状态，非常贴切。

二 断裂的现实：受诱惑与受抑制的群体

改革开放以来，中国财富迅速增长，国民与普遍贫困的状态告别，整体生活质量提升明显。现代社会，受众获取商品信息最主要的渠道，依赖于拟态消费环境的中介。拟态消费环境多大程度上呈现了现实，关乎人们对现实消费环境的主观认知，作为现代社会最重要的中介场域，媒介被赋予真实、准确地向受众传达世界讯息的义务，建构值得信赖的现实图景。

前文的论述重点一直在于媒介“消费精英”空间的建构分析，其具有明显的消费主义倾向，给予受众一种和鲍德里亚所描绘的西方“消费社会”无时差呈现的感觉。那么，转换观察视角到现实维度，当前中国宏观的现实图景是怎样的情势？媒介消费主义倾向的拟态消费环境，在多大程度上反映了真实的现实？

数据显示，2004 年，中国奢侈品消费总额为 20 亿美元，2009 年 12 月的数据显示，该年度奢侈品消费总额达到 94 亿美元，市场贡献率超过 1/4，是全球第二大奢侈品消费国。[①] 中国的一线城市上海和北京，人均奢侈品购买数据，与美国的纽约和芝加哥相当。2010 年春节，以老牌百货公司梅西百货为首，各大百货公司为超过 1000 名中国游客设置专场，这些中国游客，带着高达 3000 万元的消费能力来到纽约市，远在英国伦敦，同样的一幕也在隔空上演。超过百分之八十的世界公认顶级奢侈品牌早些年都已纷纷入驻中国市场。2009 年年底的数据显示，在北京，2009 年有将近 300 家顶级店铺开业，在上海，世博会开幕前短短半年内，仅路易·威登一个品牌，就新开了两家门店，24 个奢侈品牌被半岛酒店引入，陆家嘴国际金融中心的租位炙手可热，被众多国际品牌抢驻一空。2016 年，中国人为奢侈品消费贡献了全球 32% 的市场，[②] 中国的奢侈品购买人群逐步从高收入家庭为主到富裕家庭成为主力。近年来，境内外奢侈品电商品牌开始呈现群雄逐鹿中国的竞争态势，销售额预期乐观。

以上是现实消费图景的一个面向，把目光转向另一面向。世界银行发布的数据显示，2016 年，中国的人均 GDP 在全球排名第 95 位，[③] 城

---

① 《中国成全球第二大奢侈品消费国》，《搜狐新闻》（2010 年 4 月 4 日）［2010 年 6 月 6 日］，http：//news. sohu. com/20100414/n271489835. shtml。

② 《2017 中国奢侈品报告发布：爱时尚、钟情设计师品牌　23—34 岁成消费主力》，《光明网》（2017 年 1 月 17 日）［2018 年 3 月 1 日］，http：//news. 163. com/18/0117/20/D8CL7BGB000187VE. html。

③ Gross National Income Per Capita 2016，《世界银行官网》［2018 年 3 月 2 日］，http：//www. worldbank. org/en/search？ q = 人均 GDP + 中国 ¤tTab = 1&label = data。

乡失业和贫困人口众多，已脱贫人口容易因灾、病、学等因素返贫。大城市五光十色的灯火、宽敞的街道、林立的摩天大楼之后，是棚户区与城中村，这里是城市的另一个世界：房子阴暗潮湿，缺乏基本的卫生设施，街道狭窄凌乱、污水垃圾横行，电线任意私搭乱接、三教九流混杂、城市基础设施早就能够提供的非常普及家用设施，如洗衣机、冰箱、空调等，都是匮乏缺失的。住房、教育和医疗改革，大大提高了生活成本、劳动力再生产成本，而国民收入的增长步伐却未能跟上成本的攀升，社会保障体系覆盖不健全，正在成长的中产阶层上升很难，向下滑落的危机却时刻存在。还有一组数据值得关注，从年龄结构来看，中国奢侈品消费人群普遍偏低，各项调研结构显示，主要集中于20—40岁年龄段，这个市场拥有全球最年轻的奢侈品消费群体，欧美市场，这一数据大致在40—70岁。在这群年轻的消费者中，有四成是依靠自己经济实力来消费，其余的六成依靠家庭的财富消费，被称为“富二代”。[①] 从以上数据可以观察到，中国社会整体上并不富裕，中老年人群悠闲富足，普通家庭消费实力充裕，才是社会真正富足的指标。2017的奢侈品消费数据显示，中国奢侈品市场表现最好的两个类别，一个是钟表，一个是化妆品。[②] 这个数据很有趣，这两类东西属于奢侈品行业金字塔的顶端和底端，显示了中国中产阶层的消费乏力。

此外，还有一个数据值得关注。真正具有奢侈品购买力的消费者，只消费了整个市场份额的三成，其余七成的购买力，来自省吃俭用的消费者。[③] 陈昕的田野调查结果显示，人们的经济条件与追求消费符号象征意义并不直接相关，事实上，人们甚至经常抛开自身现实经济条件，通过

① 《86亿美元中国奢侈品消费全球第二》，《都市快报》（2009年2月19日）[2010年6月8日]。

② 《中国奢侈品市场报复性反弹：悲还是喜?》，《FT中文网》（2018年2月9日）[2018年3月2日]，http：//www.ftchinese.com/story/001076291。

③ 《奢侈品被中国化　建立中国的奢侈品牌》，《新浪女性》（2010年4月16日）[2010年6月6日]，http：//eladies.sina.com.cn/cy/2010/0416/0813985502.shtml。

压抑基本生活需要，去追求高消费，追求附着于商品之上的符号象征意义。[①] 中国社会现实的消费版图中，有两类行动者：受诱惑的与受抑制的人群，或言之，呈现的是一个新的“两型社会”样貌：消费的精英和生产的大众。消费精英属于受到商品世界诱惑的人群，他们喜欢商品的新鲜体验，并且能够负担得起购买和展示商品的时间和经济成本，而受抑制的人群，为生活保障而打拼奔波，经济和文化资本积累都欠缺积累，这些被目标市场置于边缘的大众，并非就置身消费文化之外，他们参与的方式和程度受到现实因素的限制，但仍努力在这个场域争取到更优势的位置。

可见，媒介的拟态消费环境，并不是所有人的购物天堂，它具有强烈的选择性，在这个市场中，按照年均消费额，媒体和市场调研机构进行了粗略分类，它只是包括“时尚达人、大都市消费者、体验者、地位追求者”[②] 等社会精英人群的梦想寄托之地。中国媒介拟态消费环境的“消费精英”空间，在很大程度上脱离本土现实消费环境的脉络，只不过反映和回应了部分人的现实消费情境。用形象化的思维来打比方的话，媒介的消费图景很大程度上，是一面平面的、“单向度”的“镜子”，而不是充满多个切面折射的钻石。这个图景理想化地呈现了社会金字塔上层一部分人群的理想化的生活，而以漠视忽略地态度对待对另一部分人群的生活现实。生产的大众形象，曾经是媒体上的英雄，市场经济将在媒介上曾经辉煌的形象隐去，真实的生存状态很少受到关注，他们只是不显眼的芸芸众生，隐没在日常琐细的柴米油盐中，甚至被定义为无面貌特征的“失败者”。他们的形象，根据媒介组织和市场需求的生产标准，被随意“塑造”和主观呈现。或者，媒体从这个人群中，选择社会场域内从劣势位置进入

① 陈昕：《救赎与消费——当代中国日常生活中的消费主义》，江苏人民出版社 2003 年版，第 210 页。

② 《中国谁最爱买奢侈品？还真的是暴发户》，《网易新闻》（2017 年 3 月 30 日）［2018 年 3 月 3 日］，http：//news. 163. com/17/0330/13/CGPFPDR4000181IU. html。

优胜位置的人群的个案，通过个人主义的建构话语，放大其成功路径，回避对更大社会结构的审视批评，遮蔽大众的现实窘态。[1] 两个人群间的文化资本鸿沟，也在媒介的这种运作机制下，进一步扩大。生产的大众缺乏必要闲暇来获取信息、知识，提升社会再生产能力，这种平等权利的丧失带来的知识和信息贫困，又演化为一种循环，影响经济资本的积累，从而进一步削弱他们在拟态消费环境的购买力。卡斯特尔长期关注信息技术与社会变迁的关系，他论证了全球资本主义体系将全世界有价格或者有价值的人联系起来，同时将那些处于利益支配外围的人与空间隔离起来的过程，从而阐述了经济资本的不平衡，是如何与信息、技术、教育等广义文化资本的不平衡发生密切关联的。[2]

“消费精英”空间的生产是由资本逻辑推动的，空间的建构是社会性的，具有选择性与合目的性。在传播层面，存在着两种情形，一种是精准的算法带来精确的信息投放，“信息茧房”效应凸显。另一种是媒介很多时候针对大众市场进行公开传播的，矛盾、错位即由此生发，在制造欲望与实现可能之间，存在着难以逾越的鸿沟。“信息茧房”中的媒介主流目标受众，浸淫于媒介的传播偏向中，可能导致的涵化效果，会引致对社会现实主观认知的媒介偏好性解读，在抢占注意力的时代，缺乏时间和空间去理性、批判地思考。在社会场域中远离权力一极，处于较劣势位置的受众群体，无法回避媒介“消费精英”空间嵌入日常生活空间的现实，旦旦而聒之，月月而浸润之，符号真实、主观真实和现实生活空间之间的巨大反差，容易导向巨大的心理落差。消费主义生活方式，要么可能成为一种目标和激励，或努力追求向上的社会阶梯，这是中国社会数十年来的上行社会心理的一个关键因素；要么由于改革开放和市场经济建立过程中，部分经济资本优胜者财富积累路径的被质疑，可能导致社会心态失衡，成为

① 樊葵：《传媒歧视：论当代传播中的不平等》，《中国传媒报告》2003 年第 3 期。

② ［美］曼纽尔·卡斯特：《千年终结》，夏铸九等译，社会科学出版社 2003 年版，第 150 页。

社会的不稳定因素的舆论环境。洪森·杨（Hyeseung Yang）等人的一项合作研究结果显示，长期反复地暴露于有偏向的影像环境中导致的相对被剥夺感，经常观看美剧，引致对美国人富裕程度的偏差评估，从而对社会产生不满意感。[①] 柯克·约翰逊（Kirk Johnson）运用深度访谈和参与式观察，对印度两村庄的民族志研究显示，电视重构了乡村社会的人际关系，增强了村民尤其是儿童和年轻人的消费主义倾向。访谈中，很多年轻人对传统的乡村生活表达了不满，希望有一天能够购买电视中的昂贵商品，或者去大城市追求新的生活方式。[②]

不同社会阶层现实消费环境的巨大差异，及现实与媒介“消费精英”空间呈现之间的反差，这种双重断裂，容易成为社会矛盾的触发点。两会期间，很多明星代表总是媒体追踪的目标，民众热议的焦点，服饰尤其被关注。宋祖英穿着皮草参加两会，周涛高调穿着意大利名牌外套，拎爱马仕手袋参会，都引致舆论哗然。2012 年两会期间，曾经以粉色 LV 围巾亮相的代表李小琳，再次引发热议，身着昂贵的意大利顶尖品牌璞琪（Emilio Pucci）粉色西装，香奈儿长款珍珠项链亮相的她，2010 年，会议间歇带领所在的妇联分组讨论会女代表跳恰恰舞健身，再度引起媒介关注，有时尚网站专门撰文研究她的穿着，这同时也招致了很多的批评。网民纷纷留帖表达意见，“两会期间，李小琳珠光宝气的神气让很多草根网民感到绝望”。[③] 互联网、社交媒体是富二代炫耀自己豪奢生活的舞台，从名包、珠宝到豪车、游艇，挥金如土的生活方式，图文并茂，媒体网站纷纷转帖跟进，恣意渲染，博取注意力。富二代焚烧人民币炫富，利用网络媒介渠道

---

① Hyeseung Yang, Srividya Ramasubramanian, Mary Beth Oliver, Cultivation Effects on Quality of Life Indicators: Exploring the Effects of American Television Consumption on Feelings of Relative Deprivation in South Korea and India, *Journal of Broadcasting & Electronic media*, June 2008.

② ［美］柯克·约翰逊：《电视与乡村社会变迁：对印度两村庄的民族志调查》，展明辉、张金玺译，中国人民大学出版社 2005 年版，第 184、189 页。

③ 《如何看待李小琳们？中国奢侈品泛滥的真实原因何在？》，《世界能源金融网》（2009 年 9 月 24 日）［2010 年 6 月 7 日］，http：//www. wefweb. com/news/2009924/1118454545_ 0. shtml。

放言："老是在网上看到攻击富二代的帖子，哥从来都是不以为然。老天没给你们好日子过，就让你们嘴上快活快活吧。哥现在就来818富二代过的生活，丝毫没有因为你们的看不惯而改变。小车开着，小妞泡着，小日子过得那叫一个滋润！"[①] 近年来，富豪被杀的新闻发生时，总是伴随着新浪、搜狐等大的门户网站上，网友大量的"该杀""该死"字眼的评论。媒介拟态消费环境场域，自然化了"成功""幸福"的内涵与光鲜的外表呈现、和经济上的富足的等号关系，美剧《欲望都市》里一句台词，在中国上行社会心态中，得到很大程度的认同，"当我拥有Birkin的那一天，就是我真正出人头地的一刻"，这种表达传达的是社会物质成功的整齐划一的价值衡量尺度，与现实社会结构中的上行阻力，阶层边界及阶层之间的流动减少，形成明显的反差，促发社会比较心理，推动着社会对于财富积累不公平感的失衡心理。

第三节　生活政治：解放政治后的生活方式选择问题

北京大学发表的最新研究显示，位于金字塔尖的中国最富有的1%的家庭，已经拥有超过30%的全国财产，而位于最底层的25%的贫穷家庭，拥有的财产仅占全国1%（图7-4）。习近平总书记在十九大报告中，明确指出："在中高端消费、创新引领、绿色低碳、共享经济、现代供应链、人力资本服务等领域培育新增长点、形成新动能。"

中高端消费在中国尚处于起步阶段，持续增长是对未来的预期和政策方向（图7-4），媒介镜像的符号真实正在成为客观现实，中国的部分阶层确实与全球其他大都市的精英、中产们享受着同样的物质丰裕，媒介拟

① 《富二代"逆反"炫富　大晒豪车和女友》，《凤凰网》2010年6月11日，http：//auto.ifeng.com/fun/tidbit/pic/2010/0326/4374.shtml？pic=1。

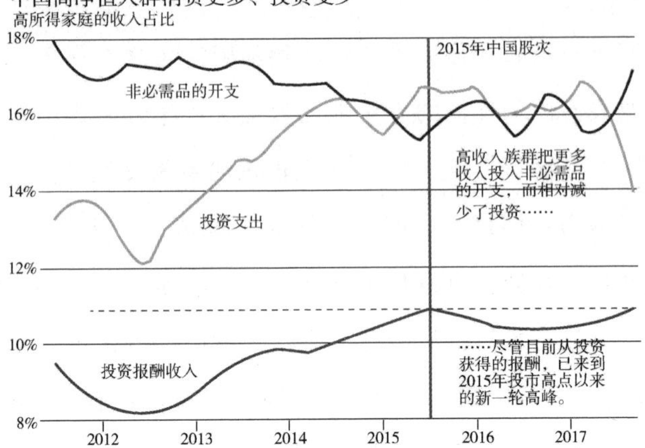

图 7－4　中国高净值人群消费增长

资料来源：《中国富人减少投资，增加消费》，《FT 中文网》（2017 年 10 月 13 日）［2018 年 3 月 10 日］，http：//www. ftchinese. com/story/001074638？archive。

态消费环境场域中，个体行动者的方式为何？如前文所述，消费不仅仅是对于物品和服务的使用，现代社会的消费已如同经纬线，编织着社会生活，消费承载着现代性诉求、个体认同、世俗化社会进程等含义，消费政治是更广义上生活政治的一部分。

安东尼·吉登斯在《现代性与自我认同》一书中，系统提出了生活政治的概念，生活政治与解放政治、现代性紧密联系。生活政治是一种与日常生活紧密关联的政治。解放政治的注意力在生活机遇上，要解决的是消灭剥削、不平等的问题，而生活政治是一种有关生活方式的政治，从选择的自由中而来的政治决策，关心的是“我们应该怎样生活？”的个人生活方式的自我实现问题。生活政治是一种由反思而调动起来的秩序，全球化的影响通过个体的反思传达，投射在社会结构变迁当中，而个体在一定结构下寻求自我实现的进程，又会反过来影响全球化推进的策略，吉登斯提出生活政治的概念，用以探讨个体—全球的关联。

生活政治关注比消费政治更广泛和宏大的命题，却从来不是高高在上形而上的象牙塔式的辩论，政治热情在生活领域复苏，日常生活经由消费而影响政治，这种以个人为主体，在日常生活层面展开的新型政治形态，在中国已窥见端倪。它关注这样的问题：

人类对自然的责任是什么？

环境伦理的原则是什么？

应该用什么样的伦理原则来控制基因工程？

人类使用暴力的限度应该是什么？

个体对她/他的身体权利是什么？

动物拥有的权利是什么？

生活政治的问题渗透生活的许多领域，是一种兼具狭义和广义的政治。狭义的政治中，民族国家及其政府机构占据核心位置，生活政治中，越来越多的个体行动和组织会进入形塑生活政治的进程当中。媒介拟态消费环境中，消费者权益保护运动、工作—生活平衡等议题，天然具有政治意涵，使日常生活成为政治参与的舞台。

“双 11”，中国最受人瞩目的消费传播活动。2009 年夏天，阿里巴巴那次引爆“造节”运动的“头脑风暴”会议中，与会人员的目的也仅止于做一场有影响力的大促以提振士气，日期定在 11 月 11 日。也很有趣，当时他们想找个特定的固定节日“傍大款”，后来没找到合适的“大款”，干脆就自己当“大款”，而市场部的年轻人觉得 11 月 11 日是约定的“光棍节”，在这一天模仿美国“黑色星期五”，做一场全场五折的促销，会非常有意思。

2015 年，天猫首次尝试了电视直播领域，与湖南卫视联手合作“天猫 2015 双 11 狂欢夜”，长达 4 个小时的全球互动直播，冯小刚被邀担纲晚会总导演。京东集团也打造了京东的 11.11 的“京”喜夜——大型竞歌晚会，媒体合作平台包括中央电视台综艺频道（CCTV3），腾讯视频等各大视频网站。2016 年双 11“春晚”项目，天猫宣布浙江卫视成为第二届“双 11”“猫”晚官方合作电视平台，2017 年，天猫再度与浙江卫视合作，推出双十一晚会，AR 投射、VR 全景、真人三维建模、语音识别……高科技被运用在晚会当中，中外明星云集，还有马云精心打造的电影。

“双 11”是中国九年来消费升级、消费需求变化的缩影，从“要消费”到“要好的消费”到“独特好的消费”到“全球独特好的消费”,[①] 是技术的进步，是商业跟互联网的结合。互联网被重新界定，从互联网时代到移动互联网时代是一种新的形态和介质，将实物空间和虚拟数字连接起来。由于显示原因，研究者只能截取 2017 年“双 11”期间技术支撑结构图主干部分展示（图 7－5）。阿里公司的口号是“与阿里云上所有新技

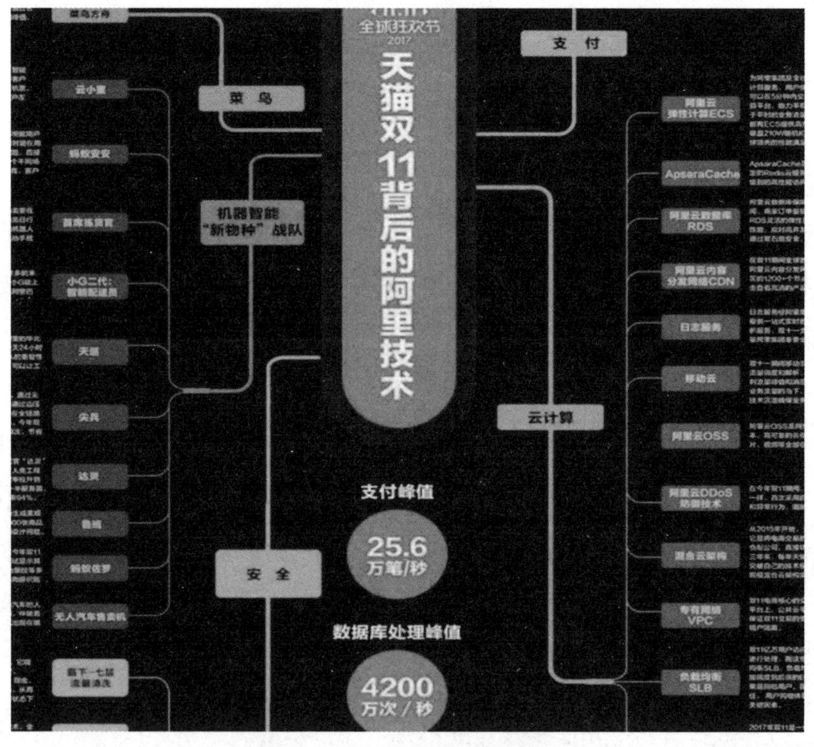

图 7－5　天猫阿里云的技术结构

资料来源：阿里巴巴。[①]

① 迟宇宙：《阿里巴巴造节史：“双 11”的隐秘与命运》，商业人物，微信公众号（ID：Biz－leaders）。

② 研究者获得许可后使用。

术相遇”，声称50+绝密技术在背后维持着节日的庞大运营体量。

九年来的成交量数据：

2009年，5200万元

2010年，9.36亿元

2011年，52亿元

2012年，191亿元

2013年，350亿元

2014年，571亿元

2015年，912亿元

2016年，1207亿元

2017年，1682亿元

这个诞生于2009年的天猫促销活动，俨然已成为中国人生活的一部分，成为一场全民的大狂欢，在社会意义层面上，它所关涉的不仅仅是消费了。9年的“双11”，是经济、科技、媒介和社会发展、融合历程的缩影和巅峰，也引发了广泛的社会讨论。这是网红papi酱录制的一段视频，吐槽“双11”让人筋疲力尽的优惠方式（图7-6）。

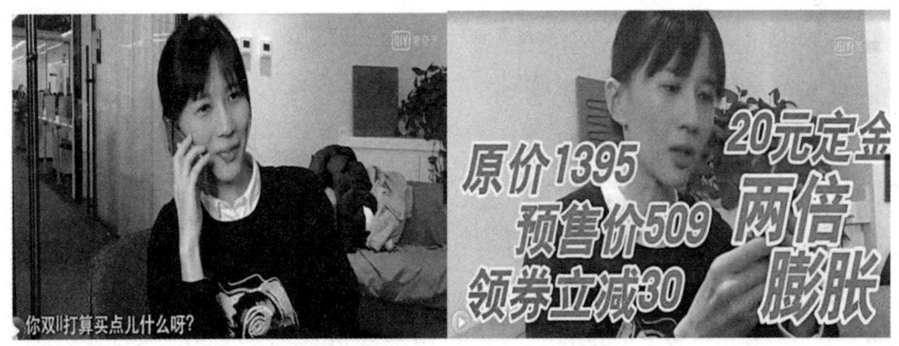

图7-6　网红papi酱录制的视频截图

资料来源：爱奇艺客户端。

伴随着双11交易额数据的年年增长，买家卖家规模不断扩大，“双11

焦虑症”成为热门新名词。如papi酱吐槽的那样，活动规则复杂，剁手节变成数学考试，不少买家需要拿出这辈子最好的数学能力凑单、算钱，最后也不知道到底省了多少钱，原来只需要当天填充的购物车，现在一个月前需要预购、支付定金，最后可能因为手速慢而“抢”不到心仪的商品，经过熬夜的痛苦，下单不成功的折腾，怒花几千几万块的兴奋后冷静下来，发现实质上没有得到多少优惠，有些东西自己根本不需要，有的需要一件一件退货……卖家方面，天猫十月就开始的预售活动，首页推的全是大店，让小店9—10月销量惨淡，消费者都在等着“双11”的大活动。

图7－7　买买买

资料来源：网络。

“双11”所呈现的，远远不止于消费层面。2013年10月31日，国外中国崛起的论调转至对中国经济的保守态度。国务院总理李克强在经济形势座谈会上，透露自己的淘宝经历，赞许马云“创造了一个消费时点”，成为“双11”购物节的官方代言人，国家经济发展策略的意志正式注入“双11”。全国两会期间，李克强大方表示，愿意为电子商务做代言人。光棍节最开始是大学生们的群体亚文化，自发创造节日寻求身份认同，戏谑性地彼此慰藉孤独感。在资本的推动下，演变成一场物质消费的仪式和庆典，马云将资本的力量和媒体资源整合，重新定义了这个节日，在媒体的符号化覆盖之下，营造了强烈的仪式感，将分布在中国甚至更广范围内的消费者连接在一起。光棍节的物质化表达进程，鲜花，巧克力，昂贵的“自我慰藉”和“表白”礼物，收编了情感表达，戈尔丁和默多克宣称公司接管了公众表达，商业狂欢接管了情感表达的其他可能性，“爱她，就带她去哈根达斯”，商业化的公众号在高歌猛进正义地宣布情感和金钱的等价。“孤独症患者：你都这么有钱了，单身也挺好啊”“谈恋爱可以穷，结婚坚决不可以！”①

亲密关系，不仅仅是恋人关系，朋友关系，父母和子女的关系，都是亲密关系的形式。消费全面介入亲密关系，是中国当前社会关系的一个重要特征，消费成为维系亲密互动的重要桥梁，而更多的情感连接却处于相对匮乏的状态。针对研究课题关注的受众接收问题，研究者本人带领学生，主要以经济资本和职业背景为指标，作了八组焦点组访谈，访谈对象组包括学生组、普通工薪阶层组、白领、中产组（各 2 组），不管是否受限于现实经济资本积累，访谈对象普遍对奢侈品购买持支持态度。在访谈中发现，访谈对象会不加思索地将挣更多的钱，为家人购买更多的物品，与让家人更幸福联系起来，且对“生活方式”的理解，多集中于物质收入、赚钱、更高水平的物质生活条件方面，即使受过良好教育，两位来自金融行业的中高层管理人员，在访谈中，多次将“消费”与给家人、朋友带来“快乐”紧密联系起来，也是这么表述的：

消费很开心呀，很 happy，除了你本身的快乐以外，还可以给家人带来快乐。

心情不好的时候去消费。

消费是柴米油盐以外的升级品，我觉得对消费的定义应该是这样子，升级是消费给你带来的快乐的感觉，比如家里本身必备家具呀、

① 遇见张小娴，微信公众号（ID：Miss_ AmyZ）。

电器呀都有了，再装个暖气片，就是一种升级。

什么是升级？两居室，你要换个四居室，是升级，我原来订的158（元）一个月花束，现在换成468的，就是升级了。

不停买买买，那就刺激了不停的生产了，肯定的了。

说明你的消费能力达到了一定的层次，说明你有消费的能力，我觉得买买买并没有什么问题，实现了自己的价值。

买买买刺激了商家不断升级换代，苹果手机不是最好的一个写照么，如果不是这么多人疯狂地去买，怎么会有这么大的动力作研发升级。

如果大家都不买，经济怎么发展呢？

有些消费是人的虚荣心态，或者是社会的一种比较约定俗成的价值观，这个社会本身就是这样的，它会去在意你外在的东西，然后再去了解一个人，有些消费是必须的，金融行业是讲究这些东西的。

消费是经济的循环体嘛，需要这么一个东西去流动，刺激人们的生产，社会的和谐和进步。

17—25岁的大学生群体，在谈及“生活方式”话题时，有一些关于物质之外的精神生活表述：

我的想法是通过阅读、旅游充实自己的生活，物质与精神并重……

一位来自教育行业的老师对消费和幸福的问题保持着某种下意识的警醒，因而在访谈中，尽管无法清晰表述两者的界限，却保持了沉默：

越多的消费，越多地生产社会比较心态……

从八组访谈的结果来看，对于生活方式的理解，普遍都是从“物质收入、赚钱、更高水平的物质生活条件”等方面展开讨论，中产收入家庭和学生群体，对于物质消费以外的旅行、健康消费有着更高的敏感性。

据不完全统计，马云的高管团队和阿里巴巴团队，通过各种直接、间接方式，包括关联公司、个人入股等手段，已掌控或战略入股 24 家媒体，包括传统的纸媒、电视媒体和新媒体（图 7 - 8）。

图 7 - 8 马云的媒体地图

资料来源：《不知不觉　马云已经手握 24 家媒体》，《腾讯科技》（2015 年 11 月 26 日）［2018 年 3 月 12 日］，http：//tech. qq. com/a/20151126/060682. htm。

马云在接受彭博电视（Bloomberg TV）采访时谈到了媒体收购的意图，阿里需要媒体帮助平台下的中小企业去推广。对于他在传统媒体式微时

“逆”势而上的意图，由此可窥一斑。2015 年，淘宝开始启动城市包围乡村战略布局，在农村建立淘宝，实施“千县万村”计划。2015 年双 11 全球狂欢节，美国纽约证券交易所（NYSE）在北京水立方，专门远程为这个节日举行了开市敲钟仪式。

21 世纪伊始，国家和媒体携手，宣传推动“五一”、“十一”黄金周消费，官方的法定节日被赋予了重要经济功能，成为撬动国内市场的杠杆，如前文所述，国家意志在很多方面为发展经济做出了妥协。此时的马云帝国，乘全球范围内的消费主义和互联网经济东风而上，对中国现代社会秩序进行重塑，商业活动接管公众生活，以前由国家意志或民间情感决定的生活议题被商业机构所制造和定义。微信由社交媒体变为商业平台，微信曾经为中国人提供了最大最佳的私人社交平台，慢慢被微商充斥，微商的广告刷屏，越来越多喜爱分享的人在这个社交圈选择沉默，而这当中，有着复杂的社会结构因素和社会心理在起作用。

在这样一个被消费所编织的时代，选择以什么样的生活方式存在，成为每个个体必然要做出的选择，或者简言之，以什么样的态度生存，成为一个选择性的问题。传统社会中，我们生活在一种惯性当中，习俗、惯例规范着生活的方方面面，全球化、现代性消费社会带来了各种冲击性的观念，需要个体在反思中确立自身的认同，这便是生活政治。俾斯麦说过的一句话，“政治是可能性的艺术”，生活政治便是我们通过观察反思去发现更好的可能，更好的自己。物质丰裕的时代，生活政治促使我们反思：如何从被消费掏空的生活中抽离，回归更丰富的生活本身，探讨更多样性的通往幸福的途径。

结论和讨论　多样性全球化进程中的生活政治与媒介

本研究提出“拟态消费环境”概念，从社会空间的角度切入，以场域理论为分析框架，将拟态消费环境作为拟态环境的次级环境进行考察，为多媒介社会中消费信息的传播研究提供了整体性的思考空间。研究重构了由媒介内容和形式共同建构的拟态环境和拟态消费环境。现有研究主要从信息内容方面对拟态环境进行考察，并将其与现实环境独立开来，本研究从媒介实践出发，质疑既存的理论话语，从更加辩证的立场上，考察其与现实环境的关系。研究超越“解放政治”视野，将拟态消费环境放在“生活政治”下来考察，是对中国社会新的历史阶段的理论回应，以此超越消费文化路径下相对静态和平面化的研究取向，跳脱既有研究中的“控制文化”视野，并提出从消费政治到生活政治的构想，寻求全球化、现代化的多样性路径的可能，这是对媒介消费信息传播一种社会学视角的切入和分析思路。本研究从“拟态消费环境”概念的提出，到社会空间角度的引入，再到场域分析架构的运用，体现的是一种对消费信息传播渐次深入和具化的分析逻辑。

高度媒介化的消费信息传播，使拟态消费环境成为中国当下现实的社会空间。当前中国媒介拟态消费环境的建构与传播通过广告、影视剧、时尚生活类传媒，和场域内的新兴媒体得以实现。全球范围内消费资本主义体系的扩张，中国国家—市场—社会关系变迁与新的互动方式，技术的迅速发展和非中立性特征，带来了高度媒介化的消费信息传播，使拟态消费环境成为中国当下现实的社会空间。媒介行动者在这个场域内话语权的争夺，以及媒介与受众场域的同构性原因，中国媒介“消费精英”空间，生产着国家意志、资本力量、文化变迁力量交织下的特定的社会知识。同时，全球化进程中，新的电子群体或空间群体，跨越地理疆域集合起来，是媒介立体环境化传播带来的社会影响的必然结果，改变了受众日常生活体验和策略，媒介拟态消费场域空间嵌入长期被误识的权力控制之外的受众的日常生活空间，影响着受众对于现实消费环境的主观认知和实际行动，日常生活正加速被收编至现代化和全球化转型进程中。

媒介作为中国当代社会各场域的中介场域，也是消费信息传播的主要途径，呈现、介入社会消费现实，是其不可回避的功能。传媒天然所具有的社会控制功能，在消费信息传播过程中必然会显现出来，表达出自身的一些意志偏好，外部的政治、经济、文化因素又时刻在制约、影响着这种表达。本研究通过对 20 世纪 90 年代以来中国媒介拟态消费环境的分析，力图展现这一张力网络。媒介拟态消费环与现实消费环境纠结缠绕，这一过程中，媒介对于现实的编码重构，发生在受众看不到的场域空间中，却又与受众的世俗日常生活密切勾连，触角遍及社会的方方面面。对中国媒介拟态消费环境的场域研究，剖析当代最引人瞩目的媒介场域的重要次级场域，追踪行动者的运动轨迹，对于真实切近地理解中国社会复杂的形貌提供了重要的通道。

一 全球化的其他可能路径

1971 年，加拿大学者，当代西方传播政治经济学派的奠基人达拉斯·斯迈思（Dallas Smythe）首度访华，考察了中国广泛的现代化实践。1973 年，他写作了《自行车之后是什么?》（After Bicycles，What?）[①] 等系列文

① Smythe D.，After bicycles，what? Smythe D. and Guback T.（eds），*Counterclockwise*：*Perspectives on Communication*，Boulder，CO：WestView Press，1994，pp. 230 – 244.

章中，完成了对技术非中立性特征，以及资本主义生产方式与技术发展路线的选择之间联系的考察，这篇文章阐明了这样一种观点：技术从来不是一种独立、自主的存在，社会权力一直在技术发展中寻求实现自身意图，从研发环节到投入应用，是一个持续的政治协商过程。如果现有的技术路线特征，契合资本主义发展方式，而资本力量又束缚了技术发展和应用的可能高度，社会主义实践能否换个思路，走一条其他可能的发展道路？他使用“自行车”隐喻，指涉中国社会主义技术路线，他希望中国在解决温饱问题之后，把社会发展的重点放在公共产品和集体消费上，不要走资本主义式个人消费的老路。他在各种座谈会上，主张中国建设一种更民主和网络化的“双向电视系统”，而不是沿袭为资本主义消费服务的单向系统。达拉斯·斯迈思在他的有生之年并没有发表这篇文章，而是将文章通过外交途径转交给了中国高层，中方当时并没有正式回应，但在西方政治经济批判学者圈内，这篇文章的复印稿却广为流传，在理论界获得了非常高的认同。1978 年，达拉斯·斯麦思再度访华，敏锐觉察到中国发展道路的转型，当时消费资本主义的发展思路已占据主流位置。对于“自行车之后是什么?”，这个中国发展道路的思考，在过去近四十年的实践中，市场经济的实践明确给出了答案：当然是汽车，以及汽车所隐喻的一切消费主义社会关系。

这种社会关系下的中国全球化进程带来了“全球阶级”在中国的崛起，精英群体在全球范围内配置资源，重新选择不同的国家作为居住地，以最大限度地保存他们在全球资本主义秩序中的个体优势，而劳工阶层的生产和生活也成为全球秩序的一部分。过去 30 年，媒体针对新兴社会阶层的“壁龛”式服务（Niche Provision）① 持续增长，他们主要针对的是城市富裕阶层和中产阶层，而非低收入者，媒体吸引的是有一定资本积

① ［英］詹姆斯·卡伦：《媒体与权力》，史安斌、董关鹏译，清华大学出版社 2006 年版，第 261 页。

累的受众，他们为媒体带来丰厚的利润。美国式消费主义发展道路，给中国带来了环境污染，阶层差距扩张等问题，消费政治和生活政治问题提上日程。在这样一个全球化时代，逆全球化浪潮风起云涌，英国退欧，川普上台，20 世纪 80 年代以来的这股全球化浪潮正遭受强烈冲击。在这样一个不稳定性不确定性突出、充满挑战的时代，全球治理和国家秩序变革加速推进，区域政府的权力不断增长，全球政治再生过程与跨国公民社会相适应，国家仍然是理解政治的基本出发点。中国如何在新一轮的全球战略重组中积极作为，当前全球核心问题走向及中国路径是迫切的问题。全球化时代下的个体，我们其他的生存方式有可能存在么？以怎样的形式出现？

国家话语层面上，在一个更复杂的全球层级位置中，应给予和尊重社会，释放足够的空间，在继续推进解放政治的同时，回应引导社会新的发展阶段，让生活政治在普通人生活层面得到关注。国家话语应鼓励民众以具体可感的日常生活环节为出发点，用一种非传统的方式进入政治生活层面，表达自身的利益诉求，促进消费信息空间的多元维度和平衡。全球化进程中的中国媒介，应以更宽广的视野，努力促进多元声音的表达，媒介在生活政治的推进中，可以发挥巨大的影响力。拟态消费环境的建构传播中，消费主义话语不是唯一的维度，超越单纯感官享受、品牌追求的阶段，将视野转向更宏大、又更细节的层面，关注全球化进程中，在日常生活层面，个体的自我实现问题。媒介更多地关注个人在充满选择的时代，如何进行个体的生活决策，如何选择生活方式，实现自我，超越让受众沉溺于声光画影的阶段，进入一个有意识地将受众个体与更宽广的社会空间勾连起来的阶段。比如，对于化妆品的消费信息传播，从强调其功效到诉求原料来源友好，这是对生态政治问题的关注，对家用汽车节能、排放问题的关注，就是消费信息跨越私人和公共两重空间，融合个体消费与更广泛的社会问题的途径。这个场域内的其他行动者，新型文化媒介人应该坚守专业主义态度，跳出自身阶层框限，在媒介当中力求呈现更广阔真实的社会图景。主动性越来越高的受众群体，在应对纷至沓来，甚至相互矛盾的消费信息和特定知识时，适应和学习通过各种媒介和渠道获取消费信息资源，增强反身性思考（Reflective Thinking）能力，将对自我生活的反思作为一种日常，通过主动使用媒体渠道建立起与其他受众的互动网络，做出全球化时代个体的合宜选择。今日的受众，融合内化代理经验与当下日常生活，成为一种生活手段和策略。生活政治博弈中，寻求全球性的多样化可能，在获得富足生活的同时，促进全球社会的正义和公平，是克服以消费寻求个体身份认同的单一面向的途径，用更多元的阶层认同概念促进社会的良性兼容。比如，中产的概念，不光指物质财富和消费，还包括知识水准，健康的生活方式，良好的趣味，改造社会和政治生活方面的作为，全球化思维。精英的概念，不仅仅是财富数字的扩张，还有社会责任的担当，文化的传承，思潮的引领责任。地球资源无法支撑美国式的全球消费资本主义体系，反全球化浪潮背后的吁求是多样性的全球化进程。

二　生活政治路径下的媒介拟态消费环境

回归到中国媒介的逻辑起点，媒介应该如何平衡自身市场行为主体和“环境监测者”的双重角色，是值得学界和业界共同关注的议题。作为市场行为主体，媒介为实现其功利性目标，追逐资本和利润最大化是其必须遵循的运作方式，而媒介对于文化资本的追逐，促使其不断在寻求对社会话语的主导权力，新的符码体系不断被生产出来，在媒介拟态消费环境场域内的表现，就是“消费精英”空间的生产与传播。一方面，当前中国媒介拟态消费环境“消费精英”空间的建构发生在一个政府努力创造有效需求、中国社会迈入现代化和城镇化的时代背景之下，它与这个时代背景是共振的，并起着积极的促推作用，在个体化时代受众自我认同的建构等方面也产生了积极的促推意义；同时，媒介拟态消费环境的生产，使得媒介日益向商业极靠近，加速了媒介自身的产业化进程，实现了媒介组织在传统意识形态规范性功能之外的功利性目标，直接为经济增长做出了贡献，这反过来又从物质层面为媒介的意识形态功能提供了坚实的支持。另一方面，当前媒介拟态消费环境的空间感是失衡的，“消费精英”空间是一种“壁龛”市场，目标受众定位于部分新兴社会阶层，呈现、关注和扩大了他们某一维度的面向，市场上最具购买力的一小部分受众（消费者）的需求和欲望得到了表达，社会场域中资本总量和结构处于劣势位置的“‘弱势’消费者”[①] 群体被忽略。

媒介对消费信息空间的阶层化建构，以西方现代性为模版建构、并对受众进行规训的生活方式，给真实的社会消费加上了美化的滤镜，很多方面与社会状况差距显著，弱势社会阶层的话语和利益诉求被铺天盖地的“美好”消费信息淹没，拟态消费环境远非现实消费环境的比例微缩模型，也消减了全球化蕴含的多样可能性。中国媒介拟态消费环境图景的呈现是某些人或某些群体的而非所有人或群体的行为结果，“拟态消费环境环境化趋势”又是客观存在的传播效果，经济与文化资本上的相对剥夺人群，并不意味着一定被隔绝于消费文化之外，虽然这种参与受到了客观条件的限制。转型期中国二元社会结构背景下，媒介拟态消费环境对不同阶层的受众而言，彰显着不同的文化和现实意涵，由此引发诸多的社会争议。同时，媒介拟态消费环境场域的中介和聚敛效应，为消费主义倾向对媒介的其他次级场域、日常生活及其他社会场域的渗透开辟了通道，限制了社会话语的多元表达视野，媒介沉迷于个体世俗的日常生活场域，却在更广泛的社会问题上停滞不前，如为公众提供社会问题讨论平台，在舆论上推动公众就国家—社会—市场关系、社会主义民主制度建设等重大问题作出积极建设性的讨论，媒体缺乏对消费主义视野的偏向性及其可能的环境风险问题的分析，等等。媒介作为一种公共表达平台的责任被资本市场逼退，功利性目标彰显，媒介的“环境监测者”规范性目标在很大程度上被弱化。

---

① Denis McQuail, *Mass Communication Theory*, Thousand Oaks, CA: Sage, 1994: 107.

因此，本研究在探讨中国媒介拟态消费环境时，倡导并贯穿的是一种社会学式的理性审慎态度。媒介拟态消费环境中，“消费精英”空间的建构，是一种现实的社会存在，并非简单地贴上负面或正面标签就可以定义，本研究遵循在具体的社会历史脉络中，从具体的文本内容、形式到宏观政治经济结构权力、再到细致的受众接收、日常生活场域观察的细致分析路径。拟态消费环境的消费主义倾向，需要及时提防它的社会危害性，但不能因此而全面否定媒介消费信息空间建构在中国目前社会阶段具有的正面意义，其建构亦促推了媒介组织市场主体性的确立，但是传媒市场化的需要也绝不是“环境监测者”和“社会公器”职能弱化的合法性理由。摆在政府、学界和业界面前现实而又困惑的问题是：媒介拟态消费环境的优化，如何在实践中探寻可能的进路？政府在制度保障、市场监管上发力，运用其宏观调控功能保障不同社会人群的媒介近用权。学界与业界需要更密切的沟通合作，探讨真正的理论问题，及其如何与实践操作性联系起来，这方面提升的空间还非常大，业界需要在争取经济效益的激流勇进中，反思回看社会效益的提升方式。这些宏大的原则下面，研究者认为，生活政治是一条具体的可操作性路径。生活政治理念倡导的个体生活方式多元化选择态度也许可以帮助我们朝向一个媒介拟态消费环境空间的理想模型。

公民媒体领域：政党和组织的带有“官方”性质的媒体，为大众提供服务。

社会性媒体领域：为少数人的“小众”信息需求提供经济上的资助，促进市场多元化，拓宽选择，其经济来源可以来自政府及其下属组织，亦可来自民间资本，这一块需要大力发展。

市场性媒体领域：对大众乐趣作出积极回应，主要依靠市场获得经济来源。

专业性媒体领域：依靠公共基金运作，由各个领域内的专业化的传播者组成，提供权威信息来源和解释，服务于全球化时代个体的理性选择，这一块目前市场上非常稀缺。

这样一个更多元的、带有理想性色彩但又处于实验进程中的媒介信息来源体系构想，可以限制媒体过度卷入少数人“壁龛”市场，让大多数人喜欢的内容进入大众视野，而上述多方力量在市场机制完善过程中的良性制衡，是媒介拟态消费环境生态优化的希望之光。

参考文献

［德］马克斯·韦伯：《新教伦理与资本主义精神》第2版，于晓、陈维纲等译，陕西师范大学出版社2006年版。

［法］布尔迪厄、［美］华康德：《反思社会学导引》，李猛、李康译，商务印书馆2015年版。

［法］布尔迪厄：《〈区分〉导言》，罗钢、王中忱《消费文化读本》，中国社会科学出版社2003年版。

［法］亨利·列斐伏尔：《空间与政治》，李春译，上海人民出版社2015年版。

［法］罗兰·巴特：《符号学原理》，王东亮等译，生活·读书·新知三联书店1999年版。

［法］罗兰·巴特：《流行体系：符号学与服饰符码》，敖军译，上海人民出版社2000年版。

［法］米歇尔·福柯：《规训与惩罚》第4版，刘北成、杨远婴译，生活·读书·新知三联书店2012年版。

［法］尼古拉·埃尔潘：《消费社会学》，孙沛东译，社会科学文献出版社2005年版。

［法］皮埃尔·布尔迪厄：《区分：判断力的社会批判》，刘晖译，商务印书馆2015年版。

［法］皮埃尔·布尔迪厄：《实践理论大纲》，高振华、李思宁译，中国人

民大学出版社 2017 年版。

［法］让·鲍德里亚：《消费社会》，刘成富、全志钢译，南京大学出版社 2000 年版。

［法］维尔纳·桑巴特：《奢侈与资本主义》，王燕平、侯小河译，上海人民出版社 2000 年版。

［荷兰］梵·迪克：《作为话语的新闻》，曾庆香译，华夏出版社 2003 年版。

［美］阿尔君·阿帕杜莱：《现代游戏：印度板球的非殖民化》，罗钢、王中忱《消费文化读本》，中国社会科学出版社 2003 年版。

［美］阿里夫·德里克：《全球现代性：全球资本主义时代的现代性》，胡大平、付清松译，南京大学出版社 2012 年版。

［美］阿萨·阿瑟·伯格：《通俗文化、媒介与日常生活中的叙事》第 2 版，姚媛译，南京大学出版社 2006 年版。

［美］艾尔·巴比：《社会研究方法》第 11 版，邱泽奇译，华夏出版社 2018 年版。

［美］艾伦：《中国梦——全球最大的中产阶级的崛起及其影响》，孙雪、李敏译，文汇出版社 2011 年版。

［美］艾伦·杜宁：《多少算够：消费社会与地球的未来》，毕聿译，吉林人民出版社 2000 年版。

［美］本·H. 贝戈蒂克安：《媒体垄断》，吴靖译，河北教育出版社 2004 年版。

［美］彼得·N. 斯特恩斯：《世界历史上的消费主义》，邓超译，商务印书馆 2015 年版。

［美］彼得·伯格、［美］托马斯·卢克曼：《现实的社会建构》，汪涌译，北京大学出版社 2009 年版。

［美］大卫·布鲁克斯：《布波族：一个社会薪阶层的崛起》，徐子超译，中国对外翻译出版公司 2002 年版。

［美］戴安娜·克兰：《文化生产：媒体与都市艺术》，赵国新译，译林出

版社 2001 年版。

［美］戴维·斯沃茨：《文化与权力：布尔迪厄的社会学》，陶东风译，上海译文出版社 2006 年版。

［美］丹尼尔·贝尔：《资本主义文化矛盾》，赵一凡等译，生活·读书·新知三联书店 1989 年版。

［美］道格拉斯·凯尔纳：《媒体奇观：当代美国社会文化透视》，史安斌译，清华大学出版社 2003 年版。

［美］邓津、［美］林肯：《定性研究（第 3 卷）：经验资料收集与分析的方法》，风笑天等译，重庆大学出版社 2007 年版。

［美］弗雷德里克·杰姆逊、［日］三好将夫：《全球化的文化》，马丁译，南京大学出版社 2002 年版。

［美］弗里德里克·詹明信：《晚期资本主义的文化逻辑：詹明信批评理论文选》，陈清侨等译，生活·读书·新知三联书店 1997 年版。

［美］简·皮特尔斯：《全球化与文化：全球混融》第 2 版，王瑜琨译，中国传媒大学出版社 2014 年版。

［美］杰伊·布莱克、［美］詹宁斯·布莱恩特、［美］苏珊·汤普森：《大众传播通论》，张咏华译，复旦大学出版社 2009 年版。

［美］柯克·约翰逊：《电视与乡村社会变迁：对印度两村庄的民族志调查》，展明辉、张金玺译，中国人民大学出版社 2005 年版。

［美］克雷斯威尔：《研究设计与写作指导：定性、定量与混合研究的路径》，崔岩强等译，重庆大学出版社 2007 年版。

［美］赖特·米尔斯：《社会学的想象力》，陈强、张永强译，生活·读书·新知三联书店 2016 年版。

［美］劳伦斯·格罗斯伯格等：《媒介建构：流行文化中的大众媒介》，祁林译，南京大学出版社 2014 年版。

［美］罗德尼·本森、艾瑞克·内维尔：《布尔迪厄与新闻场域》，张斌译，浙江大学出版社 2017 年版。

［美］罗杰斯·E. M.：《传播学史——一种传记式的方法》，殷晓蓉译，上海译文出版社 2005 年版。

［美］马克·波斯特：《信息方式——后结构主义与社会语境》，范静哗译，商务印书馆 2000 年版。

［美］麦克尔·哈特、［美］安东尼奥·奈格里：《帝国—全球化的政治秩序》，杨建国、范一亭译，江苏人民出版社 2003 年版。

［美］曼纽尔·卡斯特：《千年终结》，夏铸九等译，郑方、徐菲译，社会科学出版社 2003 年版。

［美］米格尔·森特诺、［美］约瑟夫·科恩：《全球资本主义》，中国青年出版社 2013 年版。

［美］尼尔·波兹曼：《娱乐至死》，章艳译，广西师范大学出版社 2004 年版。

［美］乔治·瑞泽尔：《赋魅于一个祛魅的世界：消费圣殿的传承与变迁》，罗建平译，社会科学文献出版社 2015 年版。

［美］沃尔特·李普曼：《舆论学》，林珊译，华夏出版社 1989 年版。

［美］约翰·菲斯克：《电视文化》，祈阿红、张鲲译，商务印书馆 2005 年版。

［美］约翰·菲斯克：《解读大众文化》，杨全强译，南京大学出版社 2006 年版。

［美］约翰·斯梅尔：《中产阶级的文化起源》，陈勇译，上海人民出版社 2006 年版。

［美］约书亚·梅罗维茨：《消失的地域：电子媒介对社会行为的影响》，肖志军译，清华大学出版社 2002 年版。

［美］詹姆斯·W. 凯瑞：《作为文化的传播》，丁未译，华夏出版社 2005 年版。

［美］詹姆斯·罗尔：《媒介、传播、文化——一个全球性的途径》，董洪川译，商务印书馆 2015 年版。

[日] 堤清二:《消费社会批判》,朱绍文等译,经济科学出版社 1998 年版。

[日] 加藤秀俊:《余暇社会学》,彭德中译,远流出版事业股份有限公司 1989 年版。

[日] 藤竹晓:《电视社会学》,蔡林海译,安徽文艺出版社 1987 年版。

[日] 星野克美:《新消费文化剖析》,彭德中译,远流出版事业股份有限公司 1992 年版。

[瑞士] 费尔迪南·德·索绪尔:《普通语言学教程》,高铭凯译,商务印书馆 1980 年版。

[英] 安东尼·吉登斯:《失控的世界》,周红云译,江西人民出版社 2001 年版。

[英] 安东尼·吉登斯:《现代性与自我认同》,夏璐译,中国人民大学出版社 2016 年版。

[英] 安格斯·迪顿:《理解消费》,胡景北、鲁昌译,上海财经大学出版社 2016 年版。

[英] 戴维·莫利:《电视、观众与文化研究》,冯建三译,远流出版事业股份有限公司 1995 年版。

[英] 丹尼·卡瓦拉罗:《文化理论关键词》,张卫东等译,江苏人民出版社 2006 年版。

[英] 丹尼尔·米勒:《物质文化与大众消费》,费文明译,江苏美术出版社 2010 年版。

[英] 丹尼斯·麦奎尔:《受众分析》,刘燕南等译,中国人民大学出版社 2006 年版。

[英] 弗兰克·莫特:《消费文化——20 世纪后期英国男性气质和社会空间》,余宁平译,南京大学出版社 2001 年版。

[英] 葛凯:《中国消费的崛起》,曹槟译,中信出版社 2011 年版。

[英] 雷蒙·威廉斯:《电视:科技与文化形式》,冯建三译,远流出版公司 1992 年版。

［英］利萨·泰勒、［英］安德鲁·威利斯：《媒介研究：文本、机构与受众》，周丽锦、周婧译，北京大学出版社 2005 年版。

［英］麦克·费瑟斯通：《消费文化与后现代主义》，刘精明译，译林出版社 2005 年版。

［英］尼古拉斯·阿伯克龙比：《电视与社会》第 2 版，张永喜等译，南京大学出版社 2007 年版。

［英］尼克·史蒂文森：《认识媒介文化——社会理论与大众传播》，王文斌译，商务印书馆 2001 年版。

［英］诺曼·费尔克拉夫：《话语与社会变迁》，殷晓蓉译，华夏出版社 2003 年版。

［英］齐格蒙特·鲍曼：《流动的现代性》，欧阳景根译，上海三联书店 2002 年版。

［英］乔安妮·恩特维斯特尔：《时髦的身体：时尚、衣着和现代社会理论》，郜元宝等译，广西师范大学出版社 2005 年版。

［英］苏珊·斯特兰奇：《国家与社会》，上海人民出版社 2006 年版。

［英］西莉亚·卢瑞：《消费文化》，张萍译，南京大学出版社 2003 年版。

［英］约翰·汤姆林森：《全球化与文化》，郭英剑译，南京大学出版社 2002 年版。

［英］詹姆斯·卡伦：《媒体与权力》，史安斌、董关鹏译，清华大学出版社 2006 年版。

［英］詹姆斯·库兰、［美］米切尔·古尔维奇：《大众媒介与社会》，杨击译，华夏出版社 2006 年版。

Arthur Asa Berger：《媒介分析方法》，黄新生译，远流出版事业股份有限公司 1994 年版。

Fiske J. & Hartley J.：《解读电视》，郑明椿译，远流出版事业股份有限公司 1993 年版。

John Fiske：《传播符号学理论》，张锦华等译，远流出版事业股份有限公司

1995 年版。

Michael Gurevitch：《文化，社会与媒体》，陈光兴等译，远流出版事业股份有限公司 1992 年版。

Michael Schudson：《探索新闻：美国报业新闻史》，何颖怡译，远流出版事业股份有限公司 1993 年版。

Robert Wuthnow、James Davis Hunter、Albert Bergesen 等：《文化分析》，王宜燕、戴育贤译，远流出版事业股份有限公司 1994 年版。

陈国明、彭文正等：《传播研究方法》，复旦大学出版社 2011 年版。

陈红玉：《消费与身份》，知识产权出版社 2016 年版。

陈素白：《镜像与流变：转型期中国城市居民消费变迁》，厦门大学出版社 2016 年版。

陈昕：《救赎与消费——当代中国日常生活中的消费主义》，江苏人民出版社 2003 年版。

陈瑜：《消费资本论》，中国商业出版社 2018 年版。

崔保国：《中国传媒产业发展报告》，社会科学文献出版社 2016 年版。

崔银河：《中外广告发展简史》，中国传媒大学出版社 2008 年版。

戴锦华：《书写文化英雄：世纪之交的文化研究》，江苏人民出版社 2000 年版。

单波、刘学：《全球媒介的跨文化传播幻象》，上海交通大学出版社 2015 年版。

董海峰：《时装消费与女性发展研究》，科学出版社 2017 年版。

董天策：《消费时代与中国传媒文化的嬗变》，中国社会科学出版社 2011 年版。

方晓红：《大众传媒与农村》，中华书局 2002 年版。

费孝通：《乡土中国》，北京大学出版社 2012 年版。

高宣扬：《当代社会理论》，中国人民大学出版社 2005 年版。

郭景萍：《消费文化与当代中国人生活方式流变》，社会科学文献出版社

2017 年版。

国家发展和改革委员会：《2017 年中国居民消费发展报告》，人民出版社 2018 年版。

贺建平：《西方媒介权力批判》，重庆出版社 2004 年版。

胡鞍钢：《对中国之路的初步认识》，《中国与全球化：华盛顿共识还是北京共识》，社会科学文献出版社 2005 年版。

黄顺星：《记者的重量：台湾政治新闻记者的想象与实作》，高雄巨流 2013 年版。

纪文凤：《女人今时今日——今日女性与广告的种种关系》，远流出版事业股份有限公司 1991 年版。

季松：《空间的消费：消费文化视野下的城市发展新图景》，东南大学出版社 2012 年版。

蒋建国：《消费文化传播与媒体社会责任》，中国社会科学出版社 2011 年版。

金慧敏：《消费他者——全球化与资本主义的文化图景》，商务印书馆 2014 年版。

经济合作与发展组织发展中心、联合国拉美经委会：《拉丁美洲经济展望：面向发展的物流与竞争力》，知识产权出版社 2014 年版。

李本乾：《媒介经济与中国经济》，上海交通大学出版社 2010 年版。

李彬：《传播学引论》，新华出版社 2003 年版。

李成编著：《中产中国：超越经济转型的新兴中国中产阶级》，许效礼、王祥钢译，上海译文出版社 2013 年版。

李庚：《女性 · 历史 · 消费：当代电视剧的文化批判》，黑龙江大学出版社 2011 年版。

李剑欣、张占平：《中国文化消费区域差异研究》，中国社会科学出版社 2016 年版。

李金铨：《超越西方霸权——传媒与“文化中国”的现代性》，牛津大学出版社中国有限公司 2004 年版。
李明：《我国大众文化消费结构研究》，中国书籍出版社 2017 年版。
厉以宁：《消费经济学》，人民出版社 1984 年版。
［美］利昂·希夫曼、［美］约瑟夫·维森布利特：《消费者行为学》，江林、张恩忠译，中国人民大学出版社 2015 年版。
［美］林文刚：《思想沿革与多维视野》，何道宽译，北京大学出版社 2007 年版。
卢岚兰：《阅听人与日常生活》，五南图书出版股份有限公司 2007 年版。
陆晔：《中国传播学评论：媒介素养专辑》第 3 辑，复旦大学出版社 2008 年版。
罗钢、王中忱：《消费文化读本》，中国社会科学出版社 2003 年版。
罗建平：《破解消费奴役》，社会科学文献出版社 2015 年版。
毛中根：《中国文化消费提升研究》，科学出版社 2018 年版。
彭增军：《媒介内容分析法》，中国人民大学出版社 2012 年版。
秦勇：《意义的生产与消费：文化经济学新论》，北京首都师范大学出版社 2018 年版。
石义彬：《单向度　超真实　内爆——批判视野中的当代西方传播思想研究》，武汉大学出版社 2003 年版。
孙立平：《失衡：断裂社会的运作逻辑》，社会科学文献出版社 2004 年版。
孙立平：《转型与断裂》，清华大学出版社 2004 年版。
孙秀惠、冯建三：《广告文化》，杨智文化事业股份有限公司 1995 年版。
孙永：《消费语境下广告的图像叙事与审美》，中国书籍出版社 2018 年版。
陶东风、徐艳蕊：《当代中国的文化批评》，北京大学出版社 2006 年版。
王宁：《消费社会学》，社会科学文献出版社 2001 年版。
王晓明：《在新意识形态的笼罩下：90 年代的文化和文学分析》，江苏人民出版社 2000 年版。
王亚南：《文化蓝皮书：中国文化消费需求景气评价报告》，社会科学文献出版社 2018 年版。
文卫华：《美剧迷群：媒介消费与认同建构》，中国传媒大学出版社 2017 年版。
夏义生：《消费时代的文化镜像》，湖南文艺出版社 2014 年版。
谢宇、张小波等：《中国民生发展报告》，北京大学出版社 2016 年版。
徐立军：《中国消费与传媒市场趋势》，中国财政经济出版社 2017 年版。
徐小立：《传媒消费文化景观》，人民出版社 2010 年版。
阎云翔：《中国社会的个体化》，陆洋等译，上海译文出版社 2016 年版。
杨魁、董雅丽：《中国消费文化观念的媒介呈现研究》，人民出版社 2015 年版。
杨晓峰、王君玲：《消费主义与媒介文化》，甘肃文化出版社 2010 年版。
姚建平：《消费认同》，社会科学文献出版社 2006 年版。
姚君喜：《社会转型传播学》，上海交通大学出版社 2008 年版。
臧国仁：《新闻媒体与消息来源——媒介框架与真实建构之论述》，三民书局 1999 年版。
赵崇明：《港式中产》，北京大学出版社 2014 年版。
赵月枝：《中国传播产业与“入世”：一种跨文化政治经济学视角》，《传播与社会：政治经济与文化分析》，中国传媒大学出版社 2011 年版。
郑也夫：《后物欲时代的来临》，中信出版集团股份有限公司 2016 年版。
郑震：《中国都市中的消费实践：符号化及其根源》，社会科学文献出版社 2018 年版。
中央文化企业国有资产监督管理领导小组办公室、中国社会科学院文化研究中心：《中国文化消费报告》，社会科学文献出版社 2016 年版。
周伟：《媒体前沿报告——一个行业的变革前景和未来走向》，光明日报出版社 2002 年版。
周宪：《视觉文化的转向》，北京大学出版社 2008 年版。
周晓红：《中国中产阶层调查》，社会科学文献出版社 2005 年版。

范萱怡：《国际时尚杂志中文版的经营策略》，《新闻论者》2005 年第 8 期。

肖珺：《场域与控制：媒介资本新论》，博士学位论文，武汉大学，2006 年。

丁汉青：《传播中的拟态环境》，硕士学位论文，郑州大学，2000 年。

刘柯兰：《时尚杂志与消费主义文化研究》，博士学位论文，武汉大学，2007 年。

汪潇：《广告与消费主义文化》，博士学位论文，武汉大学，2007 年。

曹劲松：《论拟态环境的主体建构》，《南京社会科学》2009 年第 2 期。

陈志贤、萧蘋：《幸福家庭的房车：汽车广告中所再现的理想家庭》，《新闻学研究》2008 年总第 96 期。

成伯清：《乌托邦现实主义：何以可能与可取？——兼论吉登斯社会理论的特性》，《社会学研究》2008 年第 6 期。

单波、王冰：《西方媒介生态理论的发展及其理论价值与问题》，《新闻与传播研究》2006 年第 3 期。

董天策：《消费文化的学理内涵与研究取向》，《西南民族大学学报》2008 年第 10 期。

樊葵：《传媒歧视：论当代信息传播中的不平等》，《中国传媒报告》2003 年第 3 期。

傅其林、赵修翠：《论列菲弗尔的消费文化符号学》，《文化研究》2009 年第 2 期。

郭瑾：《大众媒介与中产阶层的身份建构》，《现代传播》2014 年第 9 期。

郭良文：《台湾近年来广告中认同之建构——解析商品化社会的认同与传播意涵》，《新闻学研究》1998 年总第 57 期。

何道宽：《媒介环境学的思想谱系——媒介环境学评论之三》，《传播学论坛》，http：//www. chuanboxue. net/list. asp？ unid = 2883。

何道宽：《三代学人的薪火传承——媒介环境学评论之四》，《传播学论坛》，http：//www. chuanboxue. net/list. asp？ unid = 3585。

何道宽：《什么是媒介环境学？——媒介环境学评论之二》，《传播学论坛》，http：//www. chuanboxue. net/list. asp？ unid =2853。

何道宽：《异军突起的第三学派 ——媒介环境评论学之一》，http：//www. chuanboxue. net/list. asp？ unid =2814。

何雪松：《社会理论的空间转向》，《社会》2006 年第 2 期。

洪伟：《桦榭和贝塔斯曼在中国杂志合作的经验和教训》，《新闻界》2005 年第 1 期。

胡正荣：《后 WTO 时代我国媒介产业重组及其资本化结果》，《新闻大学》2003 年第 3 期。

黄平：《面对消费文化，要多一份清醒》，《人民日报》1995 年 4 月 3 日第 11 期。

黄升民、杨雪睿：《消费重聚：多元分化过程的另一个侧面》，《现代传播》2007 年第 5 期。

黄顺铭：《“镜子”与“探照灯”辨析》，《现代传播》2003 年第 1 期。

黄顺铭：《美国新闻精英之集体“素描”——普利策新闻奖得主的社会学特征（1917—1998）》，《国际新闻界》2015 年第 2 期。

黄炎宁：《中国社交媒体企业营销中的用户劳动和消费主义主体建构：以新浪微博上的杜蕾斯官方账号为例》，《传播与社会学刊》2016 年第 37 期。

江楠：《空间研究的“文化转向”与文化研究的“空间转向”》，《文化研究》2009 年第 1 期。

姜鹏：《新农村建设中的媒介式乡土文化及其创新传播》，《甘肃社会科学》2016 年第 2 期。

柯林、坎贝尔、章戈浩：《浪漫伦理与现代消费主义精神》，《西北师大学报》（社会科学版）2006 年第 4 期。

莱丝理 · 斯克莱尔：《文化帝国主义与在第三世界的消费主义文化意识形态》，《新浪网》，http：//blog. sina. com. cn/s/blog_ 4bb86663010009hd.

html。
雷蔚真、陆亨：《改革开放三十年中国舆论监督的话语变迁：以中国新闻奖获奖作品为线索》，《传播与社会学刊》2008 年第 6 期。
李敬：《传播学视域中的福柯：权力，知识与交往关系》，《国际新闻界》2013 年第 2 期。
李强：《社会学研究与我国的贫富差距问题》，《社会学》2003 年第 8 期。
李照兴、马杰伟、周佩霞：《城市作为文本》，《传播与社会学刊》2010 年总第 11 期。
李政亮：《平面媒体的社会身份想象与“舆论导向”的达成》，《文化研究月报》2003 年第 27 期。
刘慧雯：《Saussure 符号学理论在广告研究中的应用：文本意义研究的更弦易帜》，《新闻学研究》2003 年第 8 期。
刘晓红：《共处 对抗 借鉴——传播政治经济学与文化研究关系的演变》，《新闻与传播研究》2005 年第 1 期。
刘晓君：《全球化过程中的消费主义评说》，《青年研究》1998 年第 6 期。
刘拥华：《布迪厄的“终生问题”》，《社会学研究》2008 年第 4 期。
陆道夫：《试论约翰·菲斯克的媒介文本理论》，《文化研究》2009 年第 4 期。
陆晔、潘忠党：《成名的想像：中国社会转型过程中新闻从业者的专业主义话语建构》，《新闻学研究》2002 年总第 71 期。
陆晔：《WTO 背景下中国广播电视业的市场重组：特征与矛盾》，《现代传播》2002 年第 2 期。
［美］罗德尼·本森：《比较语境中的场域理论：媒介研究的新范式》，《新闻与传播研究》2003 年第 1 期。
罗建华：《点击报界新概念》，《新闻记者》2000 年第 11 期。
吕萌：《论电视观众的期待视野》，《现代传播》2000 年第 2 期。
吕新雨、赵月枝：《中国的现代性、大众传媒与公共性的重构》，《传播与社会学刊》2010 年总第 12 期。

吕益都:《浮光掠影的都市空间　时尚想象的情感表达》,《当代电影》2003 年第 1 期。

马志丹:《本来面目与审美本质的双重失落——评电视剧〈金粉世家〉的编导误区》,《当代电视》2003 年第 7 期。

毛力群、周伟红:《媒介环境学视阈下的语言研究》,《文化学刊》2009 年第 5 期。

孟繁华:《中产阶级的身体修辞》,《南方文坛》2006 年第 2 期。

聂林媛、谭微:《女性人才培养的拟态环境重构》,《新闻界》2008 年第 6 期。

潘忠党:《大陆新闻改革过程中象征资源之替换形态》,《新闻学研究》1997 年总第 54 期。

钱俊希:《后结构主义语境下的社会理论:米歇尔·福柯与亨利·列斐伏尔》,《人文地理》2013 年第 2 期。

秦志希:《新闻传媒的消费主义倾向》,《现代传播》2002 年第 1 期。

曲如晓:《国外文化资本研究综述》,《国外社会科学》2016 年第 2 期。

尚智慧:《对〈时尚〉杂志的批评语篇分析》,《齐齐哈尔大学学报》(哲学社会科学版)2006 年第 7 期。

石义彬、周娟:《全球化背景下媒介文化产品的混杂化——以影视节目为例》,《新闻与传播研究》2008 年卷。

孙立平:《实践社会学与市场转型过程分析》,《中国社会科学》2002 年第 2 期。

孙帅:《神圣社会下的现代人——论涂尔干思想中个体与社会的关系》,《社会学研究》2008 年第 4 期。

孙玮:《媒介话语空间的重构:中国大陆大众化报纸媒介话语的三十年演变》,《传播与社会学刊》2008 年总第 6 期。

孙玮:《都市报与市民自我意识的构建》,《新闻大学》2003 年第 1 期。

郤小丽：《白领　时尚　消费文化——试论时尚杂志的价值经营哲学》，《新闻大学》2005 年第 4 期。

汪琪、葉月瑜：《文化产品的混杂与全球化：以迪斯奈版〈木兰〉与〈卧虎藏龙〉为例》，《传播与社会学刊》2008 年总第 3 期。

王丰龙、刘云刚：《空间生产再思考：从哈维到福柯》，《地理科学》2013 年第 11 期。

王风舞：《唯美情爱脂香飘逸——张恨水研究专家徐传礼谈〈金粉世家〉》，《当代电视》2003 年第 7 期。

王林生：《“封面男星”，媒介消费中的身体实践》，《北京青年研究》2015 年第 2 期。

王珞：《11 月 11 日：从文化建构到商业收编》，《青年研究》2014 年第 3 期。

王天夫：《从收入差距到财富鸿沟：社会不平等的新趋势》，《清华—布鲁金斯公共政策研究中心》，https：//www. brookings. edu/zh-cn/center/brookings-tsinghua-center/。

王一川：《中国消费文化中的背谬：身体热消费与头脑冷思考》，《社会科学》2006 年第 5 期。

翁秀琪：《多元典范冲击下传播研究方法的省思：从口述历史在传播研究中的应用谈起》，《新闻学研究》2000 年第 53 期。

吴宁：《列斐伏尔日常生活批判理论探析》，《哲学研究》2007 年第 2 期。

吴文虎：《电视广告的社会文本解读》，《现代传播》2002 年第 2 期。

夏春祥：《文本分析与传播研究》，《新闻学研究》1997 年总第 70 期。

肖显静：《消费主义文化的符号学解读》，《人文杂志》2004 年第 1 期。

闫肖锋：《新周刊生活方式观——还有多少中国味?》，《青年记者》2008 年第 7 期。

杨伯溆、李凌凌：《资本主义消费文化的演变、媒体的作用和全球化》，《新闻与传播研究》2001 年第 1 期。

杨伯溆：《从国际传播到全球传播：跨国公司的介入及其影响》，《新闻与传播研究》2003 年第 3 期。

杨芳枝:《媒体与“真实”世界——评葛罗斯堡等人的“Media Making”》,《传播文化》2002 年第 9 期。

杨魁、董雅丽:《消费主义文化的符号化解读》,《现代传播》2003 年第 1 期。

杨生平:《作为大众文化意识形态的后现代主义》,《贵州社会科学》2008 年第 11 期。

约翰·菲斯克:《粉丝的文化经济》,《文化研究》2009 年第 3 期。

张锦华:《从 Pierre Bourdieu 的文化社会学看阅听人主体/结构辩证关系研究》,《传播文化》2001 年第 9 期。

赵勇:《从审美文化到消费文化——论大众媒介在文化转型中的作用》,《文化研究》2009 年第 2 期。

赵月枝:《国家、市场与社会——从全球视野和批判角度审视中国传播与权力的关系》,《传播与社会学刊》2007 年第 2 期。

赵月枝:《选择性新自由主义的困境?——中国传播政治的转型》,《二十一世纪评论》2008 年第 6 期。

周春玲:《时尚杂志与大众文化》,《天涯》2000 年第 4 期。

周娟:《媒介拟态消费环境意义建构机制研究》,《当代传播》2012 年第 1 期。

周娟:《场域视野下的媒介消费信息传播研究》,《湖南大学学报》(社会科学版)2011 年第 4 期。

周娟:《我国大众传媒构造的拟态消费环境》,《现代传播》2002 年第 5 期。

周娟:《真相与权力:格拉斯哥媒介小组新闻观考察》,《河南社会科学》2016 年第 1 期。

周娟:《整体主义路径:格拉斯哥媒介小组研究方法考察》,《湘潭大学学报》2016 年第 5 期。

周娟:《英国的传媒教育:批判理念,务实取向》,《长沙理工大学学报》(社会科学版）2014 年第 5 期。

周宪:《从视觉文化观点看时尚》,《学术研究》2005 年第 4 期。

周晓红:《中产阶级：何以可能与何以可为》,《社会学》2003 年第 2 期。

周怡:《强范式与弱范式：文化社会学的双视角》,《文化研究》2009 年第 3 期。

Alan Bryman, *Social Research Methods*, 4th Edition, Oxford: Oxford University Press, 2012.

Ariel Dorfman, Armand Mattelart, Introduction: Instructions on How to Become a General in the Disneyland Club, Meenakshi Gigi Durham and Douglas M. Keller, eds., *Media and Cultural Studies: Key Works*, London: Blackwell Publishing Ltd., 2006.

Arnold S., de Beer & John C., Merrill, *Global Journalism*, London: Pearson Education, Inc., 2004.

Arthur Asa Berger, *The objects of affection: semiotics and consumer culture*, New York: Palgrave Macmillan, 2010.

Barry Smart, *Consumer Society: Critical Issues & Enviromental Consequences*, London: Sage Pubulications, 2010.

Chris Barker, *Television, Globalization and Cultural Identities*, 北京大学 2008 年影印本.

Colin Hoskins, Stuart Mcfadyen & Adam Finn, *Global Television and Film: An Introduction to the Economics of the Business*, Oxford: New York, 1997.

David Hesmondhalgh, *The Cultural Industries*, London: Sage Publications Ltd., 2002.

Denis McQuail, *Mass Communication Theory*, Thousand Oaks, CA: Sage, 1994.

Dietlind Stolle, Michele Micheletti, *Political Consumerism*, Cambridage: Cambridage Universtiy Press, 2013.

Dominic Stninati, *An Introduction to Theories of Popular Culture*, 2nd Edition,

London: Routledge, 2004.

Erwin, K., *Heart-to-Heart, Phone-to-Phone: Family Values, Sexuality, and the Politics of Shanghai's Advice Hotlines*, D. S. Davies ed, The Consumer Revolution in Urban China, Los Angeles: Berkeley, 2000.

Hélène de Burgh-Woodman, *Advertising in Contemporary Consumer Culture*, New York: Palgrave Macmillan, 2018.

Helga Dittmar, *Consumer Culture, Identity and Well-Being: The Search for the "Good Life" and the "Body Perfect"*, London: Psychology Press Ltd., 2010.

Herbert Schiller, *Mass Communication and American Empire*, 2nd Edition, Boulder Co: Westview Press, 1992.

Iwabuchi K., *Recentering Globalization: Popular Culture and Japanese Transnationalism*, Durham, NC: Duke University Press, Iwabuchi, 2002.

Jim McGuigan, Graham Murdock, Michael J, Pickering, *Media and Culture*, Los Angeles: Sage Pubns, 2018.

Jitendra Jain, *Identity Culture and Cultural Identity in a Postmodern World*, Grin Publishing, [2017-08-09], https://www.grin.com/document/163899.

John F., Sherry, Eileen M., *Fischer Contemporary Consumer Culture Theory*, London: Routledge, 2017.

Lin Chun, *China and Global Capitalism*, New York: Palgrave Macmillan, 2013.

Lyn Thomas, *Religion, Consumerism and Sustainability: Paradise Lost?*, New York: Palgrave Macmillan, 2011.

Meenakshi Gigi Durham and Douglas M., Keller, *Media and Cultural Studies: Key Works*, London: Blackwell Publishing Ltd., 2006.

M. Iqani, *Consumer Culture and the Media: Magazines in the Public Eye*, New York: Palgrave Macmillan, 2012.

Mannheim, K. , The Problem of generations, Paul Kecskemeti Edited and Translated, *Essayon the Sociology Knowledge*, Berlin: Routledge, 1952.

Mary Douglas, Baron Isherwood, *The World of Goods*, Psychology Press, 1996.

Maurice Halbwachs, *On Collective Memory*, Coser, L Chicago: The University of Chicago Press, 1992.

Nil Ozcaglar-Toulouse, Diego Rinallo, Russell W, Belk, *Consumer Culture Theory*, United Kingdom: Emerald Publishing Limited, 2016.

Pierre Bourdieu, *On Television*, Oxford: Polity Press, 2011.

Rebecca Mayfield, *Media and Culture: Communication in the 21st Century*, New York: Willford Press, 2018.

Roland Barthes, operation margarine and Myth today, Meenakshi Gigi Durham and Douglas M. , Keller, eds, *Media and Cultural Studies: Key Works*, London: Blackwell Publishing Ltd. , 2006.

Sam Binkley & Jo Litter, *Cultural Studies and Anti-consumerism*, New York: Routledge, 2011.

Shahid N. , Bhuian, Alhassan G. , Abdul-Muhmin, *Consumerism in the Arab Middle East: The Case of Saudi Arabia*, Manrai, Ajay K. , Meadow, H. Lee, Eds, Global Perspectives in Marketing for the 21st CenturyLY, Springer, 2015, https://www.springer.com/cn/book/9783319173559#otherversion = 9783319173566.

Smythe D. , After bicycles, what?, Smythe D and Guback T eds. , Counterclockwise: *Perspectives on Communication*, Boulder, CO: WestView Press, 1994.

Wendy A. , Wiedenhoft Murphy, *Consumer Culture and Society*, Los Angeles: SAGE Publications, 2016.

Arjun Appadurai, *Modernity at Large: Cultural Dimensions of Globalization*, 《阿帕杜莱个人网站》2010 - 5 - 25, http://www.appadurai.com/publications_ modernity. htm.

Alvi, Fauzia Saleem, Hafeez, Muhammad, Munawar. Riffat1. Consumer Culture: An Analysis in a Socio-Cultural and Political Frame, *South Asian Studies*, 2014.

Adolf, Marian, Stehr, Nico, Consumer Culture: History, Theory and Politics, *Cutural Sociology*, 2010 (4).

Advertising: Consumer Judgment of Advertisers' Claims, *Journal of Advertising*, 2008, 37 (1).

Akaka, Melissa Archpru, Alden, Dana L., Global brand positioning and perceptions International advertising and global consumerculture, *International Journal of Advertising*, 2010 (29).

Anthony Fung, Intra-Asian Cultural Flow: Cultural Homologies in Hong Kong and Japanese Television Soap Operas, *Journal of Broadcasting & Electronic Media*, 2007, 51 (2).

Bengtsson, Anders, Eckhardt, Giana M., Consumer Culture Theory Conference 2008 Introduction, *Consumption Markets & Culture*, 2010 (13).

Cleveland, Mark, Rojas-Mendez, JI, Laroche, M, Papadopoulos, N., Culture, dispositions and behavior: A cross-national examination of globalization and culture change, *Journal Business Research*, 2015 (69).

Consumerism as a Civilizing Process: Israel and Judaism in the Second Age of Modernity, *International Journal of Politics, Culture and Society*, Vol. 14, No. 2, 2000.

Dhavan V. Shah, Douglas M. etc., Political Consumersim: How communication and Consumption Orientations Drive "Lifestyle Politics", *The Annals of the American Academy of Political and Social Science*, Vol. 61, May 2007.

Frank Trentmann, Beyond Consumerisma: New Historical Perspective on Consumption, *Journal of Contmeporary History*, Vol. 3 (3), Jul 2014.

Guy Ben-Porat and Yariv Feniger, Live and Let Buy? Consumerism, Secularization, and Liberalism, *Comparative Politics*, Vol. 41 (3), April 2009.

Helga Dittmar-Pallavi Kapur, Consumerism and Well-being in India and the UK: Identity Projection and Emotion Regulation as Underlyng Psychological Process, *Psychological Studies*, 56 (1), January-March 2011.

Hong, Ying-yi, Cheon, B K., How Does Culture Matter in the Face of Globalization?, *Perspectives on Psychological*, 2017 (12).

Huaiting Wu, Joseph Man Chan, Globalizing Chinese Martial Arts Cinema: the Global-Local Alliance and the production of Crouching Tiger, Hidden Dragen, *Media, Culture & Society*, 2007, 29 (2).

Hyeseung Yang, Srividya Ramasubramanian, Mary Beth Oliver, Cultivation Effects on Quality of Life Indicators: Exploring the Effects of American Television Comsumption on Feelings of Relative Deprivation in South Korea and India, *Journal of Broadcasting & Electronic Media*, June 2008.

Jaehee Jung and Yoon-Jung Lee, Cross-Cultural Examination of Women's Fashion and Beauty Magazine Advertisements in the United States and South Korea, *Clothing & Textiles Research Journal*, 2009, 27 (4).

Jing Wang, Culture as Leisure and Culture as Capital, *Positions: East Asia Cultures Critique*, 2001, 9 (1).

Jonathan Cohen, What I Watch an Who I Am: National Pride and the Viewing of Local and Foreign Television in Israel, *Journal of Communication*, 2008 (58).

Judith Baxter, Constructions of Active Womanhood and New Feminities: From a Feminist Linguistic Perspective, is "Sex and the City" a Modernist or a Post-Modernist TV Text?, *Women & Language*, Vol. 32 Issue 1, Spring 2009.

Julia Wang, Fashion, the Media and Age: How Women's Magazines Use Fashion to Negotiate Age Identitis, *European Journal of Cultural Studies*, June 2017.

Katarina Kuruc, Fashion as communication: A Semiotic Analysis of Fashion on "Sex and the City", *Semiotica*, 171 - 1/4, 2008.

Kaur, Kulwinder, Consumer Culture, Modernity and Identity, *Contributions to Indian Socialogy*, 2017 (51).

Louise Crewe, When Virtual and Material Worlds Collide: Democratic Fashion in the Digital Age, *Enviroment and Planning A*, Vol. 45, 2013.

Lyn Thomas, Alternative Realities: Downshifting Narratives in Contemporary Lifestyle Television, *Cultural Studies*, 2008, 22 (5).

Marwan M. Kraidy, Patrick D. Murphy, Shifting Geertz: Toward a Theory of Translocalism, *Communication Theory*, 18 (3), August 2008.

Maskalan, Ana, Consumer Culture and Consumerism, *Journal of Philosophical Economics*, 2016 (9).

Meg Jacob, State of the Field: the Politics of Consumption, *Reviews in American History*, Vol. 39, No. 3, September 2011.

Michal B., Beverland, Adam Lindgreen, Michiel W. Vink. Projecting Authenticity Through Advertising: Consumer Judgment of Advertisers' Claims, *Journal of Advertising*, 2008, 37 (1).

Moonhee Yang, David R. Roskos-Ewoldsen, The Effectiveness of Brand Placements in the Movies: Levels of Placements, Explicit and Implicit Memory, and Brand-Choice Behavior, *Journal of Communication*, 2007 (57).

Murphy, P. L., The commodified self in consumer culture: a cross-cultural perspectives, *The Journal of social psychology*, 2000, 140 (5).

Nantan Sznaider, Consumerism as a Civilizing Process: Israel and Judaism in the Seconde Age of Modernity, *International Journal of Politics, Culture and Society*, 2000 (2).

Piyush Mathur, Gregory Bateson, Niklas Luhmann, and Ecological Communication, *the Communication Review*, 2008 (11).

Pospech, Pavel, New perspectives on consumer culture theory and research, *Journal of Consumer Culture*, 2014 (14).

Hyeseung Yang, Srividya Ramasubramanian, Mary Beth Oliver, Cultivation Effects on Quality of Life Indicators: Exploring the Effects of American Television Consumption on Feelings of Relative Deprivation in South Korea and India, *Journal of Broadcasting & Electronic media*, June 2008.

Roubal, Ondrej, Consumer Culture: History, theory and research, *Communication Today*, 2015 (6).

Sarker, Sonita, A position embedded in identity: subalternity in neoliberal globalization, *Cultural Studies*, 2016 (30).

Schneider, Anna, Consumer Culture, *Sociological Research Online*, 2012 (17).

Shuhua Zhou, Peiqin Zhou, Fei Xue, Effects of Advertising Images on Social Comparison: Do Societies Matter?, *China Media Research*, 2008, 4 (1).

Special Issue: Neoliberalism, Globalization and the Middle Class, *Alternatives: Global, Local, Political*, Vol. 40 (1), 2015.

Tanner Mirrlees, Review Essay: Historicizing U. S. Imperial Culture, *The Communication Review*, 2008 (11).

Taylor, Charles R., Global Consumer Culture and Advertising Research, *International Journal Advertising*, 2008 (37).

Timothy Haves, The Hybrid Grid: Globalization, Culture Power and Hungarian Televison Scheduals, *Media, Culture & Society*, 2007, 29 (2).

William B. Gudykunst, Theories of Inter-cultural Communication, *China Media Research*, 2005, 1 (1).

Wright, R. R., Sandlin, J. A. (Critical), learning in/through everyday life in a global consumer culture, *International Journal of Lifelong Education*,

2017 (36) .

Xin Zhao, Russell W. Belk, Advertising Consumer Culture in 1930s Shanghai: Globalization and Localization in Yuefenpai, *Journal of Adervertising*, 2008, 37 (2) .